沙场点兵

吴清丽/江南—主编
王银赛/白文辉/李赟/杨晓明/吴笛/宋国才/侯晓蒙/魏子任—编

上海人民出版社

序　言

王树增

百年前的中国大地上，人心思变。此起彼伏的革命斗争，正如黑暗夜空中的星星之火，照亮了沉睡千年的中华大地。

1927 年的一个深夜，江西古城南昌平静而又不同寻常。一批叱咤风云、屡建奇功的共产党人，以不死的精神和非凡的气概，带领起义部队打响了武装反对国民党反动派的第一枪，为中国革命留下了至关重要的一批火种，并从此拉开中国人民解放军建军的历史帷幕，为中国共产党的革命斗争史增添了浓重的一笔。

中国历史的波澜从此变得更加汹涌澎湃，中国共产党人带领着这支革命队伍发动起义，如星火燎原般在中华大地上点燃革命的火种；以大无畏的气概打退了敌人对革命根据地的多次围剿，凭着“万水千山只等闲”的革命精神走过两万五千里长征，凭借“战则必胜”的英雄气概打赢艰苦卓绝的抗日战争，以“天翻地覆慨而慷”的革命精神赢得了解放战争的胜利。在无数场决定中华民族前途和命运的战斗中，革命者将自己的生命完全融入争取民族独立和人民解放的斗争中，为挽救民族危亡、实现民族独立和人民解放、争取世界和平，作出了彪炳史册、无可比拟的贡献。

忘记历史就意味着背叛。走进历史才能看清历史。

真实的历史往往是残酷的。从来就没有无所不能的救世主，从来也没有无往不胜的战斗队。光辉夺目的八一南昌起义，远没有完成起义的最初设想，没有浪漫的起义宣言，更多的是困境中的追求与思索；震撼世界、彪炳史册的长征，不仅是群情激昂的火热场面，更多的是苦难中的磨炼与考验。

历史是民族的精神图谱。2000年，美国《时代》周刊邀请了世界百名自然和人文科学家，评选出影响了人类千年文明进程的100件大事，其中中国占三件，即火药武器的发明、成吉思汗帝国和长征。红军长征是中国军事史上旷古未有的一次战略大转移，它挽救了红军、挽救了革命、挽救了党、挽救了中华民族，它彰显了人类面对巨大困难时执着前进、不畏险阻的非凡勇气。在历时两年、辗转数万里的浴血征战中，红军打破了国民党军队的围追堵截，踏平了自然界的艰难险阻，创造了世界战争史上的奇迹。

回顾历史，既要在辉煌的历史中回顾昔日荣光，更要在历史的荆棘中寻找前行的动力。民族强盛，是每个中华儿女的光荣梦想。翻开绵亘久远的历史就会发现，曾经强盛的中华民族曾两次与持续发展和再次崛起的时机失之交臂。公元1500年左右，强盛统一的明朝对世界变化置若罔闻，错过了与世界交流、扩大中华民族文化圈的重大时机；历经盛世后，一纸片帆不得下海的禁令切断了海上贸易的通路，中国正式开始走上闭关锁国的道路，最终难挡帝国主义的坚船利炮而使民族和国家蒙受深重灾难。

南昌城头的枪声，点燃了积聚在民众心中的不屈之火；毛泽东在天安门城头的庄严宣告，让全世界都看到了孕育在中华民族之中的伟大力量；解放军将不可一世的美国军队从北打到南、从江边打回三八线，让世人真正见识了积聚在中国军人身上的无限能量。

英雄是图谱中的精神坐标，崇尚英雄方可砥砺前行。

在波澜壮阔的历史长河中，一代代中国共产党人怀着崇高的理想、坚定的信念、不屈的灵魂，不为钱、不为官，不怕苦、不怕死，团结带领中国人民朝着共产主义这个伟大理想执着前行。几经挫折而不断奋起，历尽苦难而淬火成钢。无论是逆境还是顺势，无论是战斗还是工作，远大的革命理想和执着的革命信念，始终在共产党人的身上如影随形，闪耀着火热的光芒。

但行此事，不问前程。对真理舍生忘死的追求，是革命军人最宝贵、最根本的传统。在历尽艰险、一往无前的历史征程中，英雄的身影不计其数。为了革命的胜利，很多人却没有活到胜利那天。能让人回忆起的，是一个个身着褴褛军装、身后硝烟弥漫的身影。他们义无反顾地冲进了历史的舞台，带着无尽的豪情湮没在历史之中。这些人是真正的英雄，是我们党、军队和民族真正的脊梁。

“自知者英，自胜者雄。”重温战争，就是要让读者、作者一起再重温英雄的人民走过的历程，重温一个人、一支军队、一个民族无论何时都需要的英雄主义气概。我们对革命历史给予中华民族的精神财富的知晓程度，很大程度上决定了我们未来能走多远。新中国成立前夕，毛泽东同志冷静告诫：夺取全国胜利，这只是万里长征走完了第一步。67年后的六盘山上，习近平同志郑重强调：我们每代人都要走好自己的长征路。今天的中国，不再只是“中国之中国”、“亚洲之中国”，更与世界前途息息相关。中国人民完全有信心为人类对更好社会制度的探索提供中国方案，也完全有能力沿着中国道路实现民族复兴，夺取新长征的胜利。

人民是推动历史前进的真正动力。

人民群众中蕴含着无尽的智慧和力量，相信人民，依靠人民，才能凝聚起众志成城的磅礴之力。中国人民解放军的斗争史，就是一部军民鱼水情深的历史长卷。长征中，在湖南汝城县沙洲村，3名女红军借宿徐解秀老人家中，临走时，把自己仅有的一床被子剪下一半给老人留下了。老人说，什么是共产党？共产党就是自己有一条被子，也要剪下半条给老百姓的人。

水能载舟，亦能覆舟，与人民风雨同行，才能到达理念彼岸；老百姓是天，老百姓是地，只有倚天靠地，才能让事业之城永固。与人民风雨同舟、血脉相通、生死与共，是人民军队赢得最终胜利、战胜艰难风险的根本保证。中华儿女万众一心、团结奋斗，是推动实现中华民族伟大复兴的磅礴伟力。

文以载道。只有浴血奋斗的红色记忆代代相传，继往开来，伟大的事业才能生生不息。有人说：年代越久远，历史越模糊。其实历史并没有模糊，它一旦发生，就永远定格在那一瞬间，真正模糊了的，是后人应该擦亮的双眼。如果鲜活的片断、多彩的人物仅仅停留在教科书上，成为格式化、概念化的符号和文字，那就远远失去了它本应有的含义，更不可能让后来者看清、看透。

上海人民出版社推出这本书，力求用鲜活的文字语言、权威的数据资料、珍贵的历史照片，全景展现人民解放军历史上的经典战事，尽最大可能还原历史真实瞬间、讲述军史传奇故事，是爱好军史、崇尚正义的人们一份可口的精神食粮。愿借此与读者共同走近历史、走进历史。

是为序。

目 录

前　言

一定有人关注存在的意义。

一定有人愿意倾听过去的故事。

一定有人思考今天的平静生活从何而来。

一定有人想知道先辈们经历过什么样的苦难辉煌。

1

中国人民解放军已经走过 90 多年的风雨征程。

天下虽安，忘战必危。战争的硝烟早已散去，和平的阳光普照大地，历史的记忆也在渐行渐远，但血的教训却难以忘却。

习近平指出：“昨天的历史不是今天的人们书写的，但今天的人们不能脱离昨天的历史来把握今天、开创明天。”多年后的今天，回望过去的峥嵘岁月，不是要让人们延续仇恨，而是要唤起善良的人们对和平的向往和坚守。

人民军队的巍巍征程，是一幅波澜壮阔的历史画卷，是一场枪林弹雨的战争长剧，更是一场同仇敌忾的英雄史诗。在民族危亡的时刻，人民军队以血肉之躯筑起拯救民族危亡、捍卫民族尊严的钢铁长城，用生命和鲜血谱写了中华民族历史上抵御外侮、寻求独立的伟大篇章，战斗之艰辛、奋斗之顽强、牺牲之巨大、战绩之辉煌，中外罕见。

土地革命战争中，弱小的红军以简陋的武器，采取灵活机动的战略战术，一次又一次粉碎了国民党军队几万以至数十万兵力的大规模武装“围剿”。在反“围剿”失利的危急时刻，红军指战员以革命理想高于天的坚定信念和气吞山河的英雄气概，胜利进行了二万五千里长征，开创了中国革命的新局面。

抗日战争中，在民族危亡的紧急关头，人民军队在党的领导下，英勇挺进敌后，开展游击战争，开辟了广阔的敌后战场，起到了中流砥柱的作用，赢得了中华民族百余年来反抗外敌侵略的第一次完全胜利。

全国解放战争中，在广大人民群众的支持下，我们同国民党展开了决定中国前途和命运的大决战，我军以劣势兵力和装备打败了美械装备武装起来的国民党军队，彻底推翻了压在中国人民头上的三座大山，创建了人民共和国，开辟了中国历史的新纪元。

当美国侵略朝鲜并威胁我国安全时，志愿军雄赳赳、气昂昂跨过鸭绿江，与世界一流强敌较量，赢得了抗美援朝战争的胜利，极大提高了新中国的地位，再次证明了人民军队是一支敢于同任何强敌对垒的威武之师。

2

革命理想高于天，听党指挥是军魂。

执著于心中的理想，就像暗夜里长征路上的火把，即使在最微弱的时刻，也始终闪耀着火热的光芒。

在从无到有、从弱到强的发展历程中，人民军队几经挫折而不断奋起，历尽苦难而淬火成钢，凭借的是听党指挥这个永不褪色的钢铁军魂，倚靠的是政治建军这个永远不倒的精神支柱，追求的是共产主义这个远大理想。正是有了为革命牺牲重于泰山的信念支撑，人民军队才能从一支以农民为主要成分的军队发展成为一支无产阶级性质的、为崇高理想而战斗的新型军队，才能够以弱胜强、百战百胜。

长征时，湘江边，8.6万红军将士面对的不仅仅是30多万敌军的围追堵截，还有数倍于我的精良武器装备。官兵们毫无惧色，子弹打光了拼刺刀，刺刀打弯了展开肉搏战，队伍打散了组织起来再战，一次又一次予敌重创。红5军团第34师和红3军团第6师第18团掩护中央、军委和红军主力渡过湘江后，被迫受阻于东岸，全体官兵和敌人血战到底，几无生还。第34师师长陈树湘重伤被俘，在敌人的担架上把自己肠子掏出来绞断，壮烈牺牲。

抗日战争时期，百团大战关家垴攻坚战中，从东北方向攻击的第772团1营仰攻日军垴顶阵地，反复发起冲击，多次短兵相接，战斗打得异常残酷，战至中午，1连70多人只剩下3人，3连50多人只剩下指导员和2名伤员，4连68人只剩下10余人。战至午后2时，当1营被兄弟部队换下来时，仅剩6人。人民军队能打赢，拼的就是这股听党指挥、勇往直前的精气神，靠的就是这份为民族独立、人民解放而战的信念！

解放战争时期，辽沈战役黑山阻击战中，东北民主联军第10纵队奉命阻击人数5倍于己的廖耀湘兵团，面对训练精良、全部美械装备，重炮坦克应有尽有的国民党主力，组建仅有一年的第10纵队，端着杂牌子的轻武器，领着不到1个营的炮兵，带着刚刚凑齐的炮弹，在仅修了两天的阵地上孤军奋战。敌人3天进攻未获寸进，为我集中主力聚歼廖耀湘兵团赢得了时间。靠的是什么？靠的就是顾全大局、勇于牺牲、勇挑重担、“誓与阵地共存亡”的钢铁意志。

抗美援朝战争，在被西方媒体称为“东方凡尔登”的上甘岭战役中，志愿军缺粮断水、伤病无数，坚守坑道作战的志愿军指战员，以“气”补“钢”，不仅要与敌人反复争夺表面阵地，还要应对敌人对坑道工事千方百计的破坏。在持续 43 天的上甘岭战役中，成功坚守了阵地，歼灭敌人 2.5 万。有了这种“钢少气多”的战斗意志，何谈不胜？

3

百战百胜的军队，必有用兵如神的统帅。

在长期的革命斗争中，以毛泽东为代表的一批将帅，以超人的才能，丰富的经验和远见卓识，运筹帷幄，妙计层出，屡出奇兵，导演了一幕又一幕波澜壮阔、威武雄壮的战争剧幕，形成了系列正确的战略决策，展示出高超的指挥艺术。其用兵艺术之“妙”，令人惊叹。

善于逆常，变中出“奇”，用活的思想处置活的情况，是毛泽东军事指挥艺术的特色。红军四渡赤水后，为了引滇军出云南，红军一部东进湖南，假装与二、六军团会合，而主力则迅速向南佯攻贵阳。正在贵阳督战的蒋介石，命令龙云亲率滇军急赴贵阳救驾。红军在贵阳城下虚晃一枪，从贵阳、龙里之间穿过湘黔公路，摆脱了敌军的围追堵截。

攻无不备，出奇制胜。“兵者，诡道也。”人民军队战争史上，攻其不备的思想不仅用于战役战术，也在战略上发挥了其独特魅力。平津战役开始前，毛泽东电令东北野战军指挥机构率主力隐蔽行动，一周后仍在电台和广播上发布指挥机构尚在沈阳的消息，让敌人摸不清、猜不透，利用突然性打了大胜仗。这些中国古代优秀的军事思想，在人民军队的战争史上得到充分继承并不断发扬光大。

捕捉战机，乘隙用兵。长期在敌我悬殊状态下作战，人民军队更善于保存实力、待机破敌。解放战争时期对战略决战开始时机的选择，就是最好的例证。当时，全国战场已于我有利，东北野战军实力雄厚，敌军尚在龟缩据守，是守是撤举棋不定，正是把握住了这一战机，我军才打破了解放战争敌我僵持之势，变被动为主动。

通观全局，把握枢纽。跳出战争看战争，抓住影响全局的关键，是毛泽东军事指挥的关键艺术之一。辽沈战役，置长沈两敌不顾，专攻锦州夺取主动权；淮海战役，集中兵力歼灭黄百韬兵团。平津战役，做活全局。实践证明，这些决策完全正确。

敌变我变、调动敌人、各个歼敌、打拉结合……无数个凝结着前辈领导人心血智慧的成功战例，为后人树立了光辉的典范，值得深入挖掘、继承发扬。

4

“机动灵活”四个字，是人民军队克敌制胜的宝典秘籍。从八百骨干到百万雄师、从敌后游击到三大决战，人民军队数量在增加、力量在增强，打仗的精髓没有变。

土地革命战争时期，在中央苏区的前四次反“围剿”中，面对数倍甚至数十倍优势兵力的敌军，红军积极防御，诱敌深入，抓住战机，适时反攻，以战役战斗的外线速决进攻战，集中力量歼敌一路。第四次反“围剿”作战中，在敌人多路进攻的情况下，红军以少数兵力钳制敌之数路，集中主力，运用大兵团伏击的作战方法，歼击敌之一路，黄陂、草台岗两战歼灭蒋介石嫡系近3个师，俘敌1万余人，从而打破了敌人的“围剿”，创造了红军战争史上前所未有的以大兵团伏击歼敌的光辉范例。

遵义会议之后，3万红军疲惫之师，面对国民党40万大军的围追堵截，在前有长江、后有乌江的狭窄区域，纵横驰骋，“走”“打”结合、“虚”“实”结合，引的国民党军队疲于奔命，损兵折将。毛泽东在西南大地上用兵如神，上演了一幕幕精彩的历史大戏：一渡赤水避实就虚，摆脱川军、进入云南；二渡赤水乘虚回师黔北，速战速决，重占遵义；三渡赤水将计就计，迷惑敌人，重入川南；四渡赤水形西实东，诱敌西进，先渡赤水、再渡乌江，跳出了敌人包围圈，赢得了长征的战略主动。

抗日战争中，面对装备优于我的日军，在总体军力处于弱势的不利局面下，毛泽东提出了中国必胜但又必须是持久战的全局性战略。将游击战争提高到战略层次，主动地灵活地有计划地执行防御中的进攻战、持久战中的速决战和内线作战中的外线作战，从而逐步变全局劣势为局部优势，积小胜为大胜。“神头岭”伏击战中，八路军运用“袭点打援”的战法调动敌人，在“公路居于山梁，两边没有任何隐蔽物”的“非理想伏击战场”，利用残破工事巧妙设伏，迅猛突击、近战制敌，歼敌1 500人，自己仅伤亡200余人，成为抗战史上的经典伏击战例。

淮海战役中，面对优势装备的敌军，在中央和总前委根据“黄百韬兵团已经回到新安镇集结，准备堵截我军南下”的敌情变化，及时将仅歼灭黄百涛兵团的小“淮海”战役扩大为全歼国民党军徐州“剿总”主力的大“淮海”，采取“针对敌人不同情况，采取不同合围样式”“依据战场情势、选定初战目标”“集中优势兵力，各个歼灭敌人”“大规模运动战与战地攻坚战相结合”等灵活机动的战略战术，以华野、中野60万兵力对阵国民党徐州集团80万兵力，取得了歼敌55.5万，我仅伤亡13万人的世界战争史上空前的绝对胜利。

抗美援朝战争开始时，毛泽东和中央军委曾计划先开展防御作战，后根据战场实际和敌军分兵冒进的情况，果断改变原定计划，实行运动战，连续发起5次进攻战役，把敌人从鸭绿江边打回到“三八线”，迅速扭转了战局。随后，毛泽东又根据战场上已经形成的相持局面，及时提出持久作战、积极防御的战略方针，实行了由运动战向阵地战的战略转变，牢牢掌握了战场主动权。

可以说，人民军队的战争史，就是一部机动作战史。正是有了灵活机动的战略战术这部秘籍，人民军队才能身经百战而不怠、历经万险而愈强。

5

老百姓是天，老百姓是地。

毛泽东曾说过：“革命的战争是群众的战争，只有动员群众才能进行战争，只有依靠群众才能坚持战争。”人民军队能走到今天，从来都是倚天靠地。作风优良聚民心，群众支持能打赢。正是有了民心所向这个根本依托，人民军队才能在军事力量不占优势的情况下，依靠民众力量，变被动为主动，屡胜强敌。

中央苏区反“围剿”作战中，毛泽东多次指出，人民支持是红军的优势，红军要诱敌深入，依靠军民团结打胜仗。第二次反“围剿”作战中，红军3万余人为围歼进占富田的王金珏、公秉藩两个师的敌人，在近邻富田镇的东固镇足足等了25天，才抓住战机将两敌包围于富田。在东固20余天而不被敌人发觉，没有苏区群众的配合，简直无法想象。

抗日战争中，3万之众的人民军队与数十万日军和全部伪军打游击战争，人民群众的支持筑起了铜墙铁壁。震惊中外的黄土岭战斗，日本“名将之花”阿部规秀被击毙，参战部队总结的最重要的致胜原因之一，是“我们有良好的群众基础”，而敌人则“到处遭到群众的仇恨和反对”。陈庄歼灭战中，为保卫晋察冀边区的首府和120师机关，从慈峪到陈庄沿途几十个村子都来帮忙，青年团帮助挖阱埋雷、妇救会帮助抢救伤员、儿童团帮助站岗放哨。夜袭阳明堡机场的战斗中，八路军准确隐蔽摸到日军机场，靠的是当地老乡的冒死带路。百团大战中，正是有了沿途数万群众参与配合，八路军不仅歼敌4万余人，还完成了上千公里的铁路、公路破交任务。

解放战争中，尽管极端艰难，群众仍节衣缩食，一切支援前线。在被誉为人民战争的典范的苏中战役中，百里战场“村村是粮站，户户有柴草，乡乡有担架，人人忙支前”。部队打到哪里，人民群众就支援到哪里。如南战斗，仅有13万人口的如皋县南马区就先后动员了支前民工5万余人。被称为“乡亲父老用小推车推出来的”淮海战役胜利中，人民群众共出动包括随军、二线转运常备民工和临时民工在内的支前民工543万人，为参战部队的9倍，并动用大小车88万辆，从而成就了解放战争时期规模最大、歼敌最多、政治影响最深一场战役。

抗美援朝战争时期，志愿军境外作战，祖国人民全力支持。工厂就是战场，机器就是枪炮。到 1951 年 10 月，有 223 万职工参加了爱国增产竞赛，1 000 多万农民参加了爱国丰产竞赛。各地政府想尽办法优抚烈属和军属，人民群众争先恐后报名参加志愿军，人们组成运输队、医疗队、担架队，志愿开赴前线担负勤务工作，为赢得战争主动提供了强大支撑。

6

人民军队的奋斗史，是一部顽强不屈的抗争史，更是一部英雄辈出的发展史。艰难困苦，玉汝于成。越是行进艰难的时代，越是斗争困苦的时代，史诗的词藻就越壮丽，时代的旋律就越激昂，人民的脚步就越坚定，人民军队的力量就越强大。那些将汗水、泪水和鲜血挥洒在无限热爱的土地上的人们，成为中华民族历史上永远的英雄。

英雄不问出处，但英雄却问来路。英雄的名字，总是与人民军队密不可分。在极度崇尚个性、信息光速流动的时代，多少人扬言要“当自己的英雄”，期待一夜之间“网红”成名，殊不知，热点转瞬间就降成冰点，新闻一夜就成了旧闻。唯有那些在千万民众中脱颖而出、历经苦难而坚忍不拔的革命英雄，仍在历史长河的冲刷下巍然伫立，在人民军队的历史中永远长青。

只有沉浸到历史长河，才能体验历史的真实，才能体会人民军队的坎坷征程，才知道先辈们有多么辉煌，才能明白今天的来之不易，才能在嘈杂与浮躁中保持睿智与警醒。

雄关漫道真如铁，而今迈步从头越。如今人民军队再次站到了新的历史起点，踏上了新的征程——传统没有丢、斗志没有减、历史没有忘。相信这支胜战之师一定能够继续坚决地捍卫世界和平，为实现人民福祉筑起坚不可摧的钢铁长城！

一

| 交战时间 | 1931 年 5 月 16—31 日

| 交战地点 | 江西南部瑞金周边和闽赣交界地区

| 交战双方 | 中央红军第一、第三军团；国民党军 18 个师另 3 个旅、3 个航空队

| 指挥将领 | 毛泽东、朱德；何应钦

赣水闽山横扫敌

——中央红军第二次反“围剿”

| 武器装备 | 我方：步枪、机关枪等；敌方：步枪、机关枪、迫击炮、山炮等

| 交战结果 | 红军歼敌 3 万余人

毛泽东的《渔家傲·反第二次大“围剿”》生动形象地描绘了红军第二次反“围剿”时的雄伟气势——“白云山头云欲立，白云山下呼声急，枯木朽株齐努力。枪林逼，飞将军自重霄入。七百里驱十五日，赣水苍茫闽山碧，横扫千军如卷席。有人泣，为营步步嗟何及！”

1

蒋介石第一次“围剿”惨败以后，仍不死心，于 1931 年 2 月任命军政部长何应钦为“陆海空军总司令南昌行营”主任，调集 20 万大军，对中央苏区和红一方面军发动第二次“围剿”。

在 3 月 27 日，何应钦正式下达向中央苏区进攻的命令。自 4 月 1 日起，国民党兵分四路向苏区推进。第 19 路军由兴国攻向龙冈、宁都；第 5 路军由吉安、永丰攻向东固、潭头；第 26 路军由乐安、宜黄攻向大竹、洛口；第 6 路军由南丰、康都攻向广昌。

国民党军采取与上一战长驱直入完全不同的进攻手段，不急于决战。而采取军事、政治、经济三结合方式搞整体战。即军事上，走一路构筑一路工事，一天只前进 5 公里、10 公里，再进一步，必先以小部队进行游击侦察，然后大部队再向前推进。政治上，原地“驻剿”，帮助各地重建白色统治和实施政治宣传，召回地主豪绅，组织“善后委员会”和“守望队”。经济上，对苏区进行抢劫工具、毁禾苗杀牲畜来制造经济困难，派遣大批特务扰乱红军的后方，大肆抢劫、烧杀，企图造成苏区经济困难和人心恐慌。由于行动缓慢，至 4 月 23 日，国民党军始进到红区边缘地带。这是蒋介石率军以来第一次在军力强于对手时，耐心与对手打持久战。他要用国民政府的财力物力和红军全面耗下去。

在强敌压境的形势下，苏区中央局召开会议，首先按部就班地传达中共六届四中全会精神，把迫在眉睫的战事撇在了一边。

直到两天后议题才转到军事上。读了中央的指示信，然后就是讨论是留在江西打还是退出中央苏区打，再制订具体的行动计划。20 万比 3.5 万，敌我兵力相差悬殊，没人主张硬拼硬打。可这仗到底怎么打？按中央的指示信办，到湘南？到粤桂北？到贵州东南？也有说去四川的。斯大林也讲过，四川西部有成都平原，东部有大山，可进可退，堪称理想的根据地。说来道去，不外以上海、莫斯科的声音为基调。又是毛泽东独树一帜。他说，湘、粤、桂、赣四省，唯赣军实力最弱，因此我们才有今天这块根据地。应当留在中央苏区打，诱敌深入，依靠军民团结取胜。

在如何用兵的问题上，争论则更加激烈。中央领导层认为："何应钦四路推进不同于张辉瓒孤军深入，我应分兵御敌而不再集中兵力。"而毛泽东说，尽管红军已经不断的发展壮大，但和敌人的兵力相比，还是少得可怜。如果把我们有限的兵力分散，此仗必败无疑。毛泽东话音刚落，就被批驳为"经验主义"。

这时，朱德建议中央局听听方面军的意见，毛泽东认为很有必要。他再次强调，红军在苏区作战，一有人民的支持，二有熟悉的地形。这两大优势加上集中兵力，才可能打胜仗。毛泽东主张继续诱敌深入，集中优势兵力先打较弱的敌右路军，再向东横扫各个击破敌军。

苏区中央局也同意召开扩大会议，专门讨论作战方针问题。其实中央局开会的目的，在很大程度上是想让红军将领对中央的决定欢呼拥戴。与会者除有原方面军前委委员，各军的军长、政委、参谋长和政治部主任也扩大进来。4 月 18 日，扩大了的苏区中央局会议在青塘召开。传达了中央指示，但红军将领反应平淡，远非预期的“登高一呼，应者云集”的效果。

寄希望于这次会议的毛泽东首先发言：“参加二次‘围剿’的敌军虽多，但均非蒋介石嫡系，各军阀之间矛盾重重，指挥不统一，地形不熟悉，供给困难，官兵恐惧同红军作战。红军则打了胜仗，士气旺盛，官兵一致，准备充分，地形熟悉。根据地群众仇恨敌人，拥护红军，能积极配合红军消灭敌军。有这三个条件，我们就有打破敌人第二次‘围剿’的更大把握。同第一次反‘围剿’时相比，我们更占天时、地利、人和，这样的仗，我们难道打不赢吗？”

毛泽东的这番话，立即引起一片掌声。接着，红军将领踊跃发言，都坚持主张在朱、毛的领导下打破敌人的第二次“围剿”。既然把这些将领请到会上，就该给他们表决权。这一回，毛泽东的主张得到了绝大多数人的认同，留在苏区与敌作战的战略方针总算确定了下来。

下午继续开会，讨论怎样打的问题。共产国际说过，红军问题已成了中国革命的关键。项英作为苏区中央局代理书记，任弼时作为中央六届四中全会代表团团长，都对“怎样打”这个军事问题表现出积极参与的态度。率先发表的意见是先打蔡廷锴的第 19 路军。因为他们背后有赣江，可以一举歼灭之。另一种意见认为第 19 路军不好打，他们入赣几个月了，已经混熟了；不如打朱绍良的第 6 路军，第一次反“围剿”作战，若不是他们跑得快，也要被吃掉一部分的。两种意见都有一些红军将领赞同。

毛泽东又开口说话了："朱绍良上次没让你们打他，蔡廷锴上次没准备让你们打他，为什么？这就好比吃柿子，要先拣软的捏。这次围我们的有 4 个方面的敌人，19 路军、26 路军、6 路军最强和较强，先打他们，都没有必胜把握。蔡廷锴是粤系将领中最能打的一个，去年中原大战，所部未尝败绩，如挑上他，他必与我决战。孙连仲是冯玉祥嫡系，中原大战实力未伤，后来替蒋卖命，心里一定不甘，不挑他打，他说不定会作壁上观。朱绍良上次没挨打，若这次先挨打，其必尽全力反扑，因为上次他没派兵接应谭道源，必有人攻骂。剩下的只有王金钰的 5 路军了。5 路军第 43、第 47、第 54 师从北方新到江西，战斗力又弱，地形又不熟。我军在运动战中首歼第 5 路军一部有较大把握。而且，打第 5 路军以后，可就势由西向东横扫，在闽赣交界处扩大苏区，征集资财。如果由东向西打，则为赣江所限，发展余地小，若打完再东转，又劳师费时。我意第一仗求歼富田出动的敌第 5 路军第 47 和 28 师。"

这次会议，毛泽东的主张获胜。与其说获胜，不如说是中共中央领导层在没有别的办法的情况下被迫进行的让步。

2

从吉安向东固方向推进的敌右路军，总指挥为王金钰，他手下的第 28 师师长公秉藩，十分老辣。右路军 4 月 23 日到了离东固只有 20 公里的富田、固陂圩一带，王金钰听从公秉藩建议，早早停止前进，开始大挖壕沟修筑堡垒，建立了以富田为中心的巩固阵地。富田、固陂圩一带都是毗邻山区的平原，公秉藩第28师的后面40公里外就是大本营吉安，前方抬头是山，必须在深山里走20公里抵达东固才能有宿营地。他不想进山，因为他不知道前方千百个山头下红军到底躲在哪里，上一战张辉瓒的冒进的教训他决不想犯。他想在平原上磨时间、等机会。他算定：己方的物力远胜苏区，在其他各路"进剿"军队的挤压下，物质匮乏的红军终会暴露行踪。他把自己看成守株待兔的老狐狸。

巧得很，红军的做法和他一模一样。自1931年4月20日起，毛泽东就把红军主力第3、第4、第5、第8、第12等各军共三四万人，调入东固隐蔽集结，伺机而动。离东固圩4公里地的东固山下有一个小村子——敖上，眼下，它成为红军总部所在地。

4月30日，苏区中央局在东固山区召开军事会议，请毛泽东作敌我形势、作战策略等问题的报告，让与会者讨论。其实，这个会是因项英和"三人团"（中共中央派到中央苏区由任弼时、王稼祥、顾作霖组成的代表团）对毛泽东的布置不放心才召开的。毛泽东在会上提出了整个战役各个歼灭敌人的连续作战计划，并阐明了这次作战的策略是："坚决的进攻，艰苦的奋斗，长期的作战，以消灭敌人。"与会人员讨论了一天，觉得毛泽东这个计划看上去无懈可击，全体一致通过。散会后，许多人心里都还存着这样一个疑问：几万大军猫在东固山里，真能把敌人引来吗？可又都想不出高出毛泽东的、切实可行的方案。不过，有一点他们都服了毛泽东，他竟能把红军在东固集结的消息封锁得严严实实。

红军埋伏在这里当然易守难攻，但绝对是一着险棋。富田之敌、水南白沙敌军、南面兴国之敌互成三角之势卡在丛山的出口，一旦消息走漏，相距很近的三敌一夹击，红军就会陷入包围圈之中。东固群山之间，只有五条羊肠小道可通行，类似于井冈山那五大哨口。正是因此，红军为防止消息走漏，派兵严守各个山口。敌虽近，却成了蒙眼瞎子。红军在暗中守株待兔，等待敌军行动。

3

那么谁会是兔子?

从4月20日起，双方都认了死理，敌不动我亦不动。日子就这么平静地过了一天又一天。这是我军战斗史中的一个特例，极少有战例可以类比。

但不动后面是动：双方的上司都不时催逼。远在南京的蒋介石，得不到江西“进剿”红军的消息，不断去电督促在南昌行营坐镇的何应钦，何应钦只能电令各路军，紧缩包围圈。接到南昌行营“进剿”的电报，在陂下的王金钰总指挥部和富田的公秉藩，依旧未动。他们推托老天不作美，不停的大雨连续多天下起来就没个完，飞机无法侦察红军。

何应钦制定的步步为营的方针，恰好为“进剿”的各部队提供了保存实力的借口。到了5月初，第5路军还在富田地区打转转。

而这边，待敌20多天的红军，粮食已不足，从每日三餐改为两顿，只能挖竹笋，逮泥鳅，摸螺蛳，寻野菜当军粮。毛泽东和朱德一看短期内无法等到敌人，于5月5日发布了一道命令：“苏区群众多数动员在作战中放哨、侦探、运输等，田地不能按时下种，必然会影响作战及粮食秋收。全体红军在不妨害作战及警戒情况下，应及时在各地帮助农友栽秧耕田，务必于最短时期中将苏区所有田地栽完种完，以便作战及粮食秋收有着。”这一举措，无疑是对当年诸葛亮出岐山屯田的创造性发展。

由于等待的日子太长，有些人就滋生急躁情绪，牢骚怪话时而有闻。但是红一方面军总部的朱、毛首长们不理这些，决定继续等下去。

何应钦和毛泽东在这20多天里都在琢磨，怎样让对手动起来？这当中还有一个小插曲：5月8日一位红军排长向敌第28师公秉藩部投降，交代说毛、朱、彭、黄皆在东固，那里集中了红军七八个军！毛泽东的苦心经营，险些就断送在这个排长身上！

何应钦不知道，红军在4个月前的第一次反“围剿”作战时缴获了敌军用电台和10个被红军视若珍宝的国民党通信工作人员。通过做这10个通信人员的工作，他们自愿参加红军，成了我军的通信人员。其中的带头人就是解放后解放军通信部的元老王诤。有了自己的报务人员，就可以截获国民党军师一级的指挥电报。第28师公秉藩部和上级的电台放心地用明码通话，等于国民党军的作战会议席上邀请了朱德参加，这个技术细节使何应钦的行动计划无密可保。

如果那个叛变的红军排长提供的情报得到确认，何应钦当然要令富田方向、水南白沙方向、兴国方向的军队互成三角之势夹击，他就赌赢了，中国的历史也许就此改写。但他怎么也不相信满世界找不到的红军几万人就睡在他鼻子下，让他成了灯下黑。加上公秉藩上报的情报没有佐证，他们甚至觉得这是红军使用的苦肉计，因此何应钦也是将信将疑。他连续两天派飞机在东固一带侦察，得到的报告是没有发现红军部队的行动，只有零星农民在插秧。在国民党飞行员眼里，军人怎么能干这种泥腿子的活？殊不知，当时红军上至中央领导人，下至普通一兵，正在帮助当地群众务农。没准，这些贴着青天白日膏药的飞机正掠着毛泽东的头顶飞过。

这近乎是一种折磨：战斗的双方都在斗智斗勇。斗智要极其细密的运筹，等待则需狩猎的耐心，各种意外根本无法料知。战争中的双方，似乎无法用地图复盘寻找量化的数据，那些大脑皮质层里的激动、潜意识、经验，将会怎样改变事态发展的轨迹？

1931 年 5 月 15 日，是南京国民会议召开的日子，蒋介石要在国民会议上的选举中巩固执政地位。5 月 11 日起，蒋介石急了，他不能再容忍前线的无所作为，他需要在 15 日的会议上宣布“剿共”大捷战报，以展示自己治国的成绩、回答代表们的讥讽盘问。

蒋介石一发怒，何应钦再也没有等兔子来撞的悠闲心情了。就像多米诺骨牌的连锁反应一样，一级催一级，连连催逼各部急速前进。各部忽然得令要离开阵地工事长驱直入，打法要为之一变！公秉藩一百个不情愿，贸然进军先敌而动，自己不就成为兔子了？但电报一封接一封拍来，不进军将违犯作战命令，他也只能立即出击。这样，南京国民会议的召开，成了一根改变“剿共”战场平衡的羽毛，飘然落下，颠覆全局。

4

5 月 13 日，各路“围剿”之敌继续向苏区中部推进。王金钰部第 28 师和第 47 师一个旅脱离富田阵地，分两路向东固地区进犯。

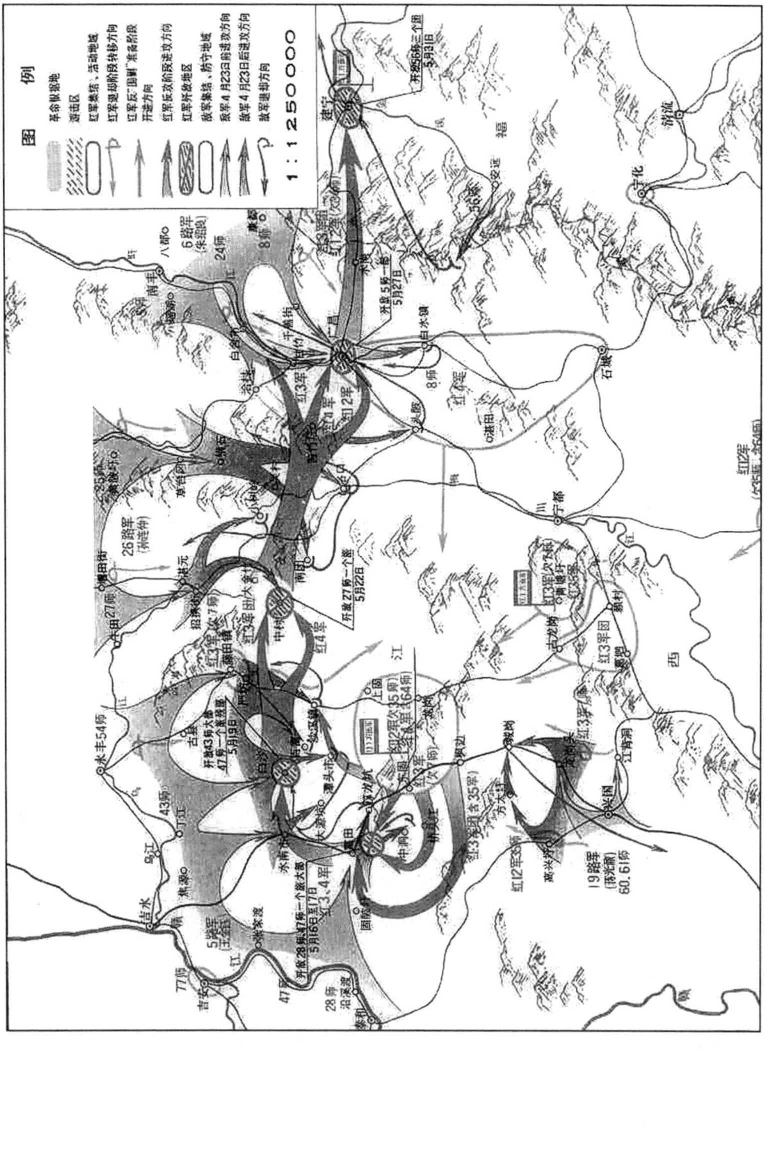
图例
革命根据地
游击区
红军集结、活动地域
红军退却阶段转移方向
红军反“围剿”准备阶段开进方向
红军反攻阶段进攻方向
红军歼敌地区
敌军集结、防守地域
敌军4月23日前进攻方向
敌军4月23日后进攻方向
敌军退却方向
1：1250000

◎ 第二次反“围剿”要图

敌右路军动起来了。5 月 14 日，红军破译敌人电报，得悉敌第 28、第 47 师将离开富田阵地从两条路进占东固，公秉藩之第 28 师经中洞靠拢东固；王金钰之第 47 师沿观音崖、七寸岭向东固攻击前进。

从 5 月 13 日起，毛泽东、朱德在敖上方面军指挥所忙碌起来。20 多天的等待，终于有个结果了，这个结果又跟毛泽东一月前预料的一模一样，大家都觉得惊奇。项英和任弼时到指挥部转了一圈，见无法插手，留下几句鼓舞斗志的话，出去准备做后勤工作。

等待了 25 天的红军各部在 15 日的一天内全都受领战斗任务，分成左中右三路迎敌突击，毛泽东将指挥部设在白云山上。

公秉藩决定东进时，一看富田至东固间无地可以扎营，就想在一天内赶到东固，以防不测，因而一改往日行军习惯，摆出长蛇阵朝东沿中洞至东固大道急进。如不是头一晚毛泽东改变红三军行军路线，黄公略的第 3 军就会在这条大道上与公秉藩师对头相遇。那样的话，聚歼公秉藩师已无可能。

11 时左右，黄公略见敌人后尾已全部进入预伏区域后，下达了全线出击的命令。公秉藩万万没有料到在这样深山大谷中，竟有红军的主力设伏，不由得方寸大乱，一会儿向何应钦求救，一会儿向王金钰求救，一会儿又向蔡廷锴求救。得到的回答都是让他坚守待援。王金钰的回答让公秉藩感到绝望了，王说第 47 师也遭遇强敌。

中午，红 3 军主力已把公秉藩的长蛇阵斩为数截。红 3 军猛力乘势勇猛冲杀，分割包围，战至 17 时许，将敌第 28 师大部歼灭，残敌逃向水商。该师师长公秉藩被赤卫队俘虏后蒙混潜逃。在红 3 军攻敌第 28 师时，右路红 4 军、红 64 师抢占了观音崖、九寸岭，并在追击中歼敌第 47 师 1 旅大部。红三军团、红 35 军于 16 日攻占固陂，歼敌第28师兵站部，当夜进占富田。17日拂晓，红3军、红4军相继进抵富田。

红军首战告捷，俘敌4 000余人，缴获长短枪5 000余支，机关枪50余挺，迫击炮20余门，山炮2门，100瓦特电台1部，红军牺牲268名，伤876名。这一胜利，给以后的战斗创造了极为有利的条件。

红一方面军在富田、白沙地区同国民党第5路军作战时，孙连仲的第26路军也开始展开自己的行动。5月20日，国民党第26路军第27师进到南团附近。当晚，又奉命经中村向沙溪增援第54师。敌27师的行动，再次撞到红一方面军锐利的刀锋上。21日下午，红三军团所属第6师的前锋在中村附近与敌第27师第81旅发生短暂的接触战。

中央苏区第二次反“围剿”

第 26 路军由冯玉祥的主力组成，极有战斗力，双方僵持住了。

此次遭遇，可以算是红军和第 26 路军打交道的开始。21 日傍晚，毛泽东同朱德下定了歼灭中村之敌并乘势南下，求歼敌第 27 师主力的决心。攻击命令照例由毛泽东口述。毛泽东说："这回吃的这枚柿子有点硬，得换种吃法。第一次攻击出动三分之二兵力，其余留作总预备队。具体部署是：红三军团由北向南攻，红 4 军全部由南向北攻，3、12 军做总预备队。这是西北军冯玉祥的基干部队，各部在攻击时一定要有啃硬骨头的准备。我们要通过这一仗，打出我们赣南军的虎威。"

22 日上午，一场恶战在中村地区打响。敌第 27 师主力第 81 旅不像想象中那么难打，战至中午，战斗已接近尾声。午时刚过，红军已开始打扫战场。此役，红军歼敌第 27 师大部。是日晚，红军趁势追至南团，吓得敌第 25 师仓皇撤回宜黄。这一仗，红军俘敌 2 300 百余名，缴获长短枪 3 000 余支。

当天，敌第 27 师师长高树勋在给孙连仲的电报中这样说道："共军确实打疯了，我师无力抵挡。"何应钦面对已经不可收拾的残局，只好下令全线回撤。国民党军的第二次"围剿"作战，从此走过了一个转折点。

如果把朱绍良所率的第 6 路军也算作杂牌军，实在有点说不过去。朱绍良作为何应钦的同窗好友，一起在日本留学，一起加入同盟会，一起在黔军服务，又一起成为蒋介石手下的大员。大革命时期，朱还出任过国民革命军参谋长。在后来发生的历次反蒋事件中，朱绍良一次也没对蒋介石落井下石过。所以说，他所率的第 6 路军，应该算是蒋介石的嫡系。蒋介石兴 20 万大军"剿共"，如尽遣杂牌上阵，也怕各路军马战场倒戈，所以，要派一支心腹部队作督战用。

第 5、第 26 路军在一周内连败三阵，第 6 路军在“围剿”部队中的特殊地位就显示出来了。

5 月 24 日，毛泽东、朱德得知毛炳文、许克祥、胡祖钰三师有经广昌北撤南丰的企图后，即令红一方面军取捷径先敌占领南丰城，断敌归路，以寻机聚歼之。在毛泽东、朱德看来，只要再败朱绍良部，红军面对作战对象时的心理障碍便不复存在。次日，为不使求歼朱绍良一部的计划落空，红一方面军临时总前委在宁都洛口开会，决定红一方面军于 26 日开到广昌古竹集中，准备全力攻朱绍良部。

真的到了可以和蒋介石嫡系部队一决雌雄的时候了吗？毛泽东沉思起来。攻占南丰似乎不难，难在敌人进来后怎么办。因为连续打了三仗，尽管都是红军取胜，但红一方面军减员已达九分之一，另外，红军的武器装备也比国民党军队差太多。3 万人去吃敌 3 个整师，胃口就显得太大了；若被敌缠住，后果实难预料。

毛泽东审时度势，决定改关门打狗为撵狗出院。5 月 26 日，临时总前委作出决定：以少数兵力夺取南丰，集中大部兵力进攻广昌。这一改变，带来了红一方面军在第二次反“围剿”作战中的第 4 场胜利。27 日，红军攻克广昌城。战果虽不及前 3 次，但却使国民党军第 5 师师长胡祖钰命丧黄泉。

胡祖钰毙命，给国民党军带来极大震动，毛炳文和许克祥不敢恋战，急忙令部队退往南丰。红一方面军此时面临的最大问题是给养困难。中心苏区面积本就不大，这里的土豪劣绅又被反复“打”过，一支几万人的部队，要靠地方保障供给，苏区政府实在有点力不从心。这样，福建的建宁自然而然地成了红一方面军下一个攻击目标。

5 月 28 日和 30 日，临时总前委两次开会，决定以红三军团全部及红 12 军大部一万余人以突然袭击方式夺取建宁，以便扩展到建宁、黎川、泰宁三县筹款。“筹款”是个温和的提法，实际上应该叫“打土豪”。

5 月 30 日夜，毛泽东、朱德、彭德怀率一万余红军秘密向东开进，一夜奔袭 25 公里，于 31 日拂晓突然出现在建宁城郊。守敌第 56 师 7 000 余人刚刚在这座城里睡了两晚。前一段，他们负责对红军侧后翼的紧缩包围，后得到回撤命令，匆忙返回建宁，连红军的影儿都没看见过。红军歼公秉藩师的地方距建宁 350 公里，那一仗对第 56 师影响甚微。后几天战局朝东蔓延，但他们认为红军连续作战十余天，已属强弩之末，不足对他们构成威胁。红军在城外完成攻击准备时，第 56 师官兵大多还在梦乡中。刘和鼎师长之所以如此大意，连一支负责警戒的小部队也不派驻，是有原因的。在他看来，他们此次是兴王

第二次反“围剿”建宁一战遗址

者之师，有剿红军的主动权，红军似无理由从江西到福建来。待他被攻城的炮声惊醒，一切都迟了，剩下的只有突围一条路。

31 日傍晚，建宁城落入红军手中。此役歼敌 56 师 3 个多团，俘敌 3 000 余人，缴获长短枪 2 500 余支，轻重机枪 10 挺，山炮 1 门，电台 2 部。第 5 次大胜为红一方面军第二次反“围剿”作战画上了一个圆满的句号。

这样，从 5 月 16 日至 31 日半个月时间，红一方面军横扫 700 余里，连打 5 个胜仗歼敌 3 万余人，缴枪 2 万余支，痛快淋漓地打破了敌人的第二次“围剿”。毛泽东在《渔家傲·反第二次大“围剿”》词中写的“白云山头云欲立，白云山下呼声急，枯木朽株齐努力。枪林逼，飞将军自重霄入。七百里驱十五日，赣水苍茫闽山碧，横扫千军如卷席”，生动形象地描绘了红军第二次反“围剿”时的雄伟气势。红军粉碎敌人“围剿”后，乘胜转入反攻，占领了闽西、闽西北、赣东、赣南广大地区，分兵发动群众，打土豪分田地，筹款、筹粮，并组建了第 4、第 5 独立师，进一步巩固和扩大了根据地。

在第二次反“围剿”结束后，彭德怀对毛泽东的战役部署谈了自己的看法：毛泽东对战役部署异常细心，反复思考，力求无缺；对战术问题更是反复推究，不耻下问，虚心听取别人的意见。他的“伤其十指，不如断其一指”做法，是集中优势兵力，歼灭敌人有生力量的重要体现。

二

| 交战时间 | 1935 年 1 月 19 日—3 月 31 日

| 交战地点 | 贵州省和四川省交界地区

| 交战双方 | 红一方面军；国民党周浑元、吴奇伟两部 8 个师，湘军 3 个师，滇军 3 个旅，川军 12 个旅，桂军 3 个师，黔军 3 个师

| 指挥将领 | 毛泽东；蒋介石

四渡赤水出奇兵

——四渡赤水战役

｜武器装备｜ 我方：武器繁杂，多为缴获的国民党军武器，且弹药不足；敌方：中央军武器装备精良，湘军和桂军武器虽相对稍低劣但却远优于红军装备

｜交战结果｜ 红军毙伤敌 2 400 余人，俘敌 3 000 余人，摆脱了数十万国民党军的围追堵截，取得了战略转移中具有决定意义的胜利

英国陆军元帅蒙哥马利曾问毛泽东：中国解放战争期间，阁下指挥的辽沈、淮海、平津三大战役，可以和世界任何战役相媲美，这三大战役是您指挥最满意的战役吗？毛泽东回答：我最满意的是当年的“四渡赤水”。这让蒙哥马利感到有些意外，他不明白，毛泽东为什么如此看重“四渡赤水”。这还需要从“四渡赤水”战役中的指挥艺术和战略意义去寻找答案。

赤水河是川、黔、滇交界地区的一条重要水道，发源于云南镇雄县，经贵州赤水县到四川合江县流入长江，全长420公里，蜿蜒曲折，水流湍急。四渡赤水是一组环环相扣的战斗行动，从1935年1月中旬到4月初南渡乌江，中央红军在贵州、四川、云南的边界赤水河流域转了3个月，走了110个城镇。整组战斗败中有胜，胜中有败，先败后胜，反败为胜。

1

遵义会议后，摆在中央红军面前的形势仍然十分严重。敌我力量对比非常悬殊：在中央红军周围的国民党中央军和地方军阀部队约有150个团，40万人。国民党军拥有先进的武器，有红军没有的空军，占有绝对的制空权，粮食被服弹药供应充足。而中央红军经过之前的几次重大战斗，特别是湘江之役，仅剩3万多人，武器陈旧，弹药不足，粮食被服严重缺乏。国共兵力对比为10:1，优劣形势十分明显。

在战略态势上，国民党军队咄咄逼人，国民党军队处于战略进攻的主动地位，中央红军处于被动防御地位。

蒋介石为了实现他的“川江南岸围剿计划”，阻止中央红军北进与红四方面军会合，或东出湘西与红二、六军团会合，围歼红军于黔北川南地区的战略目的，他紧锣密鼓，调兵遣将，在中央红军周围四面八方组织了一个大包围圈。

南面：薛岳为前总指挥，率领吴奇伟、周浑元两个纵队8个师部署于贵阳、清镇、修文、贵定地区，以吴奇伟部在贵阳待命，以周浑元部渡过乌江边至黔西、大定（今大方）侧击，以黔军王家烈部渡乌江尾追中央红军，桂军廖磊的两个师进至黔南都匀地区，粤敌3个师也于1月11日从广州出发，准备经广西进入贵州，参加“追剿”。

东面：湘军刘建绪的4个师进至乌江东岸沿河、思南一带布防，并奉命渡乌江参加“追剿”。

西面：云南王龙云于1月14日派出步兵、炮兵共6个旅12个团约24 000人的兵力，以其参谋长孙渡为行营主任，开赴毕节“堵剿”。

北面：蒋介石急电其驻川参谋团主任贺国光和四川军阀刘湘，组织“川南剿总”，派潘文华为总指挥，进驻泸州，集中国民党21军尽可能抽调的兵力，连赤水、古蔺、叙永地区布置堵截，封锁长江。1月12日，刘湘组成“川南剿总”，派出12个旅36个团的兵力，布防长江沿线，加固重庆南岸防御，加强以叙永、泸州为中心的防御配备。同时，蒋介石令上官云相2个师急向万县、重庆前进，驰赴黔北松坎一带，又令徐源泉部急向黔江、彭水布防。

1月19日，蒋介石亲自下达了“川江南岸围剿计划”。他的如意算盘是：压迫中央红军“于川江南岸地区”，“合剿而聚歼之”。他命令薛岳部、湘军大部和黔军，速渡乌江，向遵义前进，担任“追剿”任务；令川军、滇军和徐源泉一部，担任“堵剿”任务，以徐源泉及上官云相二部主力为预备军，在指定地区集合。

根据这种情况，中央红军决定调整战略方针，放弃与红二、六军团会合的作战方案，转而北渡长江，同红四方面军会合，到川西或川西北地区创建根据地。

1935 年 1 月 20 日，中央红军撤离遵义，向川黔交界处的赤水、

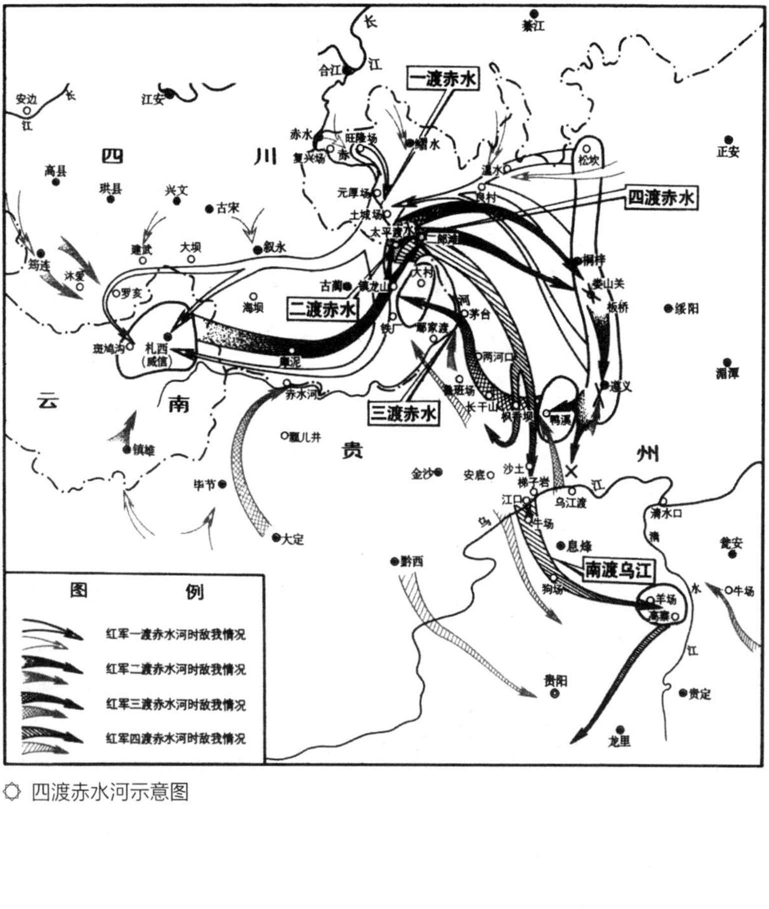

四渡赤水河示意图

土城地区集中，准备渡过赤水河后从宜宾至泸州段北渡长江。

1月27日，中央红军分三路向赤水河中游东岸的土城镇前进，这里是黔北入川的要冲，历代兵家必争之地，川军首领刘湘当然不肯轻易放弃。川军先于红军进入赤水县城，阻止红军北进，后面尾追的敌军又紧逼上来。川军的实力比王家烈的“军队”要强许多，况且四川这些年一直在打内战，相互之间是狗咬狗，磨也磨出来了。经过反复思考，毛泽东主张在距土城镇西北五六里的青杠坡打一仗，消灭拦阻的川军。

1月28日拂晓，毛泽东“复出”后决策的第一仗打响了，岂料在土城红军遭遇了强敌。

青杠坡是峡谷地带，红三、五军团得到的情报是：与他们交手的是川军的预备队。于是，红军先利用公路附近的小山头包围了敌军，前半段打得顺利，一度突破川军的正面阵地。岂料后来川军增援部队蜂拥而至，又占领稍远的大山头，对红军进行了反包围。川军居高临下的有利地势和优势装备，使作战形势立刻改变。红军处境非常困难，双方成僵持状，可谓杀得难解难分。

后来才发现，川军不是事先侦知的4个团6 000多人，而是6个团1万多人，且是川军战斗力最强的郭勋祺“模范师”。当川军进逼到军委指挥部前沿时，中革军委主席朱德亲自冲上前沿阵地，指挥军委干部团和没回援参战的红一军团与红三军团拼死奋战，战局才得以稳定。阵地就在双方手中不断易手，于是战斗变成了拼消耗，但红军当时每人只有20发子弹，形势显然不利。所以，为保存部队实力，朱德根据当时的情况下令撤出战斗。

土城之战失利，一是敌情没摸准；二是轻敌，对刘湘模范师的战斗力估计太低了；三是分散了兵力，不该让红一军团北上打赤水城。

这是毛泽东重新出山后的第一场大仗，但可谓出师不利。

本来，自第五次反“围剿”以来，红军败绩连连，大家的心情十分不爽。在更换军事指挥权之后，尤其是大家期盼的毛主席重新成为常委后，大家就指望着打一场胜仗扬眉吐气。北渡长江、入川西北或川西南建立苏区根据地，是一个比较周全的计划，有利条件甚多。可是，由于红军部队的行动缺乏突然性，敌人早早有了防备，红军要走的每一步棋，敌人都已知晓。就当时已知的情况而言，仅会集于赤水流域的川军部队就约达 6 个旅之多。如此看，这次战斗失利与其说是情报部门的情报不确引起的，不如说是红军部队的企图不隐蔽而引发的。尽管湘江之战后，红军扔掉了不少笨重的家什，但还有很多大家伙舍不得扔掉，例如特科人员在白区千方百计弄到的德国进口的 X 光机；几门破山炮等等诸如此类的东西。拖着这些笨重的行李，红军的行动笨拙且易暴露。

而且，从态势看，这还不是会集的川军部队的全部，可能还有不少在会集途中。依此类推，蒋介石的总意图就是：追击的国民党中央军、湘军、黔军、滇军各部试图在川军堵截下，会歼中央红军于叙永、赤水以西，长江以南，横江以东地区。这样，红军要实现原定的北渡长江的计划，又是困难重重！如果这时红军还要继续北渡长江，无异于另一场湘江之战，革命的火种肯定就此熄灭。

看来要真正改变局面的唯一办法就是变被动为主动，红军主动出击，使攻守易势。可说来容易做来难，敌强我弱，敌众我寡，况且敌人也不是吃素的，红军变，他们也会变。要实现这个目的，必须出其不意，出乎敌人的意料。根据以往的经验教训，具体来说就是以下几点：一是行动的突然性；二是行踪的飘忽性；三是动作的敏捷性。只有这样才能迷惑对方，造成对方的判断失误，打乱对方的整体部署，然后出其不意地摆脱他们。

怎样才能做到这样呢？一方面，红军声东击西，继续摆出北渡长江的态势，把国民党军的注意力吸引住。当然，为避免陷入重围，可适当脱离川军，进入敌力量单薄的云南威信县的扎西地区。这样既不为敌所疑，又不为敌所缠。另一方面，作好暗度陈仓的准备，以突然动作进入敌人意料不到的地区。

如此，哪里最为敌料想不到呢？环顾四周，最理想的就是黔北。

一则，敌人千料百料，却万料不到红军会杀回马枪。

二则，弱军战胜强军的重要原则是："拣弱的打"。在几路追歼之敌中，黔军是最弱的，这和当时贵州的特殊情况是密不可分的。贵州省，在中国的西南，是古"夜郎国"的故地。在这里居住着汉、苗、布依、侗、彝、水、回、仡佬、僮（壮）、瑶等民族。地处云贵高原的东北部，全省山峦重叠，河川纵横，交通闭塞，气候多变，经济落后。"天无三日晴，地无三尺平，人无三分银"，百姓过着水深火热的悲惨生活。

1929 年，贵州反动统治者为了开辟地方财源，宣布鸦片开禁，从此全省普遍种植罂粟，流毒极广。贵州军阀部队的官兵，普遍吸食鸦片，并以奖励烟土作为鼓励士气的一种方法，因此普遍战斗力不强。

在贵州，苛捐杂税多如牛毛。不仅国民党中央政府有捐税，贵州省、县也巧立名目，搜刮民脂民膏。据 1939 年出版的《贵州经济》所载的资料统计，1934 年，贵州全省有 156 种捐税。其中，国民政府的捐税有 4 种：盐税、统税、印花税、烟酒税。贵州省级捐税有 9 种：田赋、契税、普通营业税、屠宰营业税、牙当税、烟酒营业税、禁烟取缔费、特货省税、百货省税。还有县级捐税143种。贵州的劳动人民就是被这些重重的捐税压得喘不过气来，过着食不果腹，衣不蔽体的生活。

当时的贵州是一个军阀割据的局面，尤国才割据盘江八属；侯之担割据赤水、仁怀、习水、绥阳等县，蒋在珍割据正安沿河各县，王家烈是桐梓系军阀，名义上主持贵州省军政大权，其实根本调不动其他几人的兵力。各派之间争权夺利，勾心斗角，矛盾重重，这样就可以把他们的矛盾为红军所用。

三则，又可引起敌人错觉，认为红军已经无路可走，只得重蹈覆辙，使敌产生麻痹。

四则，如把敌人的主力吸引至黔北地区，可造成川、滇、黔边境地区和其他地区的敌军力量空虚，为下一步夺取先机埋下引子。

当晚，中央政治局和中革军委召开紧急会议，决定改变北上渡江计划，立即撤出青杠坡，西渡赤水河，再见机行事。朱德、刘伯承继续指挥红军坚持战斗，周恩来负责指挥在天亮前架好浮桥，陈云负责抢运伤员等后勤事务。

1月29日凌晨，中央红军除以少数阻击敌人外，主力分三路纵队西渡赤水河。第一、九两个军团和中央纵队一部为右纵队，统归林彪指挥，自猿猴场渡河，转向古蔺以南地区前进；中央纵队大部和第三军团第5师为中路，由土城下游浮桥过河，取道角子头、三角塘及头场坝前进。第五军团和第三军团大部为左纵队，统归彭德怀、杨尚昆指挥，由土城上游浮桥过河，取道头场坝向太平渡前进。渡河前，毛泽东耿耿于怀的两门山炮和几门已报废的迫击炮终于沉入了赤水河中。渡河后不久，红军右纵队改向叙永、古蔺间的两河镇方向前进，中央纵队则与左纵队会合，直奔扎西地区。然后炸毁浮桥，向川南古蔺、叙永方向前进，这就是一渡赤水。

2

中央红军一渡赤水后，即进入了四川南部。四川，是我国的一个重要省份，战略地位十分重要。四川军阀众多，派系林立。邓锡侯、田颂尧、刘文辉毕业于保定军官学校，叫保定系；刘湘、李家钰毕业于四川陆军速成系，称速成系；还有军阀杨森等。各派军阀拥有的军队及地方保安团队总数约五六十万，在各省军阀中，数量占据首位。各派军阀连年混战，抢夺地盘，涂炭生灵，民不聊生。使天府之国呈现“白骨露于野，千里无鸡鸣”的悲惨景象。各派军阀视兵如命，崇奉“有军则有权，兵多则权大”的原则。为了养活庞大的军队，就向百姓横征暴敛，勒索饷款，苛捐杂税，骇人听闻。如 1935 年上半年征收粮税，在刘湘的防区已预征到 1975 年；田颂尧在其防区已预征到 1978 年；刘存厚在他的防区内已预征到百年以上。

当中央红军西入贵州之时，刘湘就害怕红军入侵他的地盘。他一面加紧与蒋介石勾结，答应开放四川门户，允许蒋嫡系部队入川；与此同时，蒋介石也极力拉拢刘湘，任命刘湘兼四川省政府主席，在川各军统受刘湘指挥，并答应发给川军军饷和弹药武器。

另一方面，刘湘决定采取“北守南攻”的方针，即对红四方面军取守势，对立足未稳的中央红军取攻势。他决定“在中央红军未入川以前，就要把他堵住，并且一定要把这场战争推到省外去打”。于是，他立即成立“川南剿总”，以原四川预备军总指挥潘文华为南路总指挥，在南路严密布防，准备堵截红军。他集中了36个团于长江南岸，红军原定的北渡长江计划难以实现。

鉴于这种情况，1935年2月上旬，在扎西召开的政治局扩大会议上，毛泽东提议，利用敌人对红军要北渡长江的判断，出其不意，挥师向东打击战斗力最薄弱的黔军王家烈部，以运动战主动消灭敌人，再渡赤水回师遵义。2月18日至21日，红军由太平渡、二郎滩等地向东二渡赤水。2月24日，第一军团第1团攻克桐梓。2月25日，军委令第五、九两个军团在桐梓西北迟滞川军，集中主力则直扑遵义北大门——娄山关。

娄山关是大娄山脉的主峰，高约百丈，四周崇山峻岭，峭壁如林。从南往北去，一条土公路七弯八折，在山腰盘了数十个弯才通向关顶，犹如滇缅公路上著名的“十八拐”；窄处如横道，左绝壁，右亦绝壁，从下仰视，宛若悬浮于绝壁间一样。关顶两侧，十数个峰峦突起，其中以东北方向的点金山为最，鸡头昂立，俯瞰群山，不乏一夫当关之势。

娄山关战斗于上午9时正式打响。战斗一开始，担任正面主攻的红第三军团12、13两个团便以一种无畏的态势直朝关口扑去。在关口北麓的红花园，他们与正准备前往布防的黔军一个团遭遇，双方随即交火。黔军再度显出他们的脓包本质，坚持了不到半个小时，全盘溃退，一窝蜂地向关口阵地逃去。红军第12、13两个团穷追不舍，一口气追到了关下。

一场更激烈的攻坚战又随即展开。也许，黔军吸取了第一次被红军破关的教训，在关口部署了一个旅的重兵守关，而仅点金山阵地，兵力便达两个团，负责攻坚的红军第12、13两个团面临着严峻的考验，他们将大部兵力用于突击点金山主阵地。然而，由于地势所限，这是一种极不利的状况，他们只能将进攻出发阵地选择在半山腰，无法发挥突击威力，火力掩护也达不成应有的效果。而黔军依据有利的地形，用火力封锁断崖面，用手榴弹轰炸洼处，事半功倍。一个上午，红军第 12、13 两个团发动了十数次突击，但除把进攻出发阵地推进了百余米外，别无进展。两个团却付出了不小的代价，第 12 团政委钟赤兵和参谋长孔权均负重伤，六七个营连干部牺牲，总伤亡人数达 500 之多。攻击进展不顺，引起了彭德怀的焦虑。他一如过去的作风，从桐梓指挥部策马赶到了第一线，要亲自指挥这场干系重大的战斗。

彭德怀赶到关下时，恰逢左翼的红军第 13 团正在组织新的一轮攻击，他便从望远镜镜头中目睹了十分惨烈的一幕。第 13 团投了约一个营的兵力，主攻点金山左侧隘口，开始时进展还不错，攻击部队顺一条小雨沟冲至离隘口不远的地方，但当他们发起冲击后，这才发觉隘口前面有一道凹进去的断崖，高不下两丈，陡峭如壁，光滑如镜。于是，攻击部队欲进不能，欲退无路，被夹在当中，成为了一种被动挨打的局面。黔军趁势集中火力猛扫，不断有红军指战员倒下去……

看到这场景，彭德怀的脸阴沉下去，眉头拧成扁豆结。他问随同而来的军团参谋长邓萍："过来时，第一军团部队是用什么方法破的关？"邓萍回答说："他们采取了迂回手段，以约一个营的兵力进行侧后迂回。"彭德怀点点头："我看，现在也有必要采取侧翼迂回，第 10 团在左翼，第 11 团在右翼，先切断他们的左右臂，造成他们的恐慌心理，再斩断他们的援兵来路。"邓萍有些担心："全部投入？是不是留部分作预备队？"彭德怀摇摇头："不，我们务必求快。"之后，彭德怀又令人把第 12 团团长谢富和第 13 团团长彭雪枫找来，下达了死命令："你们一定要在黄昏前拿下点金山阵地，只准提前，不准延误！"谢富和彭雪枫一震，他们从彭德怀硬邦邦的话里，感觉到了他钢铁般的决心。

也难怪，娄山关一战，关系到回师黔北的大局。倘使不克，不但以后一切计划会成海市蜃楼，而且，红军还不免陷入追堵重围中。正因这样，他和杨尚昆去军委领受任务时，毛泽东曾言简意赅地对他说：老彭啊，现在是红军的荣辱得失均系你一身。他当能感觉到这话的分量！

彭德怀的迂回战术很快发挥了作用。下午 3 时半，张宗逊和黄克诚首先报捷，第 10 团已攻克左翼两个山头，目前正在向关口发展；紧接着，右翼又传佳音，邓国清和张爱萍报告说，第 11 团已进入右翼纵深，并切断了敌人的增援之路。与此同时，正面攻关的第 12、13 两个团也取得了突破性进展。

下午 4 时，点金山阵地告攻克。正面攻关一奏效，彭德怀立即改变部署，令两翼迂回的部队停止向关口渗透，继续向敌侧后深入迂回，第 10 团暂以板桥为目的地，第 11 团则以黑神庙为目的地。同时，以军委调拨指挥的第一军团一个团进入第 11 团现在所在位置，打击增援关口的黔军。这样，便形成了一个五瓣莲花抄尾阵。关口的战斗还远没有停止。点金山阵地攻破后，黔军退守大尖山、猴子岩一带，很快又纠集了五六个团的兵力，疯狂朝点金山阵地扑来，第 12、13 两个团则依据黔军原来的工事抗击。黔军的攻击一次又一次被打退。傍晚时，迂回的第 10、11 两个团再传捷报，他们已分抵目的地，并相机吃掉了敌人一部。消息传来后，第 12、13 两个团的指战员越战越勇，始终把敌人压制在阵地之外。不久敌人也获得了后路被抄的消息，他们惧怕被歼，仓皇撤出战斗，夺路南逃。娄山关全面宣告克复。娄山关战斗胜利之后，毛泽东写下著名的《忆秦娥·娄山关》词："西风烈，长空雁叫霜晨月。霜晨月，马蹄声碎，喇叭声咽。雄关漫道真如铁，而今迈步从头越。从头越，苍山如海，残阳如血。"

破关后，第三军团部队和第一军团部队全面直追。26 日上午，追击部队至董公寺、高坪、大桥一带，将拦阻的黔军第 6、9、15 共 3 个团击溃，27 日上午，至遵义西北的石子铺，又将拦截的黔军第 1、5、8 共 3 个团击溃，直逼遵义城下。遵义战役拉开了序幕。

在攻打遵义老城的过程中，红三军团参谋长邓萍不幸被流弹击中头部而牺牲，年仅 27 岁。彭德怀痛失好搭档，红军痛失大将。这时红三军团急需一位智勇双全的参谋长，叶剑英在转圜战局的关键时刻临危受命前往红三军团出任参谋长。红三军团的全体指战员化悲痛为力量，于凌晨 1 时左右攻克老城。然而，更激烈的战斗却是在破城之后。

当红军部队正全力攻打遵义时，自黔西方向向北追击的敌第一纵队主力吴奇伟部亦在向遵义急驰，他们企图在红军破城前赶到，算盘落空后又拟反攻遵义。2 月 28 日清晨，所辖两个师抵达遵义近郊，其第 93 师已进入忠庄铺，前锋伸至距遵义南门仅 2.5 公里的洛江桥；其第 59 师亦进至新站，正向忠庄铺急进。他们打算以第 59 师 553、558 两个团和第 93 师一个团为主攻，经桃溪寺向遵义城南的红花岗、老鸦山发动攻击；另以黔军两个团为配合，自忠庄铺向北助攻，第 93 师主力和第 59 师 555 团则为预备队，集结于忠庄铺地区。红军获知敌人的态势后，以第三军团部队部署于红花岗、老鸦山一带高地阻敌；第一军团则出遵义东南，绕至敌人侧后迂回，拟截断敌人的后路，达一举全歼之功效。

双方于上午9时正式接战。一开始，敌人便摆出猛打猛冲的态势，一口气夺得了红花岗、老鸦山前几座山头。红军连忙组织反攻，也一口气夺回了几座山头。不久，敌人又借助精良的武器，充足的弹药，组织兵力反扑，把红军逼迫下去；红军又组织反攻，再将几座山头的敌人赶了下去。如此拉锯一般，双方在山上山下反复争夺，战斗达到白热化程度。至中午时分，敌人见一下难奏奇效，遂改变部署，以两个团的兵力牵制红花岗方向的红军，其余四个团均集中于老鸦山。他们企图先攻下老鸦山，再行扩展以获全功。

老鸦山位于遵义城西南，离城约两公里，是俯瞰红花岗，控制遵义城的制高点，十分重要。红花岗，位于遵义城南约一公里，与老鸦山毗邻，两山并立，构成遵义城的天然屏障，历来为兵家必争之地。

老鸦山的得失，关系到红军其他阵地和遵义城的安全。守卫在老鸦山阵地的红军是第三军团10团，这是一个善打硬仗的团队，面对强敌，丝毫不惧。双方反复在阵地上争夺。红军伤亡不小，但攻打效果不明显，就连团长张宗逊腿部也中弹负伤。就在这危急时刻，中央干部团在团长陈赓的带领下及时赶到了。干部团不愧是有丰富战斗经验的骨干组成的队伍，他们在红11团的配合下，勇敢机智地和敌人展开了一场紧张激烈的争夺战，夺回了老鸦山主峰，胜利的红旗又在主峰上高高飘扬。敌人不甘心失败，又增加了一个团的兵力，集中全师的炮火，猛轰主峰，继之以优势兵力发动冲锋。干部团的同志非常机动灵活，当敌人炮轰时，他们躲到山坡下面去了。炮火一停，他们又迅速地回到自己的战斗岗位。远了不打，等敌人靠近时，再进行猛攻，就这样，打退了敌人一次次的进攻。

战斗是十分激烈的，战友之间的互相鼓励也是十分及时的。在红10团的指挥所里，红10团政委黄克诚在和干部团团长陈赓打电话："喂！陈赓同志吗？你们打得很好！我们已安全转移到红花岗的北坡，待机出击。我看，只要你们能控制住老鸦山，就能巩固我们整个防御阵地。等一军团赶到，就能出奇制胜。"

黄昏前，红军开始了总攻击，用"兵败如山倒"来形容溃败的敌人，一点也不过分。红一、三军团并肩向敌人展开了追歼战。红军勇猛快速，锐不可当，势如破竹，敌人闻风而逃。当天下午2时，吴奇伟见红军已占领忠庄铺北端，正向右翼节节前进，发现他的指挥所即将被包围，若不及时撤退，就有被红军俘虏的危险。吴奇伟与王家烈当即决定撤退。撤退前半小时，吴奇伟向薛岳电话报告情况，薛岳急令吴部撤回乌江北岸，守住乌江北岸两个渡口，不许返回南岸。下午4时，吴奇伟才不管什么军令大如山，急急忙忙跳上汽车，向贵阳方向夺路逃走。

这时，残敌在狂逃，队伍乱了套，吴奇伟和王家烈已经掌握不了部队。中革军委命令红军分两路猛追溃敌：以红一军团一部向懒板凳方向追击，以红三军团一部向鸭溪方向追击。当天深夜，军委电令一、三军团，要不顾一切疲劳，乘胜猛追逃敌。军委特别指出："这一追击的决战，关系全局的胜负，无论如何要扩大战果到消灭其全部，不得丝毫动摇。"

当红军追至乌江边时，吴奇伟在狂逃，当他带着几十个卫士逃到离乌江渡约七八公里的刀靶水时，已经听到了背后的枪声。这时吴奇伟左右为难，要走嘛，薛岳有命令不准渡，不走就只有被红军俘虏的份，急得是一把鼻涕一把泪，平时那副趾高气扬的样子荡然无存，活脱脱一副狼狈相。他的参谋人员听到枪声越来越近，形势紧急，急忙要卫士挟着吴奇伟向乌江渡逃跑。已逃过江的吴奇伟竟下令砍断浮桥，桥上的国民党官兵纷纷落入水中，落在后面的1 800名敌军因无路可逃被红军缴械，吴奇伟留在北岸的全部辎重，也都成了红军的战利品。

此役发挥了红军运动战特长，蒋介石的优势是碉堡加相当于红军十多倍的兵力，而红军的优势则是灵活机动，红军的两条腿蒋介石是管不住的。在红军灵活快捷、纵横自如的行动面前，蒋介石先进的武器装备、成千上万的军队反而成了包袱和累赘。这就是以己之长，攻敌之短。

这次战役，俘敌3 000余人，缴获大批军用物资，取得了长征以来最大一次胜利，士气大振。中央红军二渡赤水，获得娄山关大捷，再占遵义城，5天之内，歼灭击溃敌2个师8个团，取得了长征以来第一次大胜利。这是蒋介石亲自部署追堵长征中的中央红军的一次最大失败。蒋介石气急败坏，暴跳如雷，他在指责薛岳的电文中哀叫，这是“国军追击以来的奇耻大辱”。由于陈诚的包庇，把失败的责任推到王家烈身上，并趁机剥夺了王家烈的军政大权，收编了他的部队。因而薛岳、吴奇伟没有受到惩处。但是蒋介石却因此下了一道严厉的命令：今后在前线作战，不论是追是堵，是攻是防，如不与阵地、城池共存，未奉命即逃避者，一律治以“失土纵敌”之罪。为怕他的军队因失败而泄气，蒋介石在重庆亲笔写了一封长信，派飞机空投给吴奇伟，给他打气，要求他今后对飘忽无定之共军作战要极慎重，勉励他“雪遵义失败之耻”。

3

蒋介石遭遇如此“奇耻大辱”，自然心有不甘，决定赤膊上阵，务必把红军消灭。于是，1935 年 3 月 2 日，他急忙飞到重庆，亲自“督战”。蒋介石一到重庆，即以战场指挥官自任。第二天，3 月 3 日，他发出电令：“本委员长，已进驻重庆，凡我驻川黔各军，概由本委员长统一指挥。如无本委员长命令，不得擅自进退。务期共同一致完成使命。”一时间，紧张气氛弥漫在重庆城内；同时蒋介石的这个手令，表明他要与中央红军一决雌雄。

这样，自五次反“围剿”以来，再次形成了蒋介石直接指挥庞大的国民党军队与毛泽东亲自指挥的弱小红军两军决战的局面。蒋介石决心以曾国藩镇压太平天国的“经验”为源泉，彻底消灭毛泽东指挥下的红军。蒋介石在重庆，进行了紧张的军事部署。3 月 2 日，他致电何键，判断我军“向东转进，其目的仍在自乌江东岸，图与肖贺合股”。为此他命令湘军、黔军、中央军吴奇伟纵队一部及徐源泉一部在乌江沿岸严密布防，防红军东进。同时，他命令滇军驻防黔西、大定、毕节一带，周浑元纵队布防长干山、坛厂一线，王家烈残部集结在打鼓新场一线，堵红军西进，令吴奇伟纵队主力集结于镇西卫、滥泥沟、修文、六广河、息烽、黄沙河、刀靶水、大渡口一线，防红军南出，令川军郭勋祺部向桐梓、遵义追堵红军北上。蒋介石企图在乌江以西、川黔大道周围聚歼红军。

这时，蒋介石又搬出了他的碉堡政策。他命令各军在川滇黔边界构筑四道碉堡线，要求“最好每里一堡”，企图用堡垒主义和重点进攻相结合的办法，压迫红军于遵义和鸭溪的狭小地区，然后一网打尽。

为摆脱敌人，红军于3月11日再次撤离遵义西进，准备歼灭中央军周浑元部，在遵义以西建立根据地。红军此举的意图是明确的：综观四周敌情，唯有周浑元纵队最为突出。遵义一役，周浑元纵队未受大创，此时他们见红军滞留在遵义，而湘军、黔军、川军及另外的国民党中央追击军等各路人马渐成“会剿”之势，便想趁火打劫，趁机捞一把。根据这一情况，中革军委决定趁敌吴奇伟纵队逃向乌江以南之机，集中红军主力于鸭溪附近，寻歼周浑元纵队全部或大部，以进一步扩大战果。

但情况突然有了变化，原来，周浑元也许是吸取了吴奇伟部被歼的教训，不仅不再驱部冒进，为了防止枪打出头鸟，两个主力师均退至长干山一带，并在那里广筑工事。红军失去作战目标，自然也不敢轻举妄动。于是中央红军以不变应万变，准备待敌人围而未合的时候，以突然动作从敌人的缝隙中钻出来，造成敌人的混乱，摆脱被合围的局面。于是3月7日，中革军委下令，红军各部原地休整待机。与此同时，为靠近部队，便于指挥，中央和军委机关亦前移苟坝。

但是林彪和聂荣臻的一封电报打破了这种平静，电报称：

一、以第三军团之两个团经安底、儿母洞向三重堪前进，以三日行程赶到，切断三重堪至西安寨地域之敌退黔西之路。

二、第三军团另两个团及第一军团之两个团明日协同消灭西安寨之敌。第一军团之两个团明日经洪关坝，于13时到达洋水，断西安寨敌退新场之路，第三军团之两个团经波罗海到西安寨，于14时到达西安寨（西安寨到洋水15里）。11日此第一、三军团之各两个团到达打鼓新场。

三、第一军团主力四个团经永安寺、无马口、岩孔于 11 日到达打鼓新场附近攻击，干部团明日佯攻周敌。

四、第五军团为总预备队，明日由原地出发向打鼓新场前进，限 11 日到达。

五、第九军团任务仍旧。

看样子，大家二进遵义，打得比较顺利，收获不小，极大地振奋了士气。现在，部队上上下下热情很高，指战员们求战心切，想乘胜扩展战果，再给敌人一些教训。尤其是几个主力军团都休整十来天了，精力充足，想发挥一下。

毛泽东看到电报之后，心不禁往下一沉，尽管没说什么，但脸色不太好看。周恩来是个细心的人，毛泽东脸上的细微变化并没有逃过他的眼睛。他谨慎地说："是不是你另有意见，主席？"

"是啊，攻打打鼓新场万万不可取，表面看好像我们可以乘胜追击，但其中的危机却深不可测。"

什么？危机？是不是有一点危言耸听？

洛甫更是听得一头雾水，在军事上他极少过问。现在听周恩来和毛泽东二人说得似乎有道理，怎么办？干脆召开一个中央扩大会议，听听大家的意见。于是他把自己的想法和毛、周二人说了，周恩来点点头："好吧。"毛泽东没有言语，他心中似乎正在酝酿和思索着什么。

在第二天的中央扩大会议上，洛甫、周恩来、朱德、毛泽东、王稼祥、刘伯承、李富春、陈云、博古、张云逸、叶剑英等十几个人出席了会议。果不其然，主张攻打打鼓新场的意见占了绝对上风。朱德首先表示了赞同意见："我看林彪和聂荣臻同志的建议可以考虑。打鼓新场是黔北的一个大场镇，民谣说道：一打鼓，二永新，三鸭溪，四茅台。打鼓新场排在第一位呢。这也是通向黔西的战略要点，一旦占据下来，进可无碍，退亦有据，极是有利。”

王稼祥也是赞成打的，而且心里有改换领导后速见成效的想法，这时便说：“遵义一战，我们连号称国民党中央军精锐的吴奇伟部都较量过了。难道还怕这些杂牌？”

按理说，二渡赤水后，毛泽东在党和红军中威信更高了，号令三军不成问题。此时毛泽东却孤立无援，成了“孤家寡人”。他说：“敌强我弱，战事一开势必成为攻坚战，对红军不利。这和遵义一役情形不同，在遵义时，敌是孤军之势，更何况打吴奇伟部时红军尽管占据了有利地形，还不是付出了重大牺牲。现在有必要犯二次错误吗？打硬仗往往劳民伤财，徒耗部队生气，费力不讨好。我们的实力还不能和敌人进行面对面的较量，我们又为什么不可以灵动些呢？在运动中调动敌人，避实就虚，乘隙歼击，乃为上策。”他甚至把《管子》中的话都引用了：攻坚则瑕者坚，乘瑕则坚者瑕。

可是大家还是不理解，王稼祥甚至说：“老毛，你啥时候变得这么胆小，畏首畏尾了？”

就是这样，会议从上午一直开到下午，持续了整整一天。但结果不欢而散。毛泽东非但没能说服大家，反而被撤销了前敌司令部政治委员职务。就在看似山穷水尽的危急关头，当天夜里事情出现转机：黔军第3旅已经撤离了西安寨，前锋抵洋水，仍在向打鼓新场靠近；滇军3个旅也已经动作，第7旅已出黔西，一部抵定新，第2、5两个旅在后面跟进。也就是说，在打鼓新场附近，不仅有周浑元和吴奇伟纵队，还有孙渡和郭勋祺纵队。红军面临的不是黔军的1个纵队，而是蒋介石在黔的5个纵队。只要红军攻打打鼓新场，就有被全歼的危险。这样看，敌人对红军的确有了防备。

面对这样的情况，毛泽东和周恩来二人连夜商量，达成了共识。第二天的会上，面对着铁一样的事实，没费多少周折，大家便被说服了，在周恩来等人的支持下，打鼓新场作战计划最终被放弃。

洛甫半开玩笑半认真地说："老毛，看来真理有时掌握在少数人手中啊。"

这次情况说明了军事民主是必要的，但集中也是必须的。针对这一情况，1935年3月11日前后在贵州鸭溪、苟坝一带成立了三人军事小组，成员为毛泽东、王稼祥、周恩来，这是当时战争环境中党中央最重要的领导机构。三人军事小组的成立标志着毛泽东在党中央和红军中的领导地位进一步巩固，也标志着红军权力转换的正式完成。

3月13日，红军各部离开集结地，向西南方向前进。是日晚，第三军团部队顺手将拦在平桥、洋水的黔军第3旅痛击了一下，一直到击溃为止。3月15日，红军集中一、三、五军团以及干部团，向驻守鲁班场的敌中央军周浑元部发起猛攻。战前判断该敌只有两个师，红军集中主力应该能歼灭。战斗中敌人却以6个团兵力急速增援，加之周浑元纵队预先构筑了大量工事，3个师狡猾地集成一团，攻击未能奏效，红军苦战一天打成僵局，为避免消耗，决定撤出战斗，立即放弃进攻转兵西进。

3月16日，红军大队抵茅台地区。16日18时，红军开始三渡赤水，于17日中午全部渡完，再次进入川南，向古蔺、叙永方向前进，并派出一个团向西北方向的长江南岸佯动。

蒋介石根据飞机侦察，判断红军有北渡长江迹象，下令中央军和川军各部向古蔺地区追击，谁知这一招又是棋差千里。

这时还发生了一个小笑话。3 月 15 日蒋介石命令孙渡到瓢儿井东南方几个地方设伏截击。孙渡找不到地点，便向薛岳报告说：“蒋介石令派别动队向瓢儿井东南方水边河、白荷关一带大森林，分别设伏截击。自应遵照办理，惟指示地名，图上遍寻未获，派人询问，亦无知者。”一个堂堂的军事领袖，指示部属到地图上和地球上都找不到的地方去设伏，简直是贻笑大方。被黔军笑为“仙人指路”。

4

三渡赤水后，红军进入川南古蔺县境，隐蔽集结主力后，即由红一军团派出一个团向古蔺县城方向前进，伪装红军主力西进，佯作北渡长江的姿态。当部队行进到镇龙山时，与川敌魏楷部的廖九甫团相遇。敌人没有料到红军会迅速再入川南，毫无戒备。当兵的有的在睡大觉，有的在洗澡、捉虱子、赌博、抽大烟。当听到“红军大部队来了！”的惊叫声时，敌官兵慌忙放了几枪，就逃之夭夭了。

镇龙山一仗，进一步造成敌人以为红军将北渡长江的错觉，慌忙调动部队阻截。与此同时，红军川南游击队在兴文、叙永等地积极开展游击战争，牵制敌军，配合主力军行动，增加了敌人的错觉。

3 月 19 日，红军攻占镇龙山，击溃川军 1 个团，进至大村、铁厂、两河口地区，摆出了准备北渡长江的姿势。敌人果然上当，以周浑元纵队 3 个师和吴奇伟纵队两个师向古蔺追击，以滇军在毕节、黔军在金沙以北截击，以川军潘文华部 5 个旅在叙永、古蔺间堵截，另以川军两个旅自茅台西渡尾追，企图“会剿”红军于长江南岸古蔺地区。毛泽东见敌人受调遣，立即建议回师东渡。

3月20日晚，蒋介石发出了“筑调‘阻剿’红军”的电令。他判断红军主力集结于古蔺东南地区，因而命令川军、中央军、滇军、黔军合力“进剿”。蒋介石说：“以如许大兵，包围该‘匪’于狭小地区，此乃聚歼‘匪’良机。尚望防堵者，务在封锁线上，星夜并征集民工赶筑工事，以筑碉堡为最善。尤须严密坚固，并与友军确取连防，使无间隙可乘。并另控制兵力于相当地带，准备迎头痛击……‘剿共’成功，在此一举，勉之勉之。”

毛泽东始终比蒋介石棋高一着。当蒋介石调集大军，遍筑碉堡，围歼红军的部署还没有完成时，毛泽东就抓住时机，出敌不意，毅然准备回师东进了。红军四渡赤水河，就把敌人刚刚集中起来的重兵又置于无用武之地了。

3月20日，红军第一军团1个团伪装成红军主力，又吹喇叭，又四处张贴标语，大肆招摇地自铁厂、两河口向古蔺前进，继续摆出北渡长江的架势。在此掩护下，红军主力却秘密东返，于21日晚至22日，以隐蔽而神速的行动从二郎滩、太平渡等地四渡赤水，接着马不停蹄地经临江场、楠木坝、花苗田等地挥师南下。敌人对红军这一招大感意外，惊恐不已，他们以为红军又要返回遵义。急忙调兵，令湘军第53师从回龙场向遵义急驰，周浑元、吴奇伟两纵队星夜云集仁怀、茅台、坛厂一带，又以周浑元纵队两个团兼程分往鸭溪、白腊坎、枫香坝等地防守，并以湘军在乌江布防。红军吃准了敌人急于“会剿”的想法，投其所“好”，以第九军团徘徊于马寨岭地区，伪装主力，向长干山、枫香坝佯攻，以吸引敌人北上，红军主力则乘机继续向南急进。

◎ 1935 年 3 月中旬，红军三渡赤水，再次入川

3 月 21 日晚至 22 日上午红军全部东渡赤水河，再次进入黔北。当时正是蒋介石的各路人马纷纷向古蔺前进之时，红军巧妙地秘密与敌人相对而行，神不知鬼不觉地跳出了蒋介石苦心经营、严密部署，但尚未完成的包围圈，把蒋介石的几十万大军甩在古蔺周围、赤水河沿岸地区。当红军进到遵义、仁怀中间地区时，敌人的辎重物资还在源源不断北运。面对敌人耳目失灵的愚蠢行动，红军战士讽刺地说："你们去好好地封锁吧，我们走了。"

在红军已全部东渡赤水的当天下午，薛岳还在军情通报中说："此次'匪'由茅台渡河后，分两路西窜，一经大村、鱼岔河、镇龙山，一经石宝寨、铁厂、锅厂坪窜走。其大部尚在镇龙山、铁厂。"

也是在红军全部渡过赤水河的当天，第二路"追剿军"总司令龙云在给薛岳及 4 个纵队司令官的 3 份电报中，仍然重申了“聚歼该‘匪’于叙、蔺以南，赤水以西，毕节、仁怀以北地区”，“防‘匪’盘旋西窜”的计划。

3 月 23 日，孙渡获悉红军东渡赤水的消息后，仍然犹疑不决，他在给滇军各旅及云南省民团总指挥的电文中说：红军素用曲线行动，“是其主力东窜，抑以一部东窜，而主力仍西窜，不得而知。”直到 25 日，龙云还命令各纵队将红军歼灭于赤水河西的“铁厂、镇龙山、石宝寨、大材间地区”。26 日，薛岳还在判断红军从古蔺“续行西窜成分居多”。

5

红军东渡赤水，一举突出敌人的包围圈，蒋介石聚歼红军的计划又一次破产。为就近指挥“督剿红军”，蒋介石立即于 3 月 24 日从重庆飞到贵阳坐镇。从获悉红军渡过乌江这一天起，蒋介石就亲自部署和指挥各项作战事宜，把前敌总指挥薛岳变成了一个侍从参谋，或者说是高级传令官。

3 月 28 日，红军主力自鸭溪、白腊坎之间突破敌人的封锁线，冒着狂风暴雨，进入乌江北岸的沙土、安底地区。接着，又于 31 日在江口、大塘、梯子岩等处南渡乌江，进至息烽西北地区，巧妙地跳出了敌人的合击圈，把敌人的重兵甩到了乌江以北地区。

进入乌江以南后，红军大肆示形，继续调动敌人。4 月 2 日，红军以一部兵力佯攻息烽，主力进占扎佐、狗场地区，前锋直逼贵州省会贵阳，造成了贵阳之敌极度恐慌。然而，当各路敌人奔援贵阳时，红军却又进至贵阳东南部的清水江西岸，派出小部兵力和工兵，分别在水尾、中渡、小河口等地的清水江架桥，佯装东渡。敌人以为红军要东进会合第二、六军团，复急追急堵，以湘军3个师在石阡、余庆、平越堵截；桂军一部在清水江以东集中，到达贵阳及其以北地区的吴奇伟纵队、滇军孙渡纵队、湘军第53师则分三路向东追击。于是，贵阳地区一下涌入了近30万“国军”。

红军先头部队兵临贵阳城下，主力部队出现在贵阳城外20公里处时，蒋介石惊恐万状，一面急令各纵队火速驰援；一面令守城部队死守机场，以备逃离贵阳。宋美龄还销毁了军用地图。滇军孙渡部受令急行军200公里赶抵贵阳，并固守飞机场，蒋介石对这支“勤王之师”、“救驾部队”，大加褒奖，说他们动作迅速，作战勇敢，其旅长以上军官均有犒赏；孙渡部旋出贵阳，至观音山与红军接战，蒋介石又通电嘉奖其英勇善战，并给龙云去电，赠了一顶高帽子，称这一切是龙云精心栽培、辛勤训练之功。

可是事情往往不尽如人意，红军把滇军主力调开后，突然入境云南，势如破竹。龙云惊得寝食难安，他当然不希望这一仗在自己的地盘上打起来，急电薛岳前来驰援。他可不想成为第二个王家烈。“云南王”和蒋委员长是心怀鬼胎、各取所需。

而面对带着一肚子气而来的薛岳，龙云自然有一套应对办法。他在昆明高调迎接薛岳，还在昆明最好的都南酒店为薛岳大摆宴席，接风洗尘。弄得薛岳倒是不好意思了。酒足饭饱后，两人还义结金兰，成了拜把兄弟。就在两人结拜之时，正是红军抢渡金沙江的时候，消息传来，两人面面相觑，眼中的意味难以用言语表达……

红军全部渡过金沙江后，龙云深恐蒋介石把他变成王家烈第二，就采取以退为进的手段，主动致电蒋介石请罪：“红军已过江无疑，闻讯之后五中如焚。实职之调动无方，各部队‘追剿’不力，尚何能尤人，惟有请钧座将职严行议处，以谢党国。”蒋介石知道龙云不比王家烈，对他的阴谋已严加防范。因此，5 月 12 日，他飞到昆明后，对龙云倍加称赞，极力拉拢。至此，整个四渡赤水战役宣告胜利结束。

四渡赤水战役，精彩纷呈，是战争史上的奇观，是中国共产党人所创造的伟业。美国作家哈里森在所著的《长征——前所未闻的故事》中写道：长征是独一无二的，长征是无与伦比的。而四渡赤水又是长征史上最光彩神奇的篇章。

四渡赤水一战，是两军最高统帅毛泽东、蒋介石在军事指挥艺术上的一次直接较量。

“知彼知己，百战不殆。”毛泽东指挥战争，不但知己，而且知彼，知敌将领，料敌如神。不但善于灵活运用自己的兵力，而且善于调动敌人的部队，叫敌人对自己俯首帖耳，乖乖听命。红军在四渡赤水战役中，声东击西，忽南忽北，东西纵横千里，南北往返数次。出敌不意，回师黔北，遵义大捷，歼敌两个师又 8 个团；时而全军佯动，调动敌人，时而派出奇兵，牵住敌人，时而将计就计，抓住敌人，时而绕道转圈，疲惫敌人，时而看准时机，突然甩掉敌人，威逼贵阳，蒋介石吓得胆战心惊，终于调出了滇军；兵临昆明，“云南王”龙云惊得坐立不安，被迫让开了通路，使中央红军从容地渡过了金沙江，彻底粉碎了敌人歼灭我军的迷梦，彻底扭转了我军被动挨打的局面。

四渡赤水，毛泽东把军事指挥的想象力和创造力发挥到极致，也被他自己称为军事指挥生涯中的“得意之作”。时至今日，四渡赤水仍然使当今的人们为当年毛泽东高超的军事艺术而震撼、所折服。毛泽东等老一辈无产阶级军事家的战略智慧、战略思维、战略决策、战略品质永远是我们的宝贵财富。

三

| 交战时间 | 1937 年 9 月 25 日

| 交战地点 | 山西省灵丘县平型关地区

| 交战双方 | 八路军第 115 师；日军第五师团第 21 旅团一部

| 指挥将领 | 林彪；三浦敏事

出师首战振军威

——平型关大捷

| 武器装备 | 我方：机枪、手榴弹、迫击炮、国民党提供的少量吉普车、卡车；敌方：手榴弹、马克沁重机枪、捷克式轻机枪、日式卡车、飞机、大口径火炮、坦克

| 交战结果 | 歼日军 1 000 余人，缴获步枪 1 000 余支、机枪 20 余挺，击毁汽车 100 余辆、马车 200 余辆

平型关战役是我军开赴抗日前线的首次对日作战。1937 年 9 月 25 日我八路军第 115 师在山西省灵丘县西南平型关附近，对侵入该地区的日军进行了一次伏击战。这次战役，八路军第 115 师抓住日军骄横狂妄和麻痹大意的弱点，正确运用伏击战术，发挥山地战和近战的特长，以劣势装备一举歼灭日军精锐部队 1 000 余人，缴获大量军用物资。

1

1937年8月，日军在占领了北平、天津后，又兵分三路沿平绥（今北京—包头）、平汉（今北京—汉口）、津浦（天津—浦口）铁路展开了进攻。至9月中旬，日本关东军察哈尔派遣兵团占领了大同，随即以主力南下向雁门关进攻。与此同时，侵占阳原、蔚县、广灵的日军华北方面军第五师团，也继续向浑源、灵丘方向进攻，企图突破平型关、茹越口，协同关东军察哈尔派遣兵团击溃这里的中国守军，从而打开晋北通路，实现右翼迂回，达到一举歼灭平汉铁路附近国民党军主力的作战企图。

进犯平型关的日军，是其陆军中的王牌——第5师团。它编成于明治二十一年，是日军部队中历史最长的师团之一，曾参加过中日甲午战争和日俄战争，为日本帝国主义的对外扩张立下了赫赫战功。它的指挥官板垣征四郎是有名的中国通，“九一八”事变时他在关东军当参谋，当时的军衔是大佐。“九一八”事变之后，日本在东北组织伪满洲国，板垣征四郎作为关东军的代表同溥仪进行了谈判。正是因为他组织傀儡国有功，所以在卢沟桥事变爆发之前，就已升任为中将师团长了。侵华战争全面爆发后，他带队进攻华北，一路上所向披靡，罕遇对手，碰到的国民党军队不是不战而退，便是一触即溃，这更加使他骄纵异常。在他的带领下，日军第 5 师团气势汹汹地杀往长城防线，占领了与平型关近在咫尺的灵丘。平型关危在旦夕！

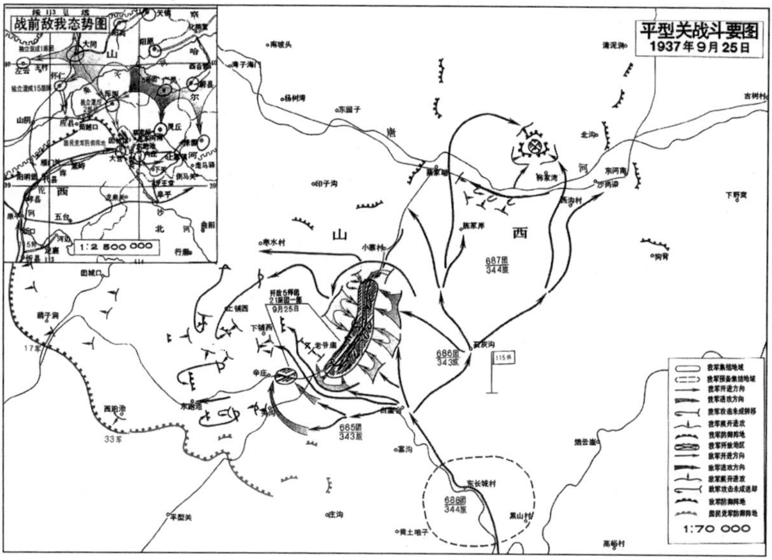

平型关战役图

平型关，古称“瓶形关”，这个因关前谷地形状如“瓶”而得名的雄关险隘，自古就是兵家必争之地，曾经是汉武帝刘彻北击匈奴、北宋杨家将抗辽守边之所。它位于山西省灵丘县西乔沟一带，是古长城上的重要隘口。关口北面是恒山山脉，南面是有名的佛教圣地五台山。这里层峦叠嶂，幽谷深邃，最险要的乔沟段，长约 7 公里，四周崖高数丈，陡峭如削，一条狭长山路蜿蜒其间，东通冀北，西抵雁门，是晋冀两省的门户。

◎ 战斗最激烈的地点——乔沟

平型关与雁门关是日军进攻太原的必经之地，日军攻取两关，便可长驱直入，兵临太原城下。由于雁门关地势更为险要，又有重兵把守，所以日军难以从正面突破。而平型关相比来说防守比较薄弱，因此日军便将其主力第 5 师团用于平型关方向，企图由平型关突破长城防线，再绕道雁门关背后，卡断其退路，与正面的日军合力攻取雁门关，尔后再直扑太原，完成大迂回的战略行动，迫使国民党军全线撤退，从而达到迅速吞取华北五省的目的。

国民党军则企图凭借雁门关、茹越口、平型关一线的有利地形和既设阵地阻止住日军的攻势，保住山西腹地。但山西的“土皇帝”阎锡山深恐自己部队的战斗力不强，守不住长城防线，极力要求共产党领导的八路军尽早出兵晋东北配合其坚守长城防线。在国民党军节节败退，日寇长驱直入的紧急关头，中国共产党人不计前嫌，以大局为重，遂决定由红军刚刚改编成的八路军立即出师，开赴抗日前线。此时的八路军下辖 115、120、129 三个师。其中 115 师由红一方面军一军团和十五军团以及陕南74师编成，林彪任师长，聂荣臻任副师长（后改政委）。参谋长周昆，政训处主任罗荣桓，副主任萧华。该师下辖343旅（旅长陈光）、344旅（旅长徐海东）、独立团及数个直属营，每旅下辖两个团，全师兵力15 500人。诸葛亮的《出师表》里曾有一句话："受任于败军之际，奉命于危难之间。"八路军115师就是在这样的情形下出征的。根据与国民党政府的协议，1937年8月22日，115师首先由陕西出发，东渡黄河，开赴抗日前线。9月中旬，115师官兵乘坐阎锡山派来的接兵车，沿同蒲铁路向平型关急进，但当列车进入原平车站时，前面的铁路已被日军飞机炸毁，火车无法继续前进。而此地离平型关大约还有100多公里，为了抢时间，115师改乘汽车前进。

在115师开进途中，到处可以看到国民党的溃军，他们个个丢盔弃甲，士气低落。让人感到惊奇的是，很多部队竟然还未与日军交手就溃败了。这些溃兵越来越多，最后竟像蚂蚁一样铺天盖地严重阻塞了公路，致使车队无法正常行进。汽车走不动了，急得司机不住地按喇叭，可没有人让路。溃兵在汽车周围大喊大叫："你们搞错方向了，快调头往南走，前边是日本人！""没错，我们就是去打日本人的。"一些八路军战士回应道。"咦！是八路。"一位见过世面的国民党老兵惊讶地说，"日本人飞机大炮坦克厉害得很啦！你们有什么？大刀片，'吹火筒'，是去找死哟！""听说日本兵个个刀枪不入，一个班就能攻下一座县城，你们上去了就下不来啦！八路弟兄快掉头逃命吧！""八路就是从前的老共，我明白了，准是上面故意让他们去送死的！"这些溃兵们一边叨念着一边向北退去……

此时副师长聂荣臻举起望远镜一看，前边的国民党溃兵多如蝗虫，望不到边，北进和南退的两支队伍搅在一起，很快乱成了一团。为了使部队加速前进，同时不使部队的士气受到影响，聂荣臻把手一挥，令战士们放弃了汽车，绕向五台山附近的一条小路，徒步行军。

当八路军 115 师先遣队东渡黄河的时候，林彪前往洛川参加会议因而没有随部出发。会后林彪的心情比较复杂，这是因为他与毛泽东在对日作战的战略战术问题上产生了一些分歧。在洛川会议上毛主席明确提出："关于红军作战，依当前敌我情况，我们认为须坚持下列两原则：甲，在整个战略方针下执行独立自主的分散作战的游击战争，而不是阵地战，也不是集中作战，因此不能在战役战术上受束缚。只有如此才能发挥红军特长，给日寇以相当打击。乙，依上述原则，在开始阶段，红军以出三分之一的兵力为适宜，兵力过大，不能发挥游击战作用，而易受敌人的集中打击。其余兵力依战争发展，逐渐使用之。"

但当时许多红军的高级将领对此却感到不解。林彪便首先提出了自己的看法，他说："以打运动战为主，不搞大兵团作战。在国内战争时期我们已经可以整师整师地歼灭国民党军队了，日本侵略者没有什么了不起！"这种论调并没有使毛泽东感到意外，他深知，红军由正规军重新变为游击军，由运动战变为游击战。这对于许多红军的指挥员来说，既是战略上的大转变更是思想上的大转弯。毛泽东耐心地开导红军的将领们，他说："从战略的眼光看问题，我们不怕日本人占大城市和交通要道，只要游击战在广大地区发展起来，整个中国会从日本人手中夺过来。"他认定，游击战是红军对付日本人的惟一策略。因此特别强调：只打游击战，不打运动战，只能打小仗，不能打大仗，要避免在战争初期阶段进行大决战。他并不为八路军出师后是否尽快获得声望所困惑。相反，针对高级将领中比较普遍的"速胜论"思想，他苦口婆心地反复开导他们："打了这一仗，打不了下一仗，这就是我们的家当。拿这点家当同掌握现代化重武器的日本人硬拼会是什么结局呢？弱国劣势兵器的军队与优势兵器的帝国主义军队去对垒，无论如何是不适宜的。"后来的历史证明，这位杰出的政治家和军事家为八路军制定的战略方针是极其正确的，这再一次证明了他的远见卓识。

林彪虽然在毛泽东面前点了头，但把部队集中起来打一仗的想法并未改变。9 月 14 日在他回到部队后便致电八路军总部，电文称"已将 343 旅及师直集中于大营，准备待敌仰攻大营东之平型关友军阵地时，我相机袭击日军之左侧后，歼敌一部，以扩大战果。"此电报转给了毛泽东。16 日，毛泽东直接致电林彪，指出："我军应坚持既定方针，用游击战斗配合友军作战，此方针在京与蒋（蒋介石）何（何应钦）决定，基本不应动摇此方针。"两天后，林彪又电："在敌目前正在进攻的情况下，我先头旅应以作战灭敌为主要任务。"他的理由是："目前军民正在看我军直接参战，如我参战兵力太少，则有失众望……目前须以打仗，捉俘虏，来提高军民抗战信心，提高党与红军威信。"由于林彪一再坚持，9 月 21 日，毛泽东电示彭德怀，表示可同意林彪将一个旅暂时集中打一仗，但同时又指出："如许久还无机可乘时，仍以适时把中心转向群众工作为宜。"林彪在得到毛主席的默许后心情顿时好了起来。

2

这天林彪坐着阎锡山给派的吉普车去看地形，一路上他看到这坚如铁壁的太行山，这雄踞长城要隘的险关，想到大战在即，不禁有一种莫名的兴奋。

吉普车沿着弯弯曲曲的盘山公路，来到北岳恒山和佛教圣地五台山的接壤处，然后又吃力地爬上海拔 1 800 米的长城隘口，顿时一座署有“平型关”三字的残颓拱门映入了林彪的眼帘。他冲司机做了一个停车的手势，吉普车迅即停下，他走下车，仰起脸来，对着“平型关”三个字仔细瞅了好一阵。然后，又登上关口之巅，举起胸前的望远镜观望。无论是北面的恒山，还是南面的五台山，这些层峦叠嶂的山峰和那盘亘于崇山峻岭间的内长城，都久久吸引住他的目光，使他产生了一种激情。最后，他将目光越过平型关之巅，望见了关前的一条峡谷甬道，它由西向东，曲曲折折，穿山而过，一直通向很远的地方。深谷两侧，是险峻的山壁，一条公路蜿蜒其间，沿着这条公路，就能到达灵丘，通过灵丘而到冀西……置身在这座著名的雄关之上，前方炮声似乎已隐约可闻，林彪明白，马上就要有仗打了，而且肯定就在附近打……

山风一阵阵地刮来，初秋的晋北已是寒气袭人。林彪和部队的官兵一样，仍穿着刚换上的国民革命军单装，冷风一吹，他和随从人员都不由打起了寒战。吉普车从平型关口驶出，沿着坑洼不平的山路又向灵丘方向前进。车子在出关口不久，就钻进一条由东北向西南延伸的狭窄沟道里。这条沟道就是林彪刚才在望远镜里已看到过的，而此时他看得更加仔细。此处地势最险要的是沟道中段，沟长约 5 公里，深数丈到数十丈不等，很难攀登上沟沿，而且沟底的甬道仅能通过一辆汽车，连能错车的地方也极少。而在这条沟里，仅见到一个叫老爷庙的地方有个缺口，能通到山上。林彪在警卫员的跟随下艰难地攀上老爷庙以及庙后的老爷岭。林彪暗暗思忖：如果阻住正面路口，截断敌人的增援，将部队埋伏在公路两侧的山地里，在缺口处的高地上设置重兵，那么公路上的日军就是瓮中之鳖了。

在看完地形回来，林彪找来聂荣臻商量。他铺开地图将敌情和他酝酿的计划讲了一遍，问道："老聂，这个仗，你看打不打？"聂荣臻考虑到当前日寇的嚣张气焰，而友军又锐气尽失，这一仗事关民心士气，因此果断地说："打！为什么不打呢？""我们没有与日军交战的经验，可能要冒一些风险。但战机稍纵即逝，已经没有时间向军委和总部请示了。"林彪微蹙浓眉，不无担忧地说。"要打仗，什么事情都可能发生，没有不冒险的。我看，只要有六七成胜算就可斗胆一试。"林彪习惯性地点燃一根火柴，又轻轻吹灭，他凝视着跳跃的火苗出神地说："这一仗应该有八成把握。"聂荣臻接着说："既然有八成把握那就下决心打！利用这么好的地形，居高临下，伏击气焰骄纵的敌人，这是很便宜的事嘛。现在不是打不打的问题，而是怎么打好的问题！我们要在与日本侵略军的第一次交锋中，打出八路军的威风来，给全国人民的抗日情绪来一个振奋！""那好，下午召集全师连以上干部，开作战会议，顺便做个战前动员。"林彪高兴地说。

1937 年 9 月 23 日下午，林彪在平型关外上寨村做了著名的战前动员，他说："同志们，自从七七卢沟桥事变，国民党军队在华北作战，不敢发动群众，不敢机动，不敢侧击，也不敢深入敌后作战。故其较强者死守挨打，较弱者稍触即溃，老朽者闻风而逃，日军得以少数兵力纵横驰骋，使我华北屏障尽失，黄河以北所有重镇有全部陷落之危险。今天，中华民族正在经历着巨大的考验。我们共产党人应该承担起，也一定能够担当起救国救民的重任。我们一定要在这一带打一个大仗，打一个胜仗，给日军一个打击！给友军一个配合！给部队一个兴奋！”

林彪在做完动员后，接着又作了兵力部署。他提高嗓门：“从小寨村至老爷庙有一段长 4 公里的狭沟，沟深少则 10 米，多则 30 米，其北面陡壁无法攀登，南面缓坡易于伏兵向沟底出击，沟底宽 10 到 20 米，这是灵邱之敌向平型关推进的必经之路。师部决定就在此集中兵力伏击敌人。你们各团干部要听清楚了。”他停顿片刻，台下干部立即挺起腰板注意聆听各自的作战任务。“685 团埋伏在老爷庙一带，这是袋底。杨得志，可不要让敌人把口袋捅漏了！”“请师首长放心，我们保证完成任务！”杨得志噌地站起来说。“686 团埋伏在白崖台一带，战斗打响后要靠你们勇猛杀敌。李天佑，你要将敌人在沟底斩成一段一段，分割歼灭。敌人火力很猛，但只要大胆接敌，敢于与他们搅在一起进行白刃战肉搏，那他纵有坦克大炮也发挥不出作用，飞机来了也不管事！”“是！保证完成任务！”李天佑站起挺了挺胸，大声说道：“687 团埋伏在小寨村一带，特别要注意隐蔽，不能让敌发觉，待敌全部钻入口袋后再掐住袋口。战斗打响的顺序最好是 685 团先开火，再 687 团，最后是 686 团。688 团留作师的预备队，随时准备投入战斗。”“杨成武来了没有？”“到！”杨成武迅速立起。“你的独立团要大胆深入敌后，隐蔽穿插至腰站一带，准备阻击灵邱和涞源增援之敌。这次伏击战斗能否获胜关键在于独立团堵不堵得住敌人的援兵，一定要守住阵地。”“是，独立团坚决完成任务！”杨成武胸有成竹地回答道。

随后，聂荣臻副师长又进行了政治鼓动，强调了为什么要打这一仗，为什么必须打好这一仗的问题。他坚定有力地说：“这一仗必须打胜！在恐日论和亡国论到处流行的时候，党中央和全国人民都在盼望着八路军出师后的第一个捷报。中华民族正在经历着巨大的考验，我们共产党人一定要担当起救国救民的重任!”聂荣臻又向各级干部们强调，等待他们的，将是一场恶战，必须作好充分的战斗准备。参加会议的干部们，都是从长征路上走过来的钢铁好汉，听了作战部署和政治动员，个个群情激愤，恨不得立即杀上战场，与日本强盗决一死战。

开完会后，林彪、聂荣臻又组织与会干部进行了实地勘察。聂荣臻爬上满目秋色的山梁，但见群山之上，蜿蜒着古老而又雄峻的长城，平型关坐落在群山之间。这一带山连山，峰接峰，非常有利于部队隐蔽。聂荣臻看到，从平型关山口穿过的狭窄沟道两侧是刀削似的危岩绝壁，而上面则是比较平缓的沟岸。在这里埋下伏兵，不愁消灭不了进入伏击圈的日军。

察看地形归来，林彪告诉聂荣臻，据侦察员报告，日军已经进至蔡家峪以东地区，明日有进攻平型关的可能。他们把情况又作了一番详细的研究，随后用电话下达了出击的命令：各部队于当晚 24 时出发，进入预设阵地。

24 日夜，部队开始向作战地域开进。为了隐蔽，大多数部队都选择了最难走的羊肠小道。当天夜里，天空中布满了阴云，而且越聚越浓，天黑得就像是罩了口锅。不一会儿，瓢泼大雨终于下了起来，这雨下得非常紧，还夹带着雪花。八路军 115 师上万官兵冒着纷飞的雨雪向伏击阵地急进。除少数师级干部外，指战员既无雨具，又无御寒的服装，再加上大雨如注，狂风不止，天黑路又滑，战士们的衣服都淋透了，部队行进得十分困难。

林彪裹着雨衣与聂荣臻策马并行。山区的夜晚本来就冷，又遇上了雨雪天气，二人冻得直打哆嗦。此时林彪心想，日军自发动战争以来一路长驱直入，肯定也没有料到晋东北的气候变化这样快，一夜之间就仿佛掉进了冰窟窿。驻守团城口一带的日军恐怕比我们好受不了多少，此时他们的指挥官应该正在电台旁向上司催要过冬寒衣吧。这样一来，我们的问题也解决了，打完仗，寒衣、弹药、武器都有了。还是老办法，家底薄就向敌人要，多打仗多发财。林彪想到这里，将蜷缩在马背的身体直立起来，顿时来了精神，似乎也不觉得冷了。部队翻越一段崎岖的山道，又转入一条深沟。雨越下越大了，最糟糕的是由于这场暴雨引发了山洪，而部队却要越过一段河谷，在平时，这些河谷是没有水的，但一旦下起大雨来，河谷里很快就会浪涛咆哮。这时候河水已近齐胸深。为了完成任务，有些人就奋不顾身地跳进河水里，但由于洪水太急，一些战士就被卷走了。当时师里虽也有工兵营，按道理说可以架桥。但是大雨滂沱，水势太猛，短期内无法完成架桥任务。战士们只好把枪和子弹吊在脖子上，手拉着手结成人链渡河。这个办法在一开始洪水相对小的时候还可以，但水势越来越大，最后出发的 344 旅部分部队给拦住了。聂荣臻看到有许多性急的战士被洪水卷走了，就与林彪商量，建议 344 旅过河的一部分作预备队，没有过来的就不再强渡。以减少不必要的牺牲。林彪望了望这汹涌的河水，叹了一口气，十分遗憾地点了点头。军委和总部多次要求分散兵力去发动群众，他坚持要在平型关集中全师兵力寻机作战，可天公不作美，还是不得不兵分两路。结果平型关伏击战只用上了三个团的兵力，否则战果就会大得多。

3

25 日拂晓，部队抵达预定的伏击阵地，此时风停雨住，天也渐渐亮了。在这晨曦朦胧之中，战士们悄悄埋伏在公路南侧的山地上。林彪的师指挥所就设在一个较高的山头上，这里有一片小树林更便于隐蔽。他举起望远镜朝前面的伏击阵地望去，经过一夜风雨，战士们都变成泥人了，正好与阵地融为一体，不是事先知道，真难辨认。这时一位作战参谋带了照相机，趁机拍了一张照片，照片上林彪以跪姿正举着望远镜观察，聂荣臻站立在他身后目视前方。后来这张照片影响很大，成为平型关大战最珍贵的史料之一。

林彪仔细观察了三个团的伏击阵地，感到非常满意，这个口袋足够兜住一个旅团！若果真全歼了日军一个旅团，这对全国乃至全世界会产生多么大的震动啊！想到这里，一股激情不禁涌上了心头，使他的身体微微颤抖起来。细心的参谋在照相机的镜头里似乎觉察到了什么，按下快门后，将自己的外套脱下轻轻披在林彪的身上。刚好一阵冷风到来，树叶在扑簌簌的响声中摇下无数颗冰凉的水珠。林彪怕冷似地缩了缩脖子，毫不客气地将那件外套裹在了身上。

时间一秒一秒缓缓滑过，谷底的那条公路如死蛇一样静卧着。昨夜逞够了威风的秋风，此刻也和缓了许多，枯黄的草木在战士们的视线中轻轻摇晃，临战前的沉寂更增添了他们的一份心焦。685团的一位营长终于按捺不住了，跑到了团指挥所。杨得志吓了一跳问道："怎么搞的？出什么事了？"这位营长捂着咕咕叫的肚子问道："团长，鬼子为什么还不来？"杨得志松了一口气说："打伏击嘛，就是要沉得住气，没耐性咋行。你赶快回到自己的指挥位置上去。师长强调过不准乱动，暴露了目标可不是闹着玩的。"副团长陈正湘也挥挥手。"快走快走！注意隐蔽。"杨得志想起他们营阵地上的机枪排，嘱咐道："要注意你那些机关枪噢！"

686团的指挥所设在一片玉米地里，团长李天佑询问了一边各营的情况，得知一切都准备充分了，只等鬼子往口袋里钻。此时他见战士穿着被雨淋湿的单衣，一个个趴在湿漉漉的黄土上冻得唇白脸乌，瑟瑟颤抖，不禁喃喃自语道："小鬼子知趣的话最好多送棉衣，免得老子们从死人身上扒。"副团长杨勇嘿嘿一笑说："干脆钻进一支运输队，穿的吃的还有武器弹药，大大的有！""嘘！你听啥声音，有汽车？"李天佑举起望远镜朝东一瞄，可不是吗，锃光发亮的汽车一辆接一辆直往沟道里钻，足有100多辆，都满载物资和荷枪实弹的士兵。汽车后面跟着许多骡马大车，最后是骑兵。李天佑这一瞅可乐了，心想：真是想什么来什么，这不敌人给送棉衣来了。

此时林彪也发现了敌情，他两眼紧盯着前方，密切观察敌情的变化。山谷里的红点越来越近，人们的肉眼已能看得真真切切。为首的日军士兵高举着一面太阳旗，他身后是20多个扛刺刀的日本步兵。距离他们不远，是三路队列的日军，紧随其后是一眼望不到头的军用卡车。阵势十分浩大，车上的日军斜背着枪，昂着头，一副盛气凌人、狂傲自大的样子。当时，115师的官兵们并不了解这支日军的情况，不知道对手是被日军称为"钢军"的第5师团。这支日军太过猖狂大意了，行军时，队伍前方不设尖兵探路，两翼没有搜索部队警戒，大摇大摆，甚至是有说有笑地进入了115师面前的山沟，完全没有意识到死亡正在前面等着他们。这时，686团团长李天佑心中急成了一团火，摸着望远镜的手上满是汗水，他暗暗心想：怎么还不下令进攻呢？再晚就错过机会了。透过望远镜，他清楚地看到公路上有的地方泥浆很深。前面的军车好像陷在里面，动弹不得。后面的日军还在往前挤，人马和车辆拥挤到一块。这不正是开火的好机会吗？想到这里，他马上叫参谋向师部报告这一情况。

当林彪发现第一辆汽车进入沟谷时和其他指挥员一样激动，鬼子终于上钩了。但他毕竟久经沙场，很快就镇静下来，仔细观察日军的兵力和火器，进而估计敌人的抵抗能力。他看见汽车一辆接一辆缓缓钻进了罗网之中，镇静得就像一个经验丰富的老渔夫，沉着地数着一尾一尾落网的鱼儿。100 多辆！这个数目正合他的心意，多了怕吞不下，少了又不过瘾。可是后来发现汽车后面还跟着一大串骡马大车，连绵四五里，足有 200 辆。他有些后悔了，遗憾的是昨晚把 344 旅的一个团给拉下了。

汽车很快就要穿过狭谷，可是后面的骡马大车却只进来了一半，正在他放下望远镜准备下令开火之时，聂荣臻用肘部碰了他一下。林彪举起望远镜，脸上露出一丝不易觉察的微笑，日军前面的汽车停了下来，看来是在等待后续部队跟上。天助我也！林彪放下望远镜，用手招来号兵和发信号的参谋。此时正好 686 团的作战参谋气喘吁吁地跑来报告："师长，敌人全部进沟了，团长让我来报告。"

"立即开火！"林彪果断下达了作战命令。三发信号弹随即腾空而起，在一片嘹亮的号声中，机枪、手榴弹、迫击炮一齐开火。日军突然遭到猛烈打击，惊恐万状乱成了一片。在第一轮枪声中，日军最前面的几辆汽车就被击毁，堵死了狭窄的出路，紧接着后面的汽车也中弹起火，再加上车辆互相撞击，爆炸声不绝于耳。士兵纷纷跳下汽车，钻进车底躲避密如骤雨的子弹。但是没过多久这支被打晕的日军就显示出其确实是训练有素的部队。他们在失去指挥的情况下，自觉形成小组，3 人一组，背靠背还击。一些班排一级的小股日军，居然很有战术意识地寻找我军的薄弱环节，主动寻找战机。其中一股日军竟利

◎ 战斗中第 115 师某部的机枪阵地

用地形、地物的掩护悄悄接近我 685 团一营的机枪阵地，突然发起进攻，把我军的一个机枪排阵地夺了过去。而且一些被打晕的日军开始清醒过来，迅速集结，借着汽车作掩护，朝公路附近的制高点冲去。

林彪在望远镜中看到这种情况，对身边的作战参谋说道："命令杨得志、李天佑马上跑步过来！" 685 团的阵地近，杨得志首先赶到。林彪对他说道：敌人正在往老爷庙爬，你们赶快冲锋抢占公路对面的制高点！你们动作要快，慢了是不行的！""是！"杨得志一把揪下军帽，转身跑步离去。不一会儿李天佑也气喘吁吁地跑上林彪所在的山头，已累得满头大汗。林彪将水壶递给他说："你们要沉着些，敌人比较多，战斗力也很强，这仗不会马上结束，看到了吗？他们正在组织兵力抢占有利地形，我们包围了好几千人，这块肉不好一口吃掉。你们一定要冲下公路，把敌人斩为几段，并抢占老爷庙制高点，这样主动权就牢牢握在了我们手里，明白吗?”“明白!”李天佑喝了口水，一阵风似的跑了回去。

而686团攻占老爷庙的战斗并不顺利，团长李天佑亲自指挥三营冲过公路时，遭到日军集中射击，伤亡很大，其中九连最后只剩下10余人。冲上公路后又与日军扭杀在一起，经过惨烈的刺刀战才将日军制伏。经此耽搁，日军已经占领了老爷庙。万幸的是，日军还不懂山地战的特点，他们只以小股兵力占领制高点，而且没有配备强大火力。乘此良机，686团调集三营和二营，多路突击，消灭了老爷庙的日军。据当时在3营任排长的田世恩回忆：“当我带领全排冲到老爷庙坡下时，见前面有一个鬼子正往老爷庙那边跑，我就挺着刺刀拼命追。不想在我右边，藏在鬼子尸首堆里的一个鬼子正要向我开枪，这时突然从土坡后面跳出一位高个汉子，一下就抓住了那鬼子的脖子，那鬼子哇哇叫两声就老实了。我见老百姓也来参战，劲头更足了，紧爬几步追上逃跑的那个鬼子，一刀就将他刺下了山。不过，有的鬼子的刺刀技术确实不错，我后来遇到的一个鬼子个不高，动作非常熟练。拼了几个回合不但没找到他的漏洞，反而把我的刺刀给挡弯了。正在这时，我的右肩膀被击中。那家伙见状以为有机可乘，向我扑过来，我顺势抡起枪托劈到那鬼子头上。我们足足拼了半个小时，鬼子顶不住了，我们乘机直奔老爷庙，一小股敌人见我们开始往上爬，就用机关枪扫个不停，沟里的鬼子也从后面涌上来。这时二营从侧面冲过来，消灭了涌上来的敌人。我们没了后顾之忧，继续前进。我带着两个班的战士冒着弹雨，匍匐前进，在离山顶不远处向敌人投弹。敌人的机枪哑了，他们就端着刺刀冲下来。有经验的人都清楚，这种依托阵地的反冲锋是很厉害的，但我们的人多，三五个战士对付一个鬼子，一个鬼子最少也要挨上两三刺刀。我们占领老爷庙后，居高临下进行攻击，打得沟里的鬼子无处藏身。此时日军方才如梦初醒，明白了制高点的作用，急忙组织起几百人进行冲锋。但脚穿皮靴的日军，爬山的速度极慢，在我军的密集火力射击下，想再次夺取老爷庙是根本不可能了。”

在一阵冰雹似的手榴弹过后，冲锋号吹响了，八路军个个如同猛虎下山，迅速冲入敌群。惊心动魄的白刃战随即展开，喊杀声连三四里之外的师指挥所也听得清清楚楚。林彪见沟里的肉搏战愈演愈烈，不禁吃了一惊。日军的单兵作战能力和顽强程度大大超出了他的估计。日本兵枪法很准，而且还擅长拼刺刀，三个人背靠着背我们十几战士都近不了身。那些被打散了的散兵游勇战术观念也极强，没有军官的组织指挥，仍然能自寻战机。据时任 687 团九连副连长的郭春林事后回忆：“战斗打响时，埋伏阵地下面的山沟里堵满了日军的辎重车，我们只需向下扔手榴弹就行了。开始鬼子拼命向沟两侧的山坡上爬，结果刚一露头就被我们的火力干掉。鬼子们没有办法只能躲在夹沟两旁的凹处，我军火力难以发挥，战斗暂时沉寂了一刻。没过多久，我们右侧突然响起了疯狂的机枪声，从声音可以明显听出来不是我军常用的马克沁重机枪和捷克式轻机枪。原来一股日军利用我军视线的死角偷偷爬上一个小山陵，并在那里架起一挺机枪。我马上命令连里最勇敢的同志二排长秦二愣带领十余名战士去消灭掉那股敌人。就在这时，我突然觉得左臂像被火烫了一下，这是我在八年抗战中第一次负伤。秦二愣果然不负众望，在那个小山陵底下用全身力量将一束手榴弹扔了上去，一下就炸死了几个鬼子，其他的鬼子全被镇住了，仓皇逃往山下。我连顺势向沟里冲锋，与日军打起肉搏战。一个鬼子看我受伤不能拼刺刀，向我扑过来。我刚要用驳壳枪向他射击，秦二愣从侧面猛扑过来，一刀将其刺倒。我看到秦二愣已经多处负伤，劝他下去休息。他什么也没说就向一群鬼子冲去，结果被鬼子包围。等我和其他战士赶到，他已经被鬼子刺倒。我俯身去摸他的心脏，希望他还活着，但是心脏已经停止了跳动，事情发生得这样快，令人不敢相信，全连最勇敢的同志，也是我最好的一个战友就这样牺牲了。”

686 团三营最先冲上公路与敌展开肉搏，经过半小时的厮杀，伤亡很大。此时，雨后的山坡上，已经被几百人践踏得溜溜滑滑，不时有八路军士兵或日本兵跌倒，接着就有人扑过去，用刺刀捅向他的身体。刺刀映着寒光，濒死前的惨叫听得人毛骨悚然。日本兵都已明白了自己的处境，咬着牙，狠冲狠拼，死战不退，他们组织五六百人的兵力先后对老爷庙发起十几次攻势，都被我军打退了。八路军战士和鬼子兵拼死搏杀，山前山后，枪声、爆炸声、喊杀声不绝于耳。刺刀折断了用枪托砸，最后就连石头和树枝都成了武器，双方的伤员也扭抱在一起拳击牙咬，直至拼死为止。血战一直持续到下午，直到 687 团的官兵们从敌人侧后猛攻过来，沟底的日军才终于溃败了。这头猛兽好难制服，装进了口袋还这样费劲！此时林彪的胸口擂鼓般怦怦乱跳。这无疑是一场全新的战斗，超出了过去的经验范围，红军值得骄傲的白刃战面对如此训练有素的日军，威力难以发挥，而且对方尤其擅长此技，甚至更胜一筹。而缺乏远程武器的八路军却只能以近战作为手段，看来今后对日作战不可大意。

而此时对于杨得志来说，战斗的高潮刚刚来临，垂死的日军集中全部力量作最后一击，想从他的阵地上撕开一个口子。由于弹药严重缺乏，加上两个多小时的消耗，战士们只能眼睁睁地望着敌人一步一步逼近，直到几米距离，才纵身跃出战壕，展开激烈的白刃战。面临灭顶之灾的日军在指挥官的驱使下破釜沉舟，困兽犹斗。战斗又一次进入白热化，双方都杀红了眼，似乎忘记了死亡的恐惧……林彪适时将预备队投入战场，极力堵住被日军撕破的缺口，成功地挫败了敌人突围的企图。下午一时左右，686 团与 687 团会合，全歼了沟底的日军辎重队，一齐朝辛庄一带的日军残部杀去。撒下的网越收越紧，垂死挣扎的日军虽还在抵抗，但大势已去。

枪声沉寂后，战斗并未结束，长达 4 公里的沟道上没有一名站立的日军，只有不少躺着的日军伤兵。为了战斗结束后作宣传用，战前动员时聂荣臻曾专门强调过俘虏的重要意义。没料到许多八路军战士为此付出了惨重代价，却一无所获。战后，据 686 团团长李天佑回忆说："一营的一个电话员，正沿着公路查线，看见汽车旁躺着一个未死的鬼子，他跑上去对鬼子说：'缴枪不杀，优待俘虏！'没等他说完，那家伙扬手一刺刀，刺进了电话员的胸部。有一位营长背起一个半死不活的日本伤兵，准备送往急救站。半路上伤兵稍稍缓过劲来，一口咬掉了营长的耳朵。更有的战士去给哼哼呀呀的鬼子裹伤，结果反被日军打伤了。由于日军的野蛮和骄横，战斗始终打得很激烈。鬼子的伤兵同我们的伤员扭打，直到拼死为止。"

687 团战斗中好不容易抓住一个鬼子，想把他送到后方去，但怎么也弄不走，没别的办法，只好把他捆起来，放到担架上抬着走。而这家伙在担架上也不老实，一次次往下滚，于是，战士们便把他绑在担架上，一路上他不停地喊："八格牙鲁！"大伙还不知道这是一句骂人的话，也没在意，走着走着，谁知他硬是挣断了绳子，又从担架上翻滚下来，有个战士去抱他，他张口就咬，这个战士一怒之下，开枪将他击毙。战斗结束后，小寨村的村民们也抓到一个鬼子，大伙用绳子捆上他，想把他制服了，送给八路军。但这个鬼子也是见人就踢，逢人就咬，像个疯狗，当时目睹了这一场面的一个姓田老汉说："看他那个孬样，可把乡亲们气坏了，几个人把他拉到山梁上，一顿镐头把他打死了。"到头来，居然一个俘虏没抓到。这么大的伏击战没有抓到一个俘虏，在红军战史上尚无先例。可见日军的顽抗到了何等地步，双方搏杀的残酷程度由此可见一斑。

4

林彪在平型关战役结束后，撰写了《平型关战斗的经验》一文，为其他部队提供值得借鉴的经验和教训。在总结中，林彪指出了日军作战的缺点和长处。他写道：

> 敌人实有许多弱点可为我乘。但敌人确是有战斗力的，也可以说，我们过去从北伐到苏维埃战争中还不曾碰过这样强的敌人。我所说的强，是说他们步兵也有战斗力，能各自为战，虽打败负伤了亦有不肯缴枪的。战后只见战场上敌人尸骸遍野，却捉不着活的。敌人射击的准确，运动的隐蔽，部队的掌握，都颇见长。对此种敌人作战，如稍存轻敌观念，作浮躁行动，必易受损失。我们的部队仍不善作疏散队形之作战，特别是把敌人打垮后，大家拢在一团，喧嚷'老乡，缴枪呀！'——其实对日本人喊'老乡缴枪'，不但他们不懂，而且他们也不是老乡——这种时候，伤兵

往往很多。在‘抗大’的军事教育中，特别要教育干部了解正规战斗中的战斗队形之运用。

而日军之所以死不投降，原因是多方面的。其中之一是板垣的第5师团长期驻在中国，从骨子里就没有把中国军队放在眼里。板垣征四郎极为崇尚武士道，他的部下大多数也都愿意作武士道精神的牺牲品。他们觉得让连自己都瞧不起的军队抓住，就是贞节不保，是奇耻大辱。因此“不成功则成仁”就成了他们之中大多数人的选择。除了这个原因之外，林彪在他的总结中还指出了另外一点：“日兵至死不肯缴枪，一来因日本武士道的教育、法西斯教育，同时也因他们对中国军民太残暴，恐怕中国人报复。但最主要的，是过去华北军队对日军俘虏政策不正确，采用野蛮的活埋、火烧、剖肚等办法。故我们今后须加紧日本士兵的日文日语的政治宣传与优待俘虏。”

在对待俘虏的政策上，共产党历来都比国民党高明得多。在八路军改编之初，中央军委就颁布了“八路军的三大纪律、八项注意”，其中就明确的规定了“不杀敌（俘）兵”这一条。如果国民党军队也都执行不杀俘虏的政策，那么中国军队的仗可能就好打一点。后来因为八路军一直执行自己的“三大纪律、八项注意”，所以在战场也经常能抓到一些日军俘虏，并且有很多日本人转而为八路军服务。

林彪在指出日军战斗力强的同时，也指出了日军在作战中的弱点。他在其总结中说：“一到山地，敌人的战斗力与特长均要大大降低，甚至于没有。步兵穿着皮鞋爬山简直不行。虽然他们已爬到半山，我们还在山脚，但结果我们还是要先抢上去，给他们一顿猛烈的手榴弹。他们只好像滚萝卜一样滚下去了。至于炮兵则难于运动与找阵地。坦克呢？有些地方真使它有英雄无用武之地之感，飞机的作用也不大。”

“敌人轻视中国军队，成了习惯，便由骄矜而疏忽，不注意侦察警戒，不爱做工事。打起仗来，先让飞机和大炮显神通。来到猛攻时，他们步兵连阵地也不爱占领，只隐蔽在沟里休息。这样的敌人，当然便利我们袭击。所以我们这次，一切都布置得妥妥当当了，向他们开枪了，冲锋了。他们才知道。”“敌人不仅弹药要靠后方输送，连粮食都要靠日本送来。他们的后方线已扯长有几千里。在这样情形下，把他们后方线一切断，他们的困难就可想而知了，可以弄得他们进退维谷。所以发展游击战在敌后方线上活动是非常重要的。此次平型关战斗，我们正是派了一部分人在敌后路上阻滞其增援部队及粮食供给……”

从北伐到长征的 10 年中，林彪指挥打了数不清的仗。但在平型关，他是第一次与日本人作战。这一仗虽然只歼敌 1 000 多人，同他过去的战绩相比，这根本不算什么，但林彪的历史却紧紧地与平型关连在一起。好多人一提起林彪，就马上想到平型关，一提起平型关大捷，马上就想到了林彪指挥的 115 师。长城上的关隘很多，除山海关和居庸关以外，就数平型关的知名度最高了，平型关也因为这一仗而名扬天下。这一次战斗与后来李宗仁指挥的台儿庄会战和杜聿明指挥的昆仑关会战相比虽说只能算是一个小仗，但它在中国人的心目中，却占有不可替代的地位。这主要是因为，平型关之战是抗日战争全面爆发以来日军遭到的第一次重大打击。它的意义，在于取得了中国自全面抗战以来的“零的突破”。

此役，115 师共歼日军 1 000 余人，缴获步枪 1 000 余枝、机枪 20 余挺，击毁汽车 100 余辆、马车 200 余辆，取得了抗战以来第一个胜利。这次战役从整个抗日战争的历史看，虽不是大仗，但它震动全国，其意义深远。

第一，自抗战以来国民党军一直没有取得好的战绩。当时，南线的淞沪会战一直处在胶着状态，中国军队伤亡严重。保定、石家庄等大城市和平汉、津浦路北段的大片土地迅速沦陷，阎锡山的晋军也是连续丧师失地。平型关战役干净利索地消灭千余日军，给予侵华以来横冲直闯的日军以沉重的打击。

第二，平型关战役打破了日军突破平型关从右翼配合日军华北主力在平汉路作战的战略企图，迟滞了日军向山西腹地深入的进攻势头，挫伤了日军的锐气，使之再不敢贸然深入。为国民党方面部署忻口会战提供了时机，从而也就有力地支援了中国正面战场的抗战。

第三，八路军以远远不如国民党军队的简陋装备，主动迎战日军精锐师团，并首战大捷，极大地提高了八路军的声望，提高了中国共产党的威信。

第四，平型关战役增进了中国共产党领导人对抗日战争规律的认识。毛泽东根据平型关战斗的经验，在 1937 年 9 月 29 日进一步提出八路军的作战方针："根本方针是争取群众，组织群众的游击队。在这个总方针下，实行有条件的集中作战。"不久，他把它概括为"独立自主的游击战和运动战"，从而完善了我党领导抗日战争的作战指导思想。

平型关大捷是八路军首次集中较大兵力对日军进行的一次成功的伏击战，这次战斗打破了"日军不可战胜"的神话，沉重打击了汉奸亲日派的"抗战必败""抗战必亡"的荒谬论调，给得了"恐日病"的人们当头一棒，极大地鼓舞了全国军民抗战必胜的信心，使全国人民看到了中华民族的希望所在。

四

交战时间 1947 年 5 月 13—16 日

交战地点 山东蒙阴县孟良崮地区

交战双方 华东野战军第 1、第 2、第 3、第 4、第 6、第 7、第 8、第 9、第 10 纵队和特种兵纵队约 20 万人；国民党军第 1、第 2、第 3 兵团约 45 万人

指挥将领 陈毅、粟裕；汤恩伯、张灵甫

歼灭蒋军王牌师

——孟良崮战役全记录

| 交战装备 |　我军装备多由缴获的日械、美械、国械装备混杂而成，数量上与敌不相上下，质量上比全美械武装的国民党军队略差，同时，敌有空中优势。敌装备主要有：山炮、战防炮、迫击炮、60 炮、火焰喷射器、火箭筒、掷弹筒、枪榴弹筒、汤姆式机枪、加拿大冲锋式机枪、步枪、战防枪、卡宾枪、手枪等

| 交战结果 |　歼敌 3.2 万余人，缴获长短枪 9 800 余支、轻重机枪 1 200 余挺、各种炮 270 余门、子弹 208 万余发、炮弹 7 200 余发、汽车 3 辆、马 1 300 余匹、电台 28 部，击伤坦克、装甲车 4 辆。解放军伤亡 12 189 人

孟良崮上鬼神号，七十四师无地逃。

信号飞飞星乱眼，照明处处火如潮。

刀丛扑去争山顶，血雨飘来湿战袍。

喜见贼师精锐尽，我军个个是英豪。

——陈毅

1947年3月，解放战争进行了八个月，敌军占领了解放区105座城市，但付出了71万人的代价，用于第一线作战的机动兵力，从原来的117个旅减为85个旅。

在八个月中，华东野战军共歼敌24个旅，连同地方武装共约30万人，沉重地打击了进攻华东的蒋军。除鲁南地区的临沂被国民党军占领外，山东解放区的渤海、鲁中、胶东、滨海地区已连成一片，土地面积约为12.5万平方公里，人口约为2 600万，基本上恢复到了1946年6月国民党发动全面内战时的规模。1947年春，华东地区解放军的实力得到增强。总兵力由1946年7月的57万余人增至64万余人，增长了12%。其中，野战军由13万人增至27万余人，增加了1倍。武器装备也得到了改善。

自此，蒋介石被迫改变战略，由向解放区的全面进攻改为向陕北、山东的重点进攻。

1

1947年2月26日，蒋介石在南京召开了高级军事将领会议，蒋介石忧心忡忡地表示："在关内的共军，虽以陈毅一股为最顽强，但若不顾一切，集中兵力，首先来对付这股共军，现在还来得及。如其再像过去一样，不听统帅的命令，各自为政，任其东奔西突，各个击破，则二三个月以后，你我大家都将死无葬身之地。因为，陈毅组织民众之技术、训练军队之能力和其作战之灵活，党国前线之高级将领几无能出其右者。他过去唯一的欠缺就是没有重武器，所以我虽不长于野战，但凭借工事，还可以固守。现在他在向城和莱芜得了我之武器，若我不能在他重武器部队训练完成（两个月到三个月）前，包围并歼灭之，那他的势力日益增加，我们无险可守，不仅山东将非我有，就是已经收复的苏北，亦将重变共区！所以我这几天，时时刻刻在研究如何剿灭陈毅这股共军的办法。"

接着，他阐述了其重点进攻战略方针的要义：接受以前多路进攻常被分割歼灭的教训后，由实施全面进攻改为重点进攻！采取"密集靠拢、加强联系、稳扎稳打、逐步推进"的新作战方针，以加大兵力密度，集团滚进，使共军无法分割和各个击破。具体讲，就是凭借兵力装备之优势，以数个重兵集团，采用密集队形，对共军实施中央突破、两翼包围，将其分割聚而歼之，以达彻底解决山东之目的。具体说，就是集中兵力对共军之两翼——陕北和山东实行重点进攻，而对其他共军占领区实施防御。

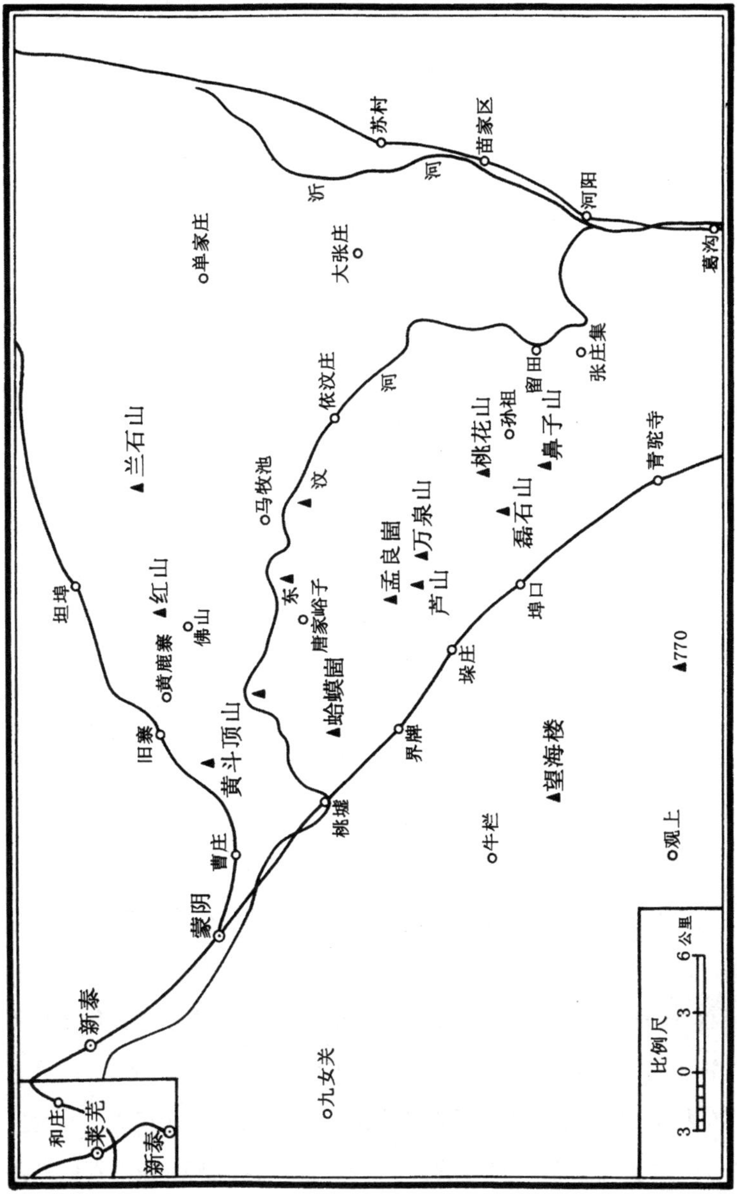
苏村
苗家区
沂
河
河阳
葛沟
单家庄
大张庄
张庄集
留田
依汶庄
河
孙祖
桃花山
鼻子山
青驼寺
兰石山
马牧池
汶
孟良崮
万泉山
磊石山
坦埠
红山
佛山
东
唐家峪子
芦山
埠口
770
黄鹿寨
蛤蟆崮
垛庄
旧寨
黄斗顶山
界牌
望海楼
桃墟
牛栏
观上
曹庄
蒙阴
新泰
九女关
和庄
莱芜
新泰
比例尺
3 0 3 6 公里

孟良崮战役地理要素图

在此战略方针的指导下，蒋介石一方面密召胡宗南商议、部署陕北攻势，另一方面又亲自参与和督促白崇禧、陈诚加紧重点进攻山东的部署：

一是加紧进行黄河归故，即在花园口合拢，使黄河回归故道，以限制晋冀鲁豫野战军南北机动，切断华东与晋冀鲁豫的联系。

二是于 3 月初，撤销徐州、郑州两个绥靖公署，以陆军总司令顾祝同坐镇徐州，组成“陆军总司令部徐州司令部”。由顾祝同亲自主持撤、组工作，并统一指挥徐州、郑州两个绥靖公署的部队。

三是将冀鲁豫战场王敬久集团调至山东。

四是将整编第 9 师从武汉调到山东战场。

2

为了实施对山东解放区重点进攻的战略方针，达成其战略企图，蒋介石、顾祝同计划：首先打通津浦铁路之徐州、济南段和兖州至临沂的公路，全部占领鲁南解放区；然后将其主力推进至泰安、莱芜、新泰、蒙阴、沂水一线，寻找我华东野战军在鲁中山区与之决战或逼迫我华东野战军北渡黄河，以实现其占领我整个山东解放区的目的。

蒋介石用于山东方向的总兵力已达 24 个师、60 个旅、45.5 万余人，占其进攻解放区总兵力的 27%，占重点进攻兵力之 66%；用于一线的机动兵力高达 13 个师，34 个旅，约 30 万人；国民党“五大主力”中之“三大主力”，即整编第 74 师、整编第 11 师和第 5 军均集中于山东战场，并以这 3 支精锐部队为骨干，组成 3 个机动兵团，担任主要突击任务，以弧形向山东鲁中地区推进。

其具体部署是：第 1 兵团由司令汤恩伯指挥第 7 军和 25、28、57、48、65、74、83 共 7 个整编师，先以一部配合第 3 兵团打通兖州至临沂公路，然后以主力向蒙阴进攻；第 2 兵团由司令王敬久指挥第 5 军及 72、75 和 85 共 3 个整编师，从冀鲁豫东调汶上、宁阳地区集结，在第 2 绥靖区部队策应下，首先打通津浦路兖州至济南段，然后向莱芜、新泰方面进攻；第 3 兵团由司令欧震指挥第 11、9、64、20 和伪军吴化文部改编的 84 师 5 个整编师，集结于兖州、邹县、滕县地区，在第 1 兵团和第 3 绥靖区协同下，沿兖州至临沂公路东进，先侵占鲁南解放区，然后向新泰、蒙阴进攻。第三绥靖区冯治安指挥整编第 59、第 77 师，第 2 绥靖区王耀武指挥第 12、第 96、第 8、第 54 军及在莱芜战役中被歼后重建之第 73 军，除配合以上行动外，分别集结在徐州外围及青岛、潍县、济南各要点担任防御，伺机向我进攻。另外，整编第 9 师正由武汉地区向山东调动。

3

国民党军新一轮进攻是在我中央军委预料之中的事，并且站在全局高度高瞻远瞩，从思想上早就有所准备。1947 年 2 月 1 日，毛泽东根据几个月来的战局的发展，为中共中央起草了《迎接中国革命的新高潮》的党内指示，指出：“中国时局将要发展到新的人民大革命的阶段，我党的任务是为争取这一高潮的到来及其胜利而斗争。”指示要求："为着彻底粉碎蒋军的进攻，必须在今后几个月内再歼蒋军四十至五十个旅。这是决定一切的关键。"并针对各战场的具体情况作了具体的指示。

3月6日，根据全国战局的发展和华东战场的情况，中共中央军委对华东野战军的作战方针作出了指示，指出："考虑行动应以便利歼敌为标准。不论什么地方，只要能大量歼敌，即是对于敌人之威胁与对于友军之配合，不必顾虑距离之远近。"

同时，根据战局的实际发展，鉴于中原军区部队已胜利转入外线，明确指示华东野战军继续执行内线歼敌的作战方针。指出："中央原令你们提早转入外线援助五师之计划，现可改变，大约本年全部时间均可用于内线作战。我华东军在今后十个月内，以平均每月歼敌四个至五个旅。付出伤亡六千至七千人计算，共须歼敌四十至五十个旅，付出伤亡六万至七万人之多（明年的尚未计算在内）。你们须从长期作战的思想出发，并使广大干部建立此种思想，随时随地节省人力物力，方能战胜蒋介石，解决中国历史任务。"

对集结于津浦铁路沿线兖州、邹县、滕县地区之国民党军第7军及整编第11、第64、第20师等部，"北进不要阻止，让其进至泰安一线，于我最为有利"。并进一步强调了集中兵力的重要性，具体要求，尔后作战必须"经常集中六十个团行动"。

同时，中共中央军委考虑到华东野战军连续作战的实际情况。于3月10日指示华东野战军应利用当前有利时机，"彻底休整一个月，以利尔后作战"。对华东野战军建设提出了新的要求，即，华东部队在今后10个月内歼敌40至50个旅，以粉碎敌军的重点进攻，并为我军转入战略进攻创造条件。

4

中共华东野战军前委为了落实中共中央军委、毛泽东的指示，从3月初起，抓紧战役间的空隙，在淄（川）博（山）地区和胶济线进行了一个月卓有成效的整训。于3月8日至11日，在山东淄川以东的大矿地召开了一次高级干部会议，统一了对形势、任务和作战方针的认识，并展开迎战蒋军的各项准备工作，从思想上、组织上、军事上充分做好迎击国民党军重点进攻的准备。

针对敌人的具体情况，我华野首长决定：在敌军重点进攻之始，采取持重待机的方针，即以积极主动的作战行动吸引、调动、疲惫、迷惑敌人，审慎地观察战场形势的细微变化，分析掌握敌人的行动规律，能动地创造和捕捉有利的战机，条件具备了就坚决歼灭之；条件不具备，就改变和放弃原定计划，绝不轻躁作战。

在这一战略方针的指导下，我英雄华东野战军牵着敌人的鼻子，耍起了“龙灯”。

我充分利用在解放区腹地作战的有利条件，在一个多月里行程1 000公里以上，连续四次同敌或接触或作战，时南时北，或东或西，有进有退，既打又撤，用高度机动回旋的方法来调动和迷惑敌人。陈毅将之比喻为“耍龙灯”，我挥舞着“彩球”，逗引得敌军像长龙一样，跟着“彩球”被动地左右回旋，上下翻滚，使得敌军哀叹：进入山东一个多月只是每日行军，有时围绕着一个地方团团转，都没能够同解放军主力发生战斗。最终，我将敌逼入一个“死角”——孟良崮予以歼灭。

5

3 月下旬，国民党军发起对山东解放区的重点进攻。敌逐步推进，至 4 月中旬，打通了津浦铁路徐州至济南段，占领了鲁西南地区；打通了临沂至兖州公路，基本实现了其第一步战略目标。敌兵力态势是：汤恩伯兵团主力共 6 个师，从临沂向蒙阴、沂水方向进犯；王敬久兵团在占领泰安后向莱芜方向进犯；欧震兵团从泗水向新泰方向进犯；敌军对我略呈弧形包围的态势。

28 日，粟裕、谭震林、陈士榘致电中共中央及陈毅、饶漱石、张云逸、黎玉，提出："为粉碎顽之企图，使顽防线延长，逼顽分散兵力和支援华中斗争，以便取得华中可能的物力人力支援长期作战，我们拟以三个纵队（二、七、八共八万二千人）伸入郯城、马头、新安镇。到新安镇后，向西扩张，占领运河线，继而渡运西进，威胁津浦南段之势，诱顽七四、八三两师南援。"以"我主力五个纵队（一、三、四、六、九）集结于蒙阴东南、临沂西北地区，待机歼灭南线之七四、八三两师，或歼灭由泗水向东南增援之一一师，或歼灭大汶口向东进犯之第五军。以上部署于四月一号开始运动，十四号左右才能打响。如何？望复示"。

中共中央军委复电同意这一部署。

4 月 1 日，按计划，我华东野战军开始南下，出击郯城、马头、新安镇等地，以寻歼汤恩伯主力为目标，扰敌侧后。但南下行动于 4 月 3 日即被国民党军察觉。敌第 1 兵团即开始向临沂地区收缩，转入防御。并作了新调整：急调第 7 军和整编第 48 师东开临沂附近，整编第 9 师进至新安镇地区以增强第 1 兵团的力量。同时，敌第 2 兵团的第 5 军东移太平邑，准备向蒙阴进攻；第 3 兵团的整编第 11 师东移费县，准备向青驼寺进攻，以威胁华东野战军的侧背。

我华东野战军南下意图未能实现，随即改变计划，南下的 3 个纵队停止在新泰、蒙阴、十字路之线待机，余部北上另寻战机。

6

国民党军见华东野战军停止南进，于 4 月中旬全线向我军发起进攻。第 1 兵团除以一部守备临沂、郯城、新安镇等地外，主力积极“清剿”临沂、郯城以东和新安镇、海州以北地区，企图阻华东野战军南下华中，并伺机配合第 2、第 3 兵团的进攻。第 2、第 3 兵团主力积极向新泰、蒙阴推进，企图占沂蒙山区，逼迫华东野战军主力局促于滨海一隅，然后与其决战。

4 月 20 日，从汶上、宁阳地区北进占领泰安的敌整编第 72 师，位于敌之左翼，较为孤立。我华东野战军立即抓住这一战机，定下了围泰（安）打援的决心：以陈士榘参谋长指挥第 1、第 3、第 10 纵队围攻国民党军左翼、态势孤立的泰安守军整编第 72 师，吸引整编第 75、第 85 师由大汶口北援而歼灭之，并诱进犯新泰、蒙阴之国民党军回援，而后集中野战军主力分批寻歼回援的第 5 军及整编第 11 师等部于大汶口、太平邑地区；以华东野战军副政治委员谭震林指挥第 2、第 7 纵队集结在青驼寺、双候集以东地区，第 7 纵队待机南下华中；

以第 4、第 6、第 9 纵队集结在新泰、蒙阴地区，待机出击；以第 8 纵队进入临淄公路以南山区，歼灭整编第 64 师主力。

泰安，地处津浦路徐济段要冲，交通便利，是鲁中重镇、军事要地。守备泰安的敌整编第 72 师原为川军之精锐，日械装备，擅长守备，辖第 34 旅和新编第 13、新编第 15 旅，共 2.8 万人。在各要点上，整编第 72 师均构筑了较坚固的防御工事，凭坚据守。

4 月 22 日晚，华东野战军第 10 纵队开始围攻泰安，第 1、第 3 纵队进至泰安以南、大汶口以北铁路两侧地区，准备打援。战至 25 日晨，攻占了泰安城四关，将整编第 72 师压缩至城内。这期间，整编第 72 师为免遭歼灭，曾多次呼叫援兵，邻近泰安各路敌军恐惧我军打援，始终按兵不动。25 日晚，华东野战军各部在炮火支援下，向泰安城发起总攻，快速突破四个城门，经逐街逐屋激烈争夺，于 26 日攻克泰安，将整编第 72 师（欠北窜济南附近的 1 个旅）歼灭，俘其师长杨文泉。

攻克泰安后，华东野战军为调动国民党军第 5 军等部西援，创造战机，乃以第 1、第 3、第 6 纵队沿津浦路西侧南下，出击宁阳，威胁国民党军之补给基地兖州。主力则主动放弃新泰、蒙阴，转移至临沂、蒙阴公路以东地区待机。经 27、28 日战斗，华东野战军攻克了宁阳城，歼敌 2 000 余人。

7

4 月 28 日，汤恩伯兵团进占河阳、青驼寺、垛庄、桃墟、蒙阴等地。29 日，我军以四个纵队向桃墟、青驼寺地段之敌出击，拟分割汤恩伯兵团，歼灭其一部。但敌非常警觉，一经接触即后缩，退据蒙阴至临沂公路以西山区。我在歼敌整编第 83 师一个半团三千余人后，本拟续歼退守蒙阴、新泰山区的国民党军整编第 74、第 25、第 65 师等部，但因主力一时集中不及，加之国民党第 7 军、整编第 48 师已进至青驼寺以南，如仍执行歼灭整编第 74 师等部的计划，战局可能僵持，故主动放弃继续打击该敌的计划，决定后撤，另寻战机。

5 月 3 日，趁进占新泰之敌整编第 11 师立足未稳，我华东野战军决心用第 4 纵队和由津浦路回师的 3 个纵队一起，共 4 个纵队，歼灭刚占新泰之国民党军，并完成了对新泰的合围。但因王敬久兵团主力第 5 军向新泰急进援助，考虑到实力相当，不易速决取胜，容易打成僵局，我于 4 日晚主动撤围。

8

如果把这些作战行动比作耍龙灯，那这些积极的行动则是“火龙”喷火前的“伏笔”。但这些“伏笔”是不可忽视的，具有相当重要的作用。

一是疲惫了敌人，一个多月行程上千公里，从体能上削弱了国民党军的战斗力。

二是消磨了敌斗志，使敌在这接触与不接触间备受煎熬，每天既要吃苦受累被牵着鼻子跑，还要担心随时受到攻击，体力与心理压力日渐增大，战斗力进一步受到削弱。

三是在“转圈”的过程中，最重要的是我们找到了敌人的最大矛盾，就是总的战略意图与战区指挥员的作战目的之间的矛盾，即战略上速决的要求和战役指挥上的迟疑、犹豫的矛盾。蒋介石的战略意图是要与我决战，但其战区指挥员在作战指挥过程中，却是尽量避免与我决战。

四是通过一系列的退却，大大迷惑了敌人，导致其错误的判断，而正是这些错误的判断，使其改变了战法，从而产生了新的有利于我军的战机！

9

我华东野战军为了进一步调动和分散敌人，以创造新的战机，于5月初，决定第1、第6纵队插至鲁南，以第7纵队移师莒县附近，准备南下苏北地区活动，以威胁敌人后方，吸引敌军回师或分兵，以便于我在运动中歼敌。

5月4日，中共中央军委针对华东野战军的部署，复电指出：“敌军密集不好打，忍耐待机，处置甚妥。只要有耐心，总有歼敌机会。你们后方移至胶东、渤海、胶济线以南广大地区均可诱敌深入，让敌占领莱芜、沂水、莒县，陷于极端困境，然后歼击，并不为迟。惟（一）要有极大忍耐心；（二）要掌握最大兵力；（三）不要过早惊动敌人后方。因此，请考虑一、六两纵是否暂缓南下为宜，因南下过早，敌可能惊退，尔后难以歼击。”并指出：“目前形势，敌方要急，我方并不要急。”“凡行动不可只估计一种可能性，而要估计两种可能性。”“在局势未定之时，我主力宜位于能应付两种可能性之地点。”一方面肯定了持重待机的方针的正确性，另一方面明确指出不要分兵，进一步诱敌深入，集中兵力在山东用于打大规模的歼灭战。

于是，华东野战军前委决定：主力与敌脱离接触，主动后撤，集结于莱芜、新泰、蒙阴以东地区待机，让国民党军放胆前进；我第1、第7纵队停止南下，已南下之第6纵队就近南下至平邑以南地区，不再以牵制敌人为主要任务，不采取积极行动，隐伏于鲁南敌后待命。

10

华东野战军主力向莱芜、新泰、蒙阴以东地区转移后，国民党军果然乘机前进，至5月10日进至莱芜、新泰、蒙阴、汤头之线。

我华东野战军先后主动放弃出击郯城、马头，放弃打击进犯临沂至蒙阴公路之敌，撤除对新泰的包围，又后退一步回师鲁中，在蒋介石、白崇禧、陈诚看来，是“攻势疲惫”、无奈溃避的表现。蒋介石依据所获“情报”认为，华东野战军主力已向蒙阴东北及淄川、博山撤退。因此，敌作了一系列的调整，包括战法及兵力部署等方方面面。在战法上，蒋介石决心“跟踪追剿”，并且授意白崇禧、陈诚下达密令，要顾祝同指挥的3个兵团改变战法，将“稳扎稳打”改为“稳扎猛打”。

坐镇徐州的顾祝同决定积极执行“跟踪追剿”的方针，迅速进击莒县、沂水、悦庄、淄博之线。下令让第1兵团主力进占坦埠、沂水之线；第 2 兵团主力向博山、张店方向进攻；第 3 兵团集结在新泰、蒙阴地区，待第 1、第 2 兵团得手后，再向东进攻，以实现其在鲁中山区或在胶东地区与华东野战军主力决战的企图。

国民党军第 1 兵团司令汤恩伯接到顾祝同的进击命令后，他立即按照自己的判断，作出了如下具体部署：（1）命令整编第 74 师、25 师于 5 月 11 日自垛庄、北桃墟地区北进，限于 12 日攻克坦埠。（2）命令第 7 军、整编第 48 师各以一部由葛沟、汤头地区继续向夏庄、苏村、界湖之线搜索，策应第 74 师等部的行动，主力集结在葛沟、汤头地区待机。（3）命令整编第 83 师为兵团预备队，以一部向界湖、马牧池之线搜索，保证第 74 师的右侧安全，主力控制于青驼寺附近；整编第 65 师担任蒙阴城防，并掩护第 25 师之左侧安全。

由于作战方针和作战方法上的变化，国民党密集靠拢的态势很快发生变化。我歼敌之机很快到来。

11

5 月 10 日夜，我获悉国民党军汤恩伯兵团的第 7 军和整编第 48 师从河阳出动，进至沂水以南之苗家区和界湖村，且有继续进犯沂水之企图。由于该部位于第 1 兵团翼侧，相对比较孤立，可对其进行分割包围并予以歼灭。故华东野战军首长决心以第 2、第 7、第 8 纵队求歼其于沂水、苏村之间地区；以第 1、第 4、第 9 纵队位于坦埠、朴里、埠前庄地区隐蔽待机，歼灭可能由蒙阴等地东援之国民党军；第 3、第 10 纵队在莱芜、博山之间地区采取宽大正面运动防御，相机歼灭北犯之敌；特种兵纵队隐蔽集结在东里店、刁村之间地区待命。

尽管命令下达了，但粟裕认为，国民党军整编第 48 师，是桂系部队，打仗很狡猾，又较顽强，和他们作战要拼消耗，很难有俘获，不是理想的歼击对象。因此，陈、粟在作出作战部署的同时，密切地注视着战场的细微变化，就像一个经验丰富的猎人，平静的外表之下，精神高度集中，猎物的一举一动都逃不过他的双眼。

11 日，国民党军第 1 兵团各部开始北犯。当日，整编第 74 师进占盘龙山庄、新兴、葛墟、圈里，左路整编第 25 师占领黄斗顶山、杨家林，右路整编第 83 师一部进至孤山以南地区，第 7 军一部继续向沂水方向进犯。国民党军整编第 74 师由垛庄经孟良崮西麓，向坦埠南之杨家寨、孤山华东野战军第 9 纵队进攻。

“这究竟是局部行动，还是新的全线进攻？”这一变化引起了粟裕的高度重视，他特别通知各有关情报单位，日夜密切注意搜集研究敌人的行动部署。当日晚，从有关的情报中获得了敌汤恩伯兵团的具体作战部署：

以整编第 74 师为中心，第 25 师、第 83 师分别为其左右翼，又以第 65 师保障第 25 师翼侧，第 7 军的第 48 师保障第 83 师翼侧，限于 14 日攻占坦埠。

同时，陈、粟又还查明：王敬久兵团的第 5 军，欧震兵团的第 11 师等部，已由莱芜、新泰出动。

同日，中央军委也向陈、粟通报了国民党军的上述动态。

战场新的变化出现了！

就像一位优秀的猎手，粟裕以他敏锐的嗅觉和眼光感觉到：战机即将来临。

12

敌变我变，战机寓于变化之中。但是否变、怎么变的决策过程是决定“变”能否成功的关键。粟裕非常清楚这一决策过程的重要性。他久久地伫立在地图前，梳理千头万绪，进行着战场形势的分析、敌作战意图的推测，并在此基础上构思新的歼敌方案。

敌人的作战行动是什么性质的?

粟裕认为，敌肯定知道我华东野战军的指挥部设在坦埠。所以，尽管敌军行动尚未完全明朗，但据现掌握的情况已可判断：敌人决定向我发动全线进攻。其部署显然是以整编第 74 师为主要突击力量，在两翼和后续强大兵团掩护下，对我实施中央突破，中央突破的矛头直指坦埠。

敌行动的性质确定了，那么其实施中央突破的战略意图就非常明显了：一是企图一举击中我指挥中心，陷我军于混乱与四面包围之中，便于其聚而歼灭；二是敌人估计也许我不敢迎战，那就将我逼压到胶东或赶过黄河。

13

应敌之变，我需变，如何变？粟裕认为，这一形势恰恰为我带来了有利的战机，因为在这之前，敌人密集靠拢，行动谨慎，一打就缩，战机很难捕捉。现在，他们既然已经开始全线进攻，并实施中央突破，我们就应立即改变先打他们第 7 军和第 48 师的计划，以反突破来对付敌人的突破，也就是迅速就近调集几个强有力的纵队，以“猛虎掏心”的办法，从敌人的战斗队形的中央楔进去，切断对我威胁最大的中路先锋敌第 74 师与其友邻的联系，并坚决地消灭这张国民党军的王牌。

理由是：

（1）歼灭整编第 74 师对顿挫敌进攻、打乱其整体部署具有重要作用；同时，还可震撼国民党军，沮丧其士气，鼓舞华东野战军的斗志。从敌整体兵力布局看，整编第 74 师是其整个进攻的重心，也就是剑之锋、刀之刃。只要断其锋、钝锉其刃，必然使剑、刀成废铜烂铁。

（2）整编第 74 师已位于我华东野战军主力集结位置的正面，华东野战军不需要作大的调整，即可形成对其 5 比 1 的绝对优势兵力。

（3）强与弱的关系是辩证的。从武器装备等方面看，整编第 74 师虽是强者，但存在弱点。它是重装备部队，在山区作战，受地形限制，机动性差，重装备将成为其累赘。

（4）经过前一段作战的锻炼，华东野战军部队的战术、技术水平有很大提高，各级指挥员特别是高级指挥员，积累了大兵团运动战的作战经验。华东野战军的武器装备也有了很大改善，特种兵纵队已有较好的基础，火力已大大加强，具备了围歼国民党军主力的基本条件。

14

经陈、粟全面考虑，认为求歼整编第 74 师更为有利，乃毅然改变决心，立即命令正在向东运动之各部重返原地集结，准备在蒙阴以东、坦埠以南地区歼灭整编第 74 师。

蒋军整编第 74 师，国民党军队五大主力之一，是蒋介石特别倚重的“王牌军”，也是他发动反革命内战的主要资本之一。

蒋介石曾钦定第 74 师为国民党军队的“典型部队”，命令各部队的一切教育训练都要以第 74 师为标准。就连蒋介石的夫人宋美龄，也亲自到 74 师讲话，代表“委座”慰勉。在国民党“整军”中，第 74 军整编为第 74 师，下辖第 51、57、58 旅，共 3 万多人。在老长官俞济时、王耀武的拼力保举下，“悍将”张灵甫争宠得逞，得以出任该师师长。

全面内战开始后，张灵甫由徐州绥靖公署副主任李延年指挥，率整编第 74 师向苏北新四军进攻，连克几城，后又率部进犯涟水。

5 月 12 日晨，处于中心突出位置的国民党军整编第 74 师，在华东野战军第 4 纵队尚未进入接敌阵地前，乘机进占了黄鹿寨、佛山、土山、三角山等地。两翼侧后的整编第 25 师进至旧寨附近，整编第 83 师一部进占野猪旺。

13 日，国民党整编第 74 师继续向迈逼山、马山、大箭一线猛攻，遭到华野第 9 纵队的顽强抗击。经过激烈争夺，整编第 74 师于当日下午 4 时占领了上述各点，距其主要攻击目标坦埠尚有 7 至 10 公里，于是踌躇满志，准备于14日攻占该地。敌第25、第83师则分别进到旧寨、依汶庄地区。

15

面对强敌，陈、粟两位首长充分预计到，这次战役将是一场硬仗、恶仗。于是，立即通知第1、第4、第8、第9纵队和特种兵纵队的领导同志，前来野司接受新的任务，同时命令正在向东、向南行动的各部就地停止待命。这时，谭震林已离开野司到南线。野司即派人前去向他传达，并让他就近向第2、第7纵队进行传达和部署。

野司和各纵队领导很快就统一了思想，决定：以第1、第4、第6、第8、第9等五个纵队担任围歼任务；以第2、第3、第7、第10共四个纵队担任阻援任务。并作了具体的部署：

（1）以第1、第8纵队从敌整编第74师的左右两翼，抢占芦山，并会同由鲁南兼程北上的第6纵队断敌后路：

第1纵队（附独立师）以1个师攻占蒙阴以东的曹庄，阻击敌第65师，主力从敌第74师与第25师的结合部楔入，割断该两师的联系，阻击敌第25师，并协同友邻第6、第8纵队攻占垛庄、芦山，断敌第74师退路，从敌左侧后攻歼该敌；

第8纵队从敌第74师与第83师的结合部楔入，割断该两师的联系，以有力一部阻击第83师，主力迅速攻占万泉山、芦山，与1第纵队沟通联系，协同友邻从敌右侧后攻歼敌第74师；

隐伏在鲁南敌后的第6纵队，取捷径兼程北上，在第1纵队协同下攻占垛庄，断敌退路，尔后协同友邻攻歼第 74 师。

（2）以第 4、第 9 纵队正面出击：

第 4 纵队首先控制北楼以北山地，阻击敌人继续向坦埠进攻，尔后抢占孟良崮，协同友邻向芦山突击，从正面攻歼第 74 师；

第 9 纵队首先控制坦埠段以南山地，坚决抗击第 74 师，尔后攻占雕窝，协同友邻向芦山突击，从正面攻歼第 74 师。

（3）以第 2、第 3、第 7、第 10 纵队阻援：

以第 10 纵队钳制莱芜敌第 5 军，阻其南援；

第 3 纵队进至新泰东南，阻击新泰敌第 11 师南援；

第 7 纵队配属特纵榴炮团，阻击河阳敌第 7 军和第 48 师北援；

第 2 纵队进至界湖、张庄集地区，保障第 8 纵队左翼安全，并策应第 7 纵队作战。

（4）特纵主力集结在坦埠以东下位待命。

（5）鲁南军区地方武装加强在临沂及临泰公路沿线敌之后方的袭扰、破坏。

（6）战役决定于 13 日黄昏发起。

陈、粟于 13 日发电上报中共中央军委、毛泽东并刘、邓，报告了他们围歼敌 74 师的决心和计划：

（一）七十四师十一日开始向坦埠进攻，八十三师在青驼寺以北跟进，二十五师在蒙阴东南为其左翼部队，桂顽则在临沂东北汤头、葛沟。（二）我们今晚集结一、四与八、九纵向七十四师出击，于明晨完成包围。战斗约需两三天，待歼灭七十四师后再视机扩张战果。

要把敌第 74 师从重兵集团中挖出来予以歼灭的任务是艰巨的。实现战役决心的第一个关键是隐蔽我军意图，形成对敌第 74 师的合围。我担任主攻的 5 个纵队，出色地完成了各自的任务。

16

许世友的第 9 纵队接到华野摩托通信员送来的新的作战命令时正在东进的夜行军途中，许世友当即指挥部队掉头西进。行军途中研究决定：纵队主力集结待命，以 74、90、83 三个团，于马山、佛山、大箭、蓝石山一线担任正面阻击，拖住敌人，争取时间，让兄弟纵队顺利赶到指定地域，完成对敌 74 师的包围。

5 月 12 日清晨许世友部赶到坦埠一线，指战员们顾不上吃饭休息，立即选择有利地形，构筑工事，准备战斗。上午，晨雾刚刚散去，国民党军第 51 旅一部用排炮向第 9 纵队阵地轰击，攻势异常猛烈。守防部队沉着应战，寻机反击。在蓝石山阵地，74 团一个连打退敌一个团的 5 次进攻，坚守阵地 3 个小时。12 日晚，奉华野命令，第 9 纵队将坦埠以西防务交给第 4 纵队，其余防御阵地由 74 团、81 团扼守。

翌日曙色熹微，国民党军第 51 旅以一个团为先导，分三路向马山进攻，遭到 81 团大量杀伤。第 58 旅一个团，于 12 时许占领大箭阵地。黄昏时分，许世友重新组织力量，一个反突击，又把大箭阵地夺了回来。

第9纵队采取“轻牵硬拽”打法，防守部队白天坚守，夜晚即要撤下阵地。如此，以达到牢牢拖住敌第74师，使其欲攻不克，欲罢不能，有力地配合兄弟部队实施紧缩包围的目的。经两天两夜激战，敌第74师仅前进三四公里。

第9纵队和友邻纵队力挫顽敌锋芒，拖住第74师，为我第1、第8纵队的穿插及第6纵队的急行军提供了有力的时间保障。为形成合围立下了汗马功劳。

17

5月13日午时，华东野战军第1纵队副司令员何克希向司令员叶飞、副政委谭启龙及各师首长汇报了陈、粟对华东当前敌我态势的分析和所下达的作战命令。

听完汇报，叶飞站起来，思考片刻，转过身，迅速将作战任务进行了分配，说：“老何、老谭，你们带独立师、2师抢占天马山、蛤蟆崮、界牌、垛庄，钻到敌人的肚子里去，割断敌第25师和第74师的联系。”“由我带1师打掉敌第25师的牙齿，拖住他们。同时，挡住敌第65师从蒙阴东援，保证你们向纵深穿插。然后攻占塔山、尧山各要点。”

独立师，担负向国民党军第74师左翼突击的任务。在部队集结地，独立师的领导与各团紧急开会，进一步明确任务：以1团为第一梯队，2团为第二梯队，3团为预备队。全师于13日18时在南平黄土崖附近集结，18 时半沿南平、东里庄、荆汉之线横跨汶河，直插天马山、界牌之线，并具体授命前卫团，确保于 14 日拂晓攻占天马山，得手后，顺势向界牌、垛庄推进，确于 14 日 12 时攻克垛庄，与 9 纵队会师，完成纵队给予的第一步作战任务。

沂蒙山区延绵几百里的山地，山连山，峰连峰，山势险峻，非常有利于大部队隐蔽行动。加之敌在实行重点进攻以来，还没有遭到严重打击，盲目自信，气焰高涨，根本想不到我军会突然向他们的阵地插去。一夜间，独立师的部队插入敌人纵深 20 公里。

天将拂晓，独立师部队侧后的 1、3 师已和敌人接上了火。利用敌各自自保的心理，拖住敌人，确保了独立师和 2 师的穿插任务的完成。拂晓时分，独立师已到达天马山、蛤蟆崮地区，两侧山头上敌人的机枪工事，已经可以模糊地看出来。

“赶快抢占这一线山地，保障后续部队的穿插!”何克希立即命令。

我部队即刻向两侧山头猛扑，枪声、手榴弹声立即响起，黎明前的山谷幽静瞬间被打破了！但时间不长，枪声渐渐稀疏。何克希接到了独立师师长方升普从 1 团打来的电话：“敌人骄气十足，工事非常简单，我们一个冲锋就占领了天马山、蛤蟆崮!”14 日晨，第 1 团占领了敌后制高点天马山、蛤蟆崮，第 2 团攻占了界牌，切断了临蒙公路，第 3 团攻占了孟良崮西侧的屏障 330 高地。

在独立师发起战斗时，侧后的 1、3 师也占领了塔山、尧山、凤凰山、白杨堡、曹庄。华野第 1 纵队基本完成了他们剜割敌第 74 师的任务。

18

“星夜飞兵，兼程北上！”

12日中午，第6纵队司令员王必成收到了华野指挥部的电报如是要求。

王必成，早在抗日战争时期，其所带领的团被誉为“老虎团”，在长江西岸打出了英名，曾受到毛泽东的高度评价和赞扬。以敢打硬仗著称，是我华野有名虎将之一。

收到电报后，6纵首长深感任务之艰巨。两昼夜要行军100公里山路，甚至没有路可走，而且道路不熟悉，难度确实很大，是对部队行军极限的一个挑战！而且，在两昼夜的行军后，还要迅速投入战斗，封闭合围口，掐断敌人咽喉，能否有时间休息还是未知数，战斗任务也是十分艰巨的！纵队首长作了简单讨论，决定以18师为左翼，16师为右翼，纵队部率17师居中，于当日黄昏时分向东北方向火速进军。

当时，6纵的各部队分散在几个地方。为了争取时间，保证整个部队迅速行动，纵队一面通知附近各师师长、政委到纵队部接受任务，一面派人立即去距离纵队部较远的部队传达作战任务。各部队边行军边进行作战部署。政治部门还起草、下发了政治工作指导小册子，就一些重要问题作了明确的指导和要求。

尽管任务艰巨，但6纵的干部、战士听说去打74师，战斗情绪比接受任何一次作战任务都要高涨。原因是：第6纵队多次同敌第74师交手：1946 年的冬季，第 6 纵队两次执行过涟水保卫战的任务，对手就是这个曾经满以为在解放区可以“长驱直入”的 74 师；第一次涟水保卫战，在涟水城下，于黄河畔，6 纵队歼灭第 74 师 3 000 多人，打退了它的猖狂进攻；第二次涟水保卫战，第 6 纵队再一次给了第 74 师以沉重打击，胜利完成了阻击任务，但因众寡悬殊，第 6 纵队也付出了一定的代价。

一直想“吃”了它，但一直没有实现。因而 74 师成了第 6 纵的“老对手”、“老冤家”！“仇人相见，分外眼红。”歼敌的机会来了，6 纵怎么能不战斗激情高涨？

从 12 日下午 1 时到 14 日凌晨，历尽艰险，克服了种种困难，6 纵比预定时间提前 8 个小时到达。其先头部队开路先锋 18 师 53 团 4 连赶到了垛庄以南的彭家岚子。14 日下午 5 时，18 师主力部队全部赶到垛庄以南一线集结。

垛庄，这个歼灭第 74 师之战的关节点，对双方都非常重要。然而，国民党军过高地估计了自己，认为既有坚固的守备工事，两侧又有强大的兵团保障，垛庄是他们安全可靠的后方，所以，这里只留了一个辎重连守备。

14 日深夜，满天乌云、漆黑一团，18 师利用可遇不可求的大好战机，对垛庄守敌发起攻击。53 团以两个营的兵力，从垛庄西面的寺后凹发起攻击；52 团以一个营的兵力，从沙屋后面迂回到垛庄北侧，配合攻击部队作战。

出乎敌人的意料，偏偏有一支奇兵从背后杀出，又有第 1 纵队部队的配合，只用了半个小时，15 日拂晓，我军全歼垛庄守敌，夺取了要点。

在第 1 纵队作战的同时，我第 8 纵队也采取相同的战术，利用敌军各求自保的心理，于 13 日晚，以小部对敌第 83 师发起进攻，使该敌误以为自己受攻击而无暇他顾。第 8 纵队主力则利用山区地形实行迂回，从敌 83 师与第 74 师的结合部向纵深猛插。14 日晚，第 8 纵队发起进攻后，将侵占汶庄及其以南地区的敌第 83 师一部击退，并于仁寿庄歼敌一个搜索营。14 日上午进占桃花山、磊石山、鼻子山等要地，割裂了敌 74 师与 83 师的联系。孟良崮东南之横山、老猫窝，也同时被 8 纵队的部队攻占。至 15 日拂晓，抢占了万泉山、芦山等要点。华野的第 1、第 6、第 8 三个纵队打通了联系，最后封闭了合围口。将整编第 74 师合围于孟良崮及其以北的狭小地区内，并构成了阻击敌整编第 25、第 83 师的坚强防线。

19

张灵甫原计划 14 日继续执行攻占坦埠的计划，但到了 14 日当天，他察觉华东野战军有围歼他的意图，慌忙命令部队向孟良崮、垛庄一带后撤。一看第 74 师要溜，许世友当即命令集结待命的部队主动出击，与友邻纵队一起，紧紧咬住第 74 师急追猛打。

也就是在此时，第 6、第 1 纵队相互配合，不失时机地以凌厉攻势夺下了垛庄，断了第 74 师的后路。正面第 4、第 9 纵队亦于 13 日黄昏发起进攻，经过激战，于 14 日拂晓占领了黄鹿寨、佛山、马牧池、随家店一线。

张灵甫见退路已断，遂命令部队放弃北进，立即由汶河向南退却，并拼力向华东野战军第1纵队反扑，企图向界牌与整编第25师靠拢，遭到第1纵队的猛烈阻击，未能得逞。晚上，只得退缩到孟良崮、芦山地区，并不得不把美式重炮和许多现代装备丢在山下，因而丧失了它现代化装备的优势。

与主攻部队形成合围整编第74师的同时，第10纵队一部近迫莱芜第5军，第3纵队进至新泰东南地区，阻整编第11师东援；第2纵队在界湖地区向西南压迫整编第83师，并向东南构筑阻击第7军等部的坚固阵地；第7纵队在河阳东北地区牵制第7军、整编第48师的进攻，并阻击其西援；鲁南及滨海地方武装已迫近临沂，威胁国民党军后方。

尽管我已对敌形成合围，但陈、粟两首长清醒地认识到，在我军以往的战役中，一般只要对敌人形成了战役合围，胜利就算基本有把握了。但是，这次战场态势特殊。我军5个纵队包围着敌第74师，敌军却有10个整编师（军）包围着我军。第74师为敌“五大主力”之首，其战斗力不可低估，且该部所退守的孟良崮及其周围山地，山峰陡峭；主峰海拔在500米以上，岩石累累，土质坚硬，易守难攻。因此。攻占垛庄后。虽然两人松了一口气，但不敢有丝毫的松懈，鹿死谁手还未可知呢！粟裕立即带领少数参谋、机要人员，将指挥所向前推移，进入山沟，以便密切观察和指挥战事。

20

果然不出陈、粟两位首长所料，飞临徐州督战的蒋介石认为，第

74 师战斗力强，且占据着易守难攻的有利制高点，临近又有强大的增援兵力，因此，不仅没有被歼灭的危险，而且是与华东野战军决战的好机会。于是，蒋介石异想天开地部署了所谓“磨心战术”，设想是以第 74 师为“磨心”，将我东野战军主力紧紧吸引在孟良崮周围，然后以其外围机动部队增援，造成将我包围圈再包围的态势，一举将我华野歼灭。蒋介石给张灵甫打气说：“抓住共军主力，实为难得之良机，正是你部再为党国尽力之时，务必要奏奇功于一役。”

为达此目的，在命令整编第 74 师师长张灵甫坚决固守阵地的同时，蒋介石抓紧时间进行部署：急令新泰之整编第 11 师、蒙阴之整编第 65 师、桃虚之整编第 25 师、青驼寺之整编第 83 师、河阳之第 7 军和整编第 48 师火速向整编第 74 师靠拢，并急令莱芜之第 5 军南下，鲁南之整编第 64 师和整编第 20 师向垛庄、青驼寺前进，楼德之整编第 9 师向蒙阴增援，企图以 11 个整编师（军）内外夹击，歼灭华东野战军主力，解整编第 74 师之围。

张灵甫死到临头还盲目地认为，虽然整编第 74 师吃饭、饮水比较困难，缺少弹药，但建制完整，并居于战线中央，会得到友邻的增援，因此，在要求第 1 兵团空投粮弹的同时，调整部署，企图依托山头固守待援。在蒋介石严令督促下，其各路援兵齐向孟良崮东西地区急进。

21

由于国民党军已调动了庞大兵力向孟良崮增援，距离近的不到 10 公里，远的也只有 1、2 天的行程，战场形势十分严峻！这场战役胜负的关键在于：第一，围歼敌第 74 师能否迅速解决战斗；第二，阻援力量能否挡住敌之援军。

我华野首长一方面令各阻援部队准备打击强大的国民党援军，另一方面，令各主攻部队加速猛攻，不惜任何代价，一定要在各路国民党援军赶到前，彻底歼灭敌整编第 74 师。

陈毅打电话给叶飞并让转告其他主攻纵队首长，说："蒋介石要和我们决一死战，敌人已经派重兵把我们反包围了，情况十分严重。现在关键的问题，是你们要不惜一切代价拿下孟良崮。哪怕 1、4、6 纵打光了，只要把敌人消灭，也在所不惜。我给你们补充，恢复你们的番号！"

各部立即传达了这一决心，并采取各种方式广泛展开了战场鼓动工作。于是，一场围歼敌整编第 74 师的阵地攻坚战开始了。华东野战军全体指战员坚决执行命令，发扬了猛打猛冲的战斗作风，忍饥耐渴，奋勇作战。

22

5 月 15 日 13 时，陈毅、粟裕下达了总攻第 74 师的命令：华野所有炮火集中轰击孟良崮诸山头，所有部队向孟良崮高峰挺进，决不准第 74 师跑掉一兵一卒！

15 日，战况空前激烈。华东野战军从四面八方多路向整编第 74 师突击，整编第 74 师则竭力顽抗。双方对大碾、雕窝、孟良崮东北高地等重要阵地进行了反复争夺。

敌依托巨石，居高临下，不断对我发起反冲击。敌据有地形之利，依托其阵地实施反冲击，给我军以相当的杀伤，更何况我军为了争夺每一个山头、高地，要从下向上仰攻，每克一点，往往经过数次、十数次的冲锋和反复争夺！正如国民党军第1兵团的战役战斗详报对战斗情况所做的记述：“枪炮（弹）如雨，火光烛天。”“战斗惨烈，素所未见。”

我军发扬英勇顽强的战斗作风，逐次粉碎敌人的顽抗，缩小了包围圈。15日晚，敌军已被压缩于东西3公里，南北2公里的狭窄山区。战至16日晨，华东野战军攻占大碾、雕窝、520和540高地，将敌整编第74师压缩至孟良崮、芦山、600高地一线狭小地区内。整编第74师阵地均为岩石山地，无法构筑工事，人员、马匹、辎重暴露在华东野战军的绵密火网之下，空投的粮弹也多落于阵地以外，伤兵无法后送，呻吟不绝，饿无食，渴无水，士气颓丧，军心动摇。

23

16日上午，华东野战军抓住战机，再次发起攻击，首先集中强大的炮兵火力，向敌军密集的山头、高地猛烈轰击。在浓烟和火光中，敌人的血肉与岩石碎片齐飞，整编第74师人马乱成一团，互相践踏，战斗队形混乱。我步兵在强大炮火掩护下猛烈冲击，越战越勇，乘敌混乱之机突入整编第74师阵地，以白刃格斗消灭顽抗之敌。指战员不待上级命令，哪里有敌人就向哪里冲。

万泉山，是第74师在我军紧缩包围圈后，企图打出一条突围通路的希望所在。因此，万泉山的敌守军第83师第57团，倾全力向华野

23 师阵地进行疯狂反扑。

8 纵队的指挥部下决心攻占万泉山，歼灭第 57 团这个惟一与第 74 师联系在一起的国民党军第 83 师部队，以使第 74 师成为完全孤立之敌。万泉山成为双方激烈争夺之地。

担任主攻万泉山任务的，是擅长攻坚作战的 67 团。

攻击发起后，山上山下枪声大作，犹如狂风暴雨，照明弹此起彼落，明若白昼。国民党军第 57 团依据山头阵地，利用悬崖陡壁进行殊死顽抗，在其围墙被炸开后，又组织火力，把缺口严密封锁起来，阻止华野部队突击队前进。

战斗延续 8 个小时，呈胶着状态。

67 团 4 连爆破英雄李洪章，拂晓前带伤再次携带炸药和手榴弹，冒着敌密集火力，接近第 57 团围墙进行爆破。炸药一响，敌人又匆忙堵击缺口，他一连打出几个手榴弹，将敌人击退。

这时，班长吴志宣、机枪手刘志昌，奋勇冲上山顶，迅速将突破口撕开。突击队占领阵地后，敌人连续三次反扑，都被击溃。天快亮时战斗才结束，第 57 团全部覆灭于万泉山上。

24

在夺取万泉山后，在第 6 纵队一部配合下，23 师立即倾全力组织了 8 个半营的兵力会攻芦山，第 4、第 9、第 6、第 1 纵队等部会攻孟良崮、600 高地等敌第 74 师的最后阵地。

芦山，是孟良崮地区的最高峰，也是孟良崮主峰的屏障。第 6 纵队 49 团在沿横山东侧出击，配合兄弟部队攻占芦山。上午 10 时后，在飞机掩护下，饥饿疲惫的敌第 74 师官兵作垂死挣扎，从芦山与李子园、横山连洼出击，妄图向沂蒙公路垛庄一线逃命。

疯了一样的国民党军正“撞”到我向芦山攻击的 49 团的枪口上，团指挥员果敢沉着，冒着弹雨，指挥部队全力奋勇出击：2 营很快占领芦山与李子园之间敌人前进道路上的两个山冈。原作为机动出击的 1 营，此时也登山与 2 营一起，共同组织密集火力阻断国民党军前进道路。

在我步兵与敌人英勇冲杀的同时，我军炮火也向敌纵深猛烈射击。激战 15 分钟，敌先头部队 2 000 多人尽遭歼俘，后续部队立即向后溃窜。这一仗，我 49 团俘敌近千，缴获很大，单汤姆冲锋枪，就足够装备 3 个团。

最先攻上芦山山顶的，正是誓报涟水城下一箭之仇的第 6 纵队的干部战士。

在围歼敌第 74 师的最后关头，王必成使出了“杀手锏”：特务团。特务团个个是身强力壮的棒小伙，经验丰富的战士。王必成把特务团作为 6 纵的预备队。在此之前，特务团光看着别人冲锋、战斗，自己捞不上，早就憋足了劲。

只见王必成大吼一声：“何副团长，带领特务团向前冲！给我像刺刀一样刺进去，像猛虎一样扑上去！”

副团长何凤山率领特务团，猛扑向孟良崮山顶。集中所有的轻重机枪，向敌人猛烈扫射，冲入敌阵，与敌人展开白刃格斗，很快把敌人消灭了。特务团继续扩大战果，在大崮顶北侧山洞——74 师指挥部所处位置，遇到了敌人最后一次拼死抵抗。

张灵甫眼看我军已经逼近山洞，组织他的残兵败将进行临死前的挣扎！

特务团3连在轻重机枪火力掩护下，很快冲到洞口，张灵甫的卫队长带着人刚从洞内探出头来，就被三连击倒20多人。洞中敌人全被歼灭。第74师副师长荣仁杰，第58旅旅长卢醒、副旅长明灿，57旅旅长周安义先后被我击毙。

下午1时许，第8纵队第23师和我6纵一部攻克芦山。

到下午4时半将国民党军“五大主力”之一的整编第74师被全部、干净、彻底歼灭，其师长张灵甫被击毙。

25

在主攻部队进行攻坚战的同时，华东野战军阻援部队也开始了艰苦的阵地防御战。16日上午8时，蒋介石曾向各路增援部队亲下手谕督战，称：“山东共军主力今向我军倾巢出犯，此为我军歼灭共军完成革命惟一之良机。凡我全体将士应竭尽全力，把握此一战机，万众一心，共同一致，密切联系，协力迈进，齐向当面之匪猛攻，务期歼灭共军，以告慰总理及阵亡将士在天之灵。如有萎靡犹豫，逡巡不前或赴援不力，中途停顿，以致友军危亡，致匪军漏网逃脱者，定必以畏匪避战，纵匪害国贻误战局，严究论罪不贷。希望奋勉勿误。”同日下午，汤恩伯也电令第1兵团各部，救援整编第74师，说：“我张灵甫师连日固守孟良崮，孤军苦战，处境艰危。我奉令应援各部队，务须以果敢之行动，不顾一切，星夜进击，破共军之包围，救袍泽于危困，以发扬我革命军亲爱精诚之武德与光荣，其有徘徊不前，见危不救者，决非我同胞所忍，亦为恩伯所不忍言也。”在蒋、汤的严厉督促下，国民党军各路增援部队加速向孟良崮地区前进。

我军利用既设野战工事进行了顽强的阻击，像一座座坚固的堤坝，挡住了敌人一波又一波的冲击，无论是蒋介石的严令，还是汤恩伯的乞求，在我阻援部队顽强抗击下，都无法挽救张灵甫全师被歼的命运。敌第 5 军被我第 10 纵队钳制住，敌第 11 师被我第 3 纵队抑留于蒙阴以北；敌第 65 师在我第 1、第 6 纵队各一部阻击下，前进不到 10 公里；敌第 7 军第 48 师被我第 2、第 7 纵队钳制住；敌第 20 师、第 64 师被我鲁南军区地方武装牵制，未能及时赶到青驼寺。敌第 25 师、第 83 师虽逼近我军包围圈，与第 74 师相距仅 5 公里左右，并对我形成炮兵火力交叉，也无济于事。

我阻援部队出色地完成了任务，为主攻部队胜利完成任务争取了时间！

这次战役，我歼敌 32 000 余人，彻底粉碎了敌统帅部“鲁中决战”的计划，严重挫败了敌对山东的重点进攻，极大地震动了蒋军内部。战役结束后，敌第 1 兵团司令汤恩伯被撤职，整编第 25 师师长黄百韬、第 83 师师长李天霞等也受到处分。蒋介石多次痛心疾首地说：“孟良崮的失败，是我军剿匪以来最可痛心最可惋惜的一件事”；“真是空前的大损失，能不令人哀痛”；“必须等到我们全军一番起死回生的改造之后，乃能作进一步的打算”。

当时新华社《祝蒙阴大捷》的评论可以全面地表述了孟良崮战役的意义所在：它“在华东解放军的历史上更有特殊意义。因为：第一，这是打击了蒋介石今天最强大的和几乎唯一的进攻方向；第二，这是打击了蒋介石的最精锐部队（四、五个精锐师之一个），第三，这个打击出现于全解放区全面反攻的前夜。和这个胜利的同时，东北、豫北、晋南、正太等地，强大的反攻正在展开。”孟良崮战役有力地鼓舞了全国人民的胜利信心，配合了陕北及其他战场的胜利攻势。

五

| 交战时间 | 1948 年 9 月 12 日—10 月 15 日

| 交战地点 | 辽宁锦州

| 交战双方 | 我方：东北野战军攻锦兵力：第 1、2、3、7、8、9 纵队，第 6 纵队第 17 师，炮兵纵队炮兵第 1、2 团，高炮团、战车团坦克营

敌方：锦州守备兵力：第 93 军暂编第 18、第 22 师，新编第 8 军第 88 师、暂编第 55 师，原第 60 军第 184 师，新编第 6 军暂编第 62 师，共约 10 万人

关门打狗第一仗

——锦州战役

| 指挥将领 |　林彪、罗荣桓、刘亚楼、韩先楚、罗舜初、段苏权、邱会作、刘震、吴法宪等；范汉杰、卢浚泉

| 武器装备 |　缴获敌的日式和美式装备与自制装备混编，通用性较差，无空中装备，主要有驳壳枪、步枪、轻重机枪、各型火炮（山炮、野炮、榴弹炮）900 余门、少量高炮（1 个营）、坦克（15 辆）；半美械装备，机械化程度较高，有空中支援，主要装备有手枪、步枪、轻重机枪、卡车、装甲车、坦克、飞机及火炮（迫击炮、山炮、野炮、榴弹炮）千余门且大口径居多

| 交战结果 |　我方伤亡 2.4 万；毙伤敌 1.9 万余，俘虏（包括投降）敌 8 万余

锦州的胜利，对于东北人民的全部胜利与最后胜利是有决定意义的。敌人失去了锦州，其实际意义，就等于失去了全东北。孤守长、沈之敌，从陆上逃跑的后门，从此被紧紧的关闭起来了。东北敌人的最后被歼，及全东北的最后解放，已经为期不远了。

——1948 年 10 月《东北日报》庆祝锦州大捷的社论

随着东北解放战争的胜利进行，东北解放区面积不断扩大，人口不断增加，政治稳定，经济逐步得到恢复和发展。到 1948 年 6 月，东北解放区（包括冀察热辽区）面积 148.95 万平方公里，人口 4 275 万，城市 186 座，拥有全东北 97%以上的土地和 86%以上的人口，控制了 95%以上的铁路线，东、西、南、北满解放区已完全连成一片，成了人民解放军的强大战略后方基地。

东北解放军发展到 103 万人，其中野战军计 12 个步兵纵队 36 个步兵师（每个师平均达 1.2 万余人），3 个骑兵师，另 15 个独立师，共 70 余万人；1 个炮兵纵队，计 3 个野榴炮团，2 个摩托化重炮团，1 个重迫炮团，2 个摩托化高炮团，1 个炮兵旅；1 个铁道纵队（又称铁路修复工程局），下辖 4 个支队，1 个坦克团。地方部队 33 万余人。中央军委于 8 月 13 日发布命令，将东北军区与东北野战军的领导机构分开，正式成立东北野战军领导机关。司令员林彪，政治委员罗荣桓，参谋长刘亚楼，政治部主任谭政，后勤部长兼政治委员钟赤兵。

东北国民党军与东北人民解放军的形势截然相反，军事、政治、经济全面崩溃，陷入孤立无援的绝境。在东北人民解放军 1947 年冬季作战结束时，东北国民党军控制的面积仅占东北总面积的3%，人口仅为东北总人口的14%，已被完全分割在长春、沈阳、锦州3个孤立地区。由于北（平）宁（沈阳）线一些区段和沈（阳）大（连）线一些地段已为解放军控制，沈阳通向关内的交通被切断，补给主要靠空运，远远不能满足防守和作战的需求，处境十分困难。到辽沈决战前夕，东北国民党军总兵力为55万人。其中，正规军4个兵团、14个军、44个师（旅），约48万人。卫立煌为东北“剿总”总司令。

所以说，东北人民解放军，在军队数量、武器装备和军政素质上已全面超过东北国民党军。这在当时全国各大战场中是惟一的。东北战场上的战略主动权已牢牢掌握在东北人民解放军手中。北线主力10个纵队位于长春、沈阳之间地区，形成包围长春、威逼沈阳之势，既可随时对长春发起攻击，吸打沈阳增援的国民党军，又可越沈阳南下，直趋北宁线作战；南线3个纵队分别位于台安、北镇、建昌营地区，对锦州和北宁路造成威胁。东北解放军主力可以在全区范围内机动作战，必要时可以向关内机动，协同华北解放军作战。

在全国五大战场中，东北战场的形势对人民解放军最为有利，东北人民解放军已经具备了同国民党军进行战略决战的条件。中共中央、中央军委和毛泽东因此将战略决战的首要目标选在东北战场。

1

西柏坡。

西柏坡，偎依在向阳的马蹄状山湾里，是一个绿水环绕、翠柏掩映的北方小山村，这里没有大都市的繁华，也没有南京总统府的豪华壮观，只有一座座低矮狭小、土坯垒就的农村房舍。就是这么一个只有七八十户人家、很不起眼的小山村，却在1948年4月至1949年3月间成了中国革命的中枢所在，成了以毛泽东为主席的中共中央军事委员会运筹千里之外，决胜三大战役的中军帷帐。

毛泽东："恩来，从1946年7月算起，我们准备五年左右根本上打倒国民党，从前一阶段的作战情况和目前的局势看，这是具有可能性的。"

周恩来："主席，是这样的呀，只要我们每年歼灭国民党正规军一百个旅左右，五年歼敌五百个旅左右，就能达到此项目的。过去两年我军共歼敌正规军一百九十一个旅，平均每年九十五个半旅，每月八个旅弱。今后三年我军要歼敌正规军三百个旅以上。今年七月至明年六月，我们有希望能歼敌正规军一百一十五个旅左右。"

毛泽东："现在东北的战略局势对我军最为有利，我看这里应该成为我们与国民党军队战略决战的首选战场呀！"

"……要求你们配合罗瑞卿、杨成武两兵团担负歼灭卫立煌、傅作义两军三十五个旅左右（七月杨成武已歼一个旅在内），并攻占北宁、平绥、平承、平保各线除北平、天津、沈阳三点以外的一切城市。欲达此目的，战役部署指挥的适当，作战休息调节的适当，是决定性关键。你们如果能在九、十两月或再多一点时间内歼灭锦州至唐山一线之敌，并攻克锦州、榆关、唐山诸点，就可以达到歼敌十八个旅左右之目的。为了歼灭这些敌人，你们现在就应该准备使用主力于该线，而置长春、沈阳两敌于不顾，并准备在打锦州时歼灭可能由长、沈援锦之敌。因为锦、榆、唐三点及其附近之敌互相孤立，攻歼取胜比较确实可靠，攻锦打援亦较有希望。如果你们以主力位于新民及其以北地区准备打长、沈出来之敌，则该敌因受你们威胁太大，可能不敢出来。一方面长、沈之敌可能不出来，另一方面锦、榆、唐诸点及其附近之敌（十八个旅）则因你们去的兵力过小，可能收缩于锦、唐两点，变为不甚好打而又不得不打，费时费力，这样就有可能使自己陷入被动地位。不如置长、沈两敌于不顾，专顾锦、榆、唐一头为适宜。再则，今年九月至明年六月的十个月内，你们要准备进行三次大战役，每次准备费去两个月左右时间，共费去六个月左右时间，余四个月作为休息时间。如果在你们进行锦、榆、唐战役（第一个大战役）期间，长、沈之敌倾巢援锦（因为你们主力不是位于新民而是位于锦州附近，卫立煌才敢于来援），则你们便可以不离开锦、榆、唐线连续大举歼灭援敌，争取将卫立煌全军就地歼灭。这是最理想的情况。于此，你们应当注意：（一）确立攻占锦、榆、唐三点并全部控制该线的决心。（二）确立打你们前所未有的大歼灭战的决心，即在卫立煌全军来援的时候敢于同他作战。（三）为适应上述两项决心，重新考虑作战计划并筹办全军军需（粮食、弹药：新兵等）和处理俘虏事宜。以上意见望考虑电复。”

——中央军委 1948 年 9 月 7 日给林彪、罗荣桓、刘亚楼的电报

2

1948 年 9 月 7 日。

哈尔滨双城，东野司令部。

刘亚楼："这是刚收到的中央军委的电报"，说着刘亚楼将电报递给了东野司令员林彪。

林彪拿着电报看了一会儿，说道："这是中央军委关于近期作战的部署，大家都传阅一下吧！"

罗荣桓："争取将卫立煌全军就地歼灭。这是最理想的情况。看来南下北宁线很可能演化成整个东北的最后决战"，说着罗荣桓来到了挂在墙上的地图前。

1948 年 9 月 12 日，作为辽沈战役首个作战目标的锦州战役的序幕拉开了，战役首先在北宁线打响。

3

义县，锦州以北的重要屏障。

义县城垣高达三丈，顶厚八尺，北临大凌河，守敌以城墙及外壕为依托，修筑了布满绊马索、梅花桩等障碍物的纵深地堡群，并以穿透城墙脚的暗道使各要点和城里贯通，可谓城高墙厚、固若金汤。守军暂编第 20 师系半美械装备，且士兵多是 8 年以上的老兵。

1948 年 10 月 1 日 9 时，负责攻击义县的第 3 纵队、第 2 纵队第 5 师和炮兵纵队主力发起总攻。

指挥部一声令下，我军的大炮怒吼起来，密集的炮火把义县打成一片火海，地面也在不停地颤动，义县城墙的西南角也被炸塌，突破口打开了。炮火准备之后，攻城的战士们冲进城中，与敌军展开巷战。短短 4 个小时之后，战斗结束，敌师长王世高等被俘。

义县攻坚战是我军步炮协同攻坚的一次成功作战。东野炮纵司令员朱瑞在战斗结束，在城边观察炮火突破情况时，不幸触雷牺牲，这是东北解放战争中我军阵亡的最高级别的指挥员。毛泽东闻讯后特致电慰问，悼念这位我军炮兵的开拓者。

从9月21日起，东北野战军经过20天作战，相继攻克昌黎、北戴河、绥中、兴城、塔山、高桥、义县等城，歼灭国民党军2万余人，达到了截断北宁线、孤立锦州的战役目的。

4

10月1日，北平，华北“剿总”司令部。

蒋介石：“宜生呀，现在义县被共军攻占，锦州已经成为了一座孤城了，不知宜生兄，对现在东北之战局有何高见?”

傅作义：“是呀，锦州乃东北国军南下入关之锁钥，一旦锦州被共军占领，那么整个东北将成为一盘死棋”，说着傅作义重重地叹了口气。

蒋介石：“所以，我决定组成东西两个援锦集团东西对进，全力援锦。”

国民军援锦部署。

东进兵团，从华北抽调第62军3个师、第92军1个师、独立第95师，从烟台抽调第39军2个师，海运葫芦岛集中，连同锦西地区第54军等部4个师，共11个师，由第17兵团司令官侯镜如指挥，在侯未到前暂由第54军军长阙汉骞指挥，自锦西经塔山、高桥增援锦州。

西进兵团，由第9兵团司令官廖耀湘指挥，下辖新编第1军新编第30师、第50师，新编第3军第14师、第54师、暂编第59师，新编第6军新编第22师、第169师，第49军第105师、第195师，第87师、第91师，整编第207师第3旅和骑兵第1、2、3旅共11个师4个旅，及重炮、战车、装甲车等部队。攻击兵团5日集中，6日开始攻击，第一步攻击彰武、新立屯，策应长春守军突围；第二步经阜新趋义县，协同东进兵团在锦州地区与共军决战。

5

10月2日，东野司令部。

林彪、罗荣桓、刘亚楼等人正在研究攻占义县后的下一步作战计划。

“据最新情报显示，蒋介石要向葫芦岛增兵了，”刘亚楼说着拿起了红蓝铅笔，“有华北剿总的新5军、独立第95师，还有烟台的第39军两个师”。

罗荣桓：“我们原部署在葫芦岛、锦西方面的一个纵队和两个独立师觉得足够了，现在敌人先后共增兵3个军4个师，也就是说敌人一共有11个师，而我军只有两个纵队。”说着罗荣桓把手放在地图上塔山附近。

林彪：“我们准备一桌饭，却来了两桌人，怎么吃！”说着林彪将红蓝铅笔狠狠地摔在桌子上。

葫芦岛之敌将大举援锦，而锦西、锦州相距仅50公里，无险可守，在此情况下，林彪认为我军不一定能抗住援敌，故当日致电中央军委：

……锦州如能迅速攻下，则仍以攻锦州为好，省得部队往返拖延时间。但估计攻锦作战需要相当时日，锦州援敌较强，该方向我军阻击兵力不足，且地形无险可守，不一定能挡住锦州援敌。长春之敌数月来经我围困，士气必甚低。我军经数月整补，数量质量大大加强，故目前如攻长春，则较六月间准备攻长春时的把握大为增加。以上两个行动方案，我们正在考虑中，并请军委同时考虑与指示。

——节选自中国人民解放军历史资料丛书：《辽沈战役》

6

中央军委认为攻打锦州的部署是完全正确的，复电指出：

……（一）你们应利用长春之敌尚未出动，沈阳之敌不敢单独援锦的目前紧要时机，集中主力，迅速打下锦州，对此计划不应再改。在义县、兴城、绥中之敌已被歼灭的情况下，葫芦岛、锦西地区虽然已增加新五军及九十五师，并准备以四个师打通两锦交通，你们可以于攻锦州之同时，部署必要兵力于两锦交通线上，首先歼灭由锦西增援锦州之四个师，然后打下锦州。在五个月前（即四、五月间），长春之敌本来好打，你们不敢打；在两个月前（即七月间）长春之敌同样好打，你们又不敢打。现在攻锦部署业已完毕，锦西、滦县线之第八第九两军亦已调走，你们却又因新五军从山海关，九十五师从天津调至葫芦岛一项并不很大的敌情变化，又不敢打锦州，又想回去打长春，我们认为这是很不妥当的。

（二）你们指挥所现到何处？你们指挥所本应在部队运动之

先（即八月初旬），即到锦州地区，早日部署攻锦。现在部队到达为时甚久，你们尚未到达。望你们迅速移至锦州前线，部署攻锦，以期迅速攻克锦州。迁延过久，你们有处于被动地位之危险。

——一九四八年十月三日中央军委给林彪、罗荣桓、刘亚楼的电报

在收到军委这份措辞严厉的电报后，东野司令部最终坚定了攻克锦州的战斗决心，并将召开紧急作战会议，制定了锦州战役下一步的作战计划。

林彪："以第 4、第 11 纵队和热河 3 个独立师，对付锦西、葫芦岛方面之援军；以第 1、第 2、第 3、第 7、第 8、第 9 共 6 个纵队攻锦州；以第 5、第 6、第 10、第 12 共 4 个纵队对付沈阳方面之援军；以 9 个独立师对付长春守军突围。"

攻克义县后，部队迅速转移，向锦州方向前进

罗荣桓："我再补充一点，把炮纵和特纵坦克分队加在锦州方面。"

林彪："就这么定了！"

7

锦州。

锦州，位于辽西走廊中部，群山环抱，形成天然屏障。市区地势低，四周地势高，呈锅底状。小凌河、女儿河从城南流过。

锦州的防御工事经过两年多的不断构筑，已形成完整的体系。范汉杰部利用市周亮马山、双山子、罕王殿山和紫荆山等绵延起伏的高地，作为坚守的支撑点，构筑了以钢筋水泥工事为骨干并敷设多层障碍物的集团工事，形成互为犄角的坚固的外围阵地；市内以老城和环绕新市区的土城为依托，北依北半城高地，南傍小凌河、女儿河，构成了许多独立固守的据点，形成点点相连以点制面的主要防御阵地。城墙高 4 米多，顶宽 2 米，墙上密布互为交叉的明暗火力点。城墙外有一条宽 5 米、深 2—3 米的外壕，壕外布设各种副防御设施，城内分别以交通大学、原日伪神社、中纺公司、老城、车站以南、中央大街以东为核心，构成能独立作战的坚固据点，作为核心阵地。

锦州，东北"剿总"锦州指挥所。

东北"剿总"副总司令范汉杰兼任锦州指挥所主任。

范汉杰将其 2 个军 7 个师作了如下配置：

新编第 8 军 3 个师担任锦州东面紫荆山到南面南山的防守任务。其中暂编第 54 师防守紫荆山至松山一线；暂编第 55 师防守南山；第

88 师为锦州指挥所总预备队。

第 93 军 2 个师附第 60 军第 184 师担任锦州北面和西南面包括飞机场地区的防守任务。其中暂编第 18 师防守女儿河、车站两侧高地至 188 高地一线；暂编第 22 师配属第 184 师 1 个团，担任自二郎洞向东经合成燃料厂、黑山团管区前缘高地并延伸至配水池、旧市政府前缘之线防守任务；第 184 师主力为第 6 兵团预备队。

由沈阳空运锦州的第 79 师（2 个团）担任笔架山（女儿河东侧高地）的防守任务。

8

帽儿山，锦北 459 高地，东野司令部攻锦指挥所。

遵照中央军委的指示，林彪、罗荣桓、刘亚楼率东北野战军指挥机关于 10 月 5 日到达锦州西北 15 公里处之牡牛屯，并在锦北 459 高地的帽儿山上设置野战军司令部攻锦指挥所，直接指挥攻锦作战。

林彪便用望远镜查看着锦州外围的防御部署，便忧心忡忡地说：“这次攻锦作战必须快速猛烈，力求速战速决呀！”

罗荣桓：“是呀，塔山方面有蒋介石亲自坐镇督战，而我军仅有两个纵队的防御作战兵力，压力很大呀，如果锦州攻坚不能尽快完成，蒋介石东西对击我主力的作战意图很可能就要变为现实了。”

东野锦州攻坚部署：

以第 2、第 3 纵队和第 6 纵队第 17 师，炮兵纵队之炮 1 团、迫击炮团、战车团坦克营（坦克 15 辆）、高炮团 2 个连，组成北突击集团，由第

◎ 参加攻击锦州的炮兵部队进入阵地

◎ 参加攻击锦州的坦克部队开上战场

3纵队司令员韩先楚、政治委员罗舜初统一指挥，由北向南实施主要突击。

以第7、第9纵队，炮兵纵队之炮2团、高炮团1个连，组成南突击集团，由第7纵队司令员邓华、政治委员吴富善统一指挥，由南向北实施辅助突击。

以第8纵队和第1纵队炮兵团组成东突击集团，由司令员段苏权、政治委员邱会作指挥，由东向西突击，以资配合。

以第1纵队位于高桥地区，作为攻城和阻击锦西方面援敌的总预备队。

10月9日，锦州外围作战开始。林彪把攻击的重点放在了城北。

9

配水池。

配水池，位于城北约二里处一个高地上，可以控制锦义公路，为城北屏障。配水池五间房子大小，高出地面六米左右，伪满时代的钢筋水泥建筑，将水放干，就是一座现成的堡垒。正面墙壁上方，从右向左，用白灰写着“守配水池的都是铁打汉！”每个字斗大个。左侧墙壁上方写着“配水池是第二个凡尔登”！

以配水池为核心，不到半平方公里的阵地，有20多个永久和半永久性明碉暗堡，堡与堡之间有交通壕。坡下有一片玉米地，有宽深各三米的环形外壕，形成交叉火力点。壕外是雷场，还埋有电发火引爆的航空炸弹。

守军为暂编第22师第1团第2连。全连150人，是从全团抽调八年以上军龄老兵组成的。配属一个重机枪连，一个战防炮排。战斗打响后，又增加了一个加强营。

担任配水池攻坚的是北突击集团第3纵第7师第20团。

12日8时，我军开始炮火准备。

伴随着猛烈的炮火，配水池立马淹没在一片火海之中。

“同志们，冲啊”，第20团第1营营长赵兴元一挥手中的20响驳壳枪，未等轰击后的硝烟散尽，就带领部队发动了攻击。

突然，在部队攻击的通路上，刚才还淹没在火海中的敌人的暗火力点突然冒出了火舌，原来敌人多数火力点修得很隐蔽，刚才的炮火准备并未将其完全摧毁。

“爆破组上，拔掉那几个火力点！”被机枪子弹压得抬不起头的赵营长，向身后早就蓄势待发的爆破组下达了命令。

爆破组的几名战士，凭借练就的一身好本领，左冲右突，在敌人机枪子弹织就的火网中穿行……

“轰！轰！轰！”爆破组在牺牲了几名战士之后，终于扫除了攻击通路上的这几个火力点。后面的战士在赵营长的带领下，冲了上去……

终于配水池西部的独立房和大地堡被第1营占领了，但是核心地堡群还在敌人手中，随后敌暂编第 22 师第 1 团在团长的带领下，乘两辆装甲车向第 1 营发起了反冲击，妄图一举将我军从配水池上挤下去。一场硬碰硬的对攻战开始了。

“营长，让我上去把那个乌龟壳炸掉吧！”一名战士手里攥着集束手榴弹，向赵营长请战。

“好！”望着战士还在滴血的胳膊，赵兴元只是默默地帮战士正了一下头上的军帽。

一声巨响过后，冲在最前面的敌人的装甲车被炸毁了，事后得知当时坐在里面的敌团长也当场毙命。

在赵兴元营长“一人一枪，战斗到底”口号的激励下，第 1 营的勇士们打退了敌人一次又一次的冲击，最后全营只剩下 20 多名负伤的战士，终于保住了阵地。

第 7 师经过几个小时的准备，于黄昏时再次发起强大攻击。炮兵集中火力射击敌军地堡群，四发命中，对敌杀伤很大，趁敌慌乱之时，第 20 团第 3 营如猛虎下山，向敌人冲去。半个小时后坚固的配水池上终于升起了红旗。

配水池被拿下后，第 3 纵队韩先楚司令员立即将他的指挥所移到配水池，炮兵也将阵地推进到这里，占据了总攻最有利的阵地。

10

10 月 9 日锦州外围作战开始后，东突击集团第 8 纵队先后攻占大紫荆山、小紫荆山、北大营、西梁、八家子、被服厂等据点，从城东逼近城垣。

南突击集团第 7、第 9 纵队相继攻占城南之炮台山、罕王殿山、双山子、松山、大岭、老爷岭、南山等据点，并前出到女儿河北岸，从城南逼近城垣。

北突击集团第 2 纵队先后攻占城西北和城北之合成燃料厂、十二亩地、黑山团管区、辽西师管区等据点；第 3 纵队及第 17 师相继攻占城北之配水池、大疙瘩、石桥子等据点，从城西北和城北逼近城垣。

至 13 日，锦州外围据点全部被肃清，守军一部被歼，大部撤入城内。

根据外围作战了解的守军情况和地形特点，东北野战军领导人对北突击集团的兵力配备和突击重点作了适当调整。确定在外围肃清后，我军攻城的主要突破方面应选在 2 纵的地段上。因此，炮纵最大部分炮兵与坦克应转交 2 纵使用。当日晚炮兵纵队主力和坦克向第 2 纵队攻击地段移动，由第 2 纵队司令员刘震、政治委员吴法宪统一指挥，参加攻城与纵深作战。

11

1948 年 10 月 14 日。

帽儿山，“东总”前线指挥所。

披着大衣的林彪端立不动，手执茶缸的罗荣桓屏住呼吸站在一旁，刘亚楼手执话筒，看着手表。

笼罩在淡淡晨雾中的锦州城，幽远、神秘而又险要。模模糊糊的土城轮廓后面，不时闪亮团团火光，炮弹就像一群乌鸦向城外飞来。没有鸟啾，没有鸡鸣，没有炊烟，没有人影。漠漠的黄褐色的背景上，山峦，田野，收割的未收割的大地，在硝烟和战栗中，愈发显得沉滞而压抑。

秒针“咔咔”走向10点。

林彪点点头。

刘亚楼大声喊：开始！

900多门各种口径的火炮齐放。炮弹出膛发出的强光，把太阳都慑服了，逼退了。深秋的大地上，烟尘冲天而起，迅即把炮群遮没了。锦州则成了铺天盖地的炮弹的弹巢，在巨大的连续的爆炸中，城塌堡飞，烟火迷漫。

总攻开始了！

坦克跃出隐蔽地，各路大军沿交通壕开始突进。

12

锦州城垣西北角。

在连续的炮击下，锦州城垣的西北角淹没在浓浓的硝烟尘灰中。

这时，担任开辟通路任务的分队以迅猛的动作扫清了敌军阵地外围的铁丝网、梅花桩等障碍物。我军的炮火向敌纵深延伸了，突击队员们一个个顺着弯曲的交通沟，向城垣接近。

一会儿，到了交通沟的尽头，这里离城垣只有几十米，我军的行动被敌人发现了，他们用所有的轻重武器组成一道严密的火网，阻止我军前进。突击队的勇士们毫不畏惧，一个个飞身上了沟沿，一排排手榴弹甩上了城头，随即架起云梯。在我军猛烈火力的掩护下，很快登上城墙，插上了红旗。敌人第一道防线被我军突破了。

敌人的第二道防线，是利用铁道突出地面的路基加工修筑的，明碉暗堡密布。当我尖刀 8 连涌入突破口时，敌人组织了约一个连的兵力，从工事里窜出来进行反击。尖刀 8 连就与敌人展开了肉搏战，一时间刀光剑影血肉横飞。敌人被击退了，但是很快又组织一拨再度反击。尖刀 8 连的伤亡不断增大，手榴弹打光了，机枪也发生故障，而敌人又向我发起新的一轮反击，情况十分危急。

就在这时，只见梁士英从地上一跃而起，拽断爆破筒的导火索，奋力朝敌群扔去，只听轰隆一声巨响，敌人被炸翻十几个，没被炸倒的纷纷逃回路基下，再也不敢出来了。

突击队正准备冲上路基，突然，敌人设在铁桥网口旁边的一个暗堡里喷出了火舌，两挺重机枪朝着我军冲击分队疯狂扫射。

整个突击部队被压得动弹不得，担任右翼突破的部队也被阻滞在路基下。几个突击队员冲上去，刚跃上路基，就被敌人的火力压了下来。

在战斗最激烈时，延误每一秒钟都会带来损失。趴在敌人火网下的战士们，一个个圆睁着冒火的眼睛，怒视着敌人的地堡，恨不得一下子把它炸个粉碎。

尖刀 8 连干部决定立刻组织爆破，梁士英第一个爬到连长跟前，要求道："连长，把任务交给我吧，我一定能完成！"

连长相信面前这个机警又勇敢的战士，说："好！我们用机枪掩护你！"

梁士英脱下棉衣，把袖口朝上挽了挽，提起两根相连的爆破筒，带上了两颗手榴弹，紧贴着路基飞快地朝前跃进。

敌人发现了梁士英，地堡里的机枪比以前更凶狠地狂叫着，子弹在梁士英身前左右乱飞乱跳，梁士英的爬行更加困难了，看到他艰难地朝前运动，众人紧张地屏住了呼吸。

离敌人地堡十来米处有一个小土坎，梁士英小心地朝前爬着，终于爬到土坎下面，这时候敌人的火力已经打不到他了。他抽出了右手，朝着地堡甩去两颗手榴弹，趁着爆炸烟雾，一纵身跃上土坎，跃到地堡跟前。

突击队所有人的目光全都投在梁士英身上，只见他迅速揭开爆破筒的底盖，对准仍在喷吐火舌的地堡眼，双手用力将爆破筒塞进地堡里去……

突击队员们正要跃起冲锋，不料垂死的敌人却把爆破筒推了出来，爆破筒掉在地上吱吱地冒烟。在这危急的时刻，梁士英毫不犹豫地弯下腰，把瞬间就要爆炸的爆破筒拿起来，重新塞入地堡里。

可是当梁士英刚把手松开，送入地堡里的爆破筒又被敌人推了出来。梁士英立即扑上去，用自己的胸膛死死顶住已被敌人推出一截的爆破筒。他像一个钢浇铁铸的巨人一般，钉在那里岿然不动。

8连长见状急得大喊："梁士英，回来！"

梁士英身子没动，转过半个脸，高喊道："不要管我，冲啊……"，话音还没落，只见一团火光迸裂，"轰"地一声，地堡被炸得粉碎，英雄梁士英也光荣牺牲了。

阵地上响起了一片"为梁士英报仇！"的口号声，随着喊声，突击队员们冲上路基，向敌纵深冲去。

13

10 时 50 分左右，各突击部队，在炮兵和坦克大力支援下，实施连续爆破，迅速突破城垣。

第 2 纵队主力沿惠安街、良安街楔入市区；第 3 纵队在省公署遇守军抵抗，除以一部攻歼外，主力在省公署东侧爬墙突入市区。北突击集团及时将预备队第 6 纵队第 17 师投入战斗。第 17 师在第 3 纵队左侧沿康德街、大同街突入市区。坦克车队也随同北突击集团突入城内，协同步兵扩大战果。

南突击集团于 10 时 15 分开始炮火准备，30 分钟后，第 7、第 9 纵队并肩突破城垣，以中央大街为分界线，进入巷战。

东突击集团第 8 纵队于 11 时 40 分开始炮火准备，因遭守军火力压制，第一次突击未能成功，经严密组织和连续爆破，于 19 时 15 分第二次突破成功，从瓦斯会社方向突入城内。至此，北、南、东 3 个方向打开了 10 个突破口，3 个突击集团相继完成对城垣主阵地的突破，并迅速进入纵深战斗。

14

铁路局。

“剿总”锦州指挥所和六兵团司令部之间的铁路局，是锦州的心脏。

担任铁路局攻坚的是第3纵第17师第49团。

在炮火掩护下，第49团第3营逼近了铁道。铁道南边的敌人，凭着列车的掩护，拼命阻止攻城部队前进。

天黑了，剖腹挖心的时候到了。团长赵浩然把尖刀任务交给了第8连，并向全连战士说："上级把我们从老远的后方调来，就是要我们勇猛地穿插分割敌人，我们可不能给'攻坚老虎'的脸上抹黑。"

第8连副连长马铭先，是抗日时期的战斗英雄，他激动地喊道："团长，请放心吧！打不到铁路南边就不回来见你！"说罢，手一挥，领着突击排呼啦一下冲上去了。

敌人的子弹打得铁轨冒着火星，叮当直响。解放军也以密集的火力掩护突击排前进。在敌人的流弹横飞中，有的战士倒下了，但更多的战士都钻进了车皮，越过铁轨，在月台上同敌人拼起刺刀。正在这节骨眼上，后续部队很快跟上来，消灭了一个连敌人的反扑。接着，乘胜向西南发展，一鼓作气，攻占十余座大楼，控制了铁路以南五百余米宽的走廊，为主力打开了前进的道路。

在第3营通过铁道道口的同时，包围原日伪神社的第1营第3连，在"全胜连"7连的配合下，一举拿下了忠灵塔。忠灵塔西侧，隔一道深沟和一道铁丝网，便是原日伪神社的核心了。由于求胜心切，两个连都没有很好组织，就各自开始动作。哪知道这里正是一颗硬钉子，部队纠缠了个把小时也没有突上去。第7连连长火了，亲自率领两个班，在全连火力掩护下，朝前冲去。刚冲到一堵土墙跟前，又被藏在铁丝网内的一群暗堡挡住了。凶恶的火舌贴着地皮舔过来，部队一步都前进不得。第7连连长刚喊了一声"崩掉它！"话音未落，爆破英雄刘万成挟着一根爆破筒，已经从侧面向上窜去。敌人机枪“嘎嘎嘎嘎”叫嚣着，一条条火舌飞向他周围，火光弹雨中，他箭一般地扑向敌阵。谁知就在离铁丝网不远的地方，他忽然倒下了。连长正叫第二名爆破手上去时，刘万成霍地又从地上爬起，迅速地把爆破筒挂在了铁丝网上。好个刘万成，原来这是他向敌人施的一计。可是，爆破筒冒了半天烟哑巴了。刘万成急得两眼冒火，摔掉棉衣，又从另一名爆破员手中夺过一根爆破筒光着膀子跑上去。敌人被他这个举动吓傻了眼，哪曾见过10月天气赤膊上阵的？就这样瞪着眼让刘万成送上了第二根爆破筒。等敌人刚清醒过来，两声巨响，铁丝网被炸掉一大片。趁着浓烟，刘万成和另一名爆破员又炸掉了几个地堡，打开了冲锋道路。

第49团主力通过铁道后，迅速解决了铁路警察署的守敌，向铁路局发起了攻击。铁路局是一座钢筋水泥大楼，四周用沙包垒起一圈临时性的掩体工事，是铁路南面敌人的一个大支撑点。它的得失，直接影响着敌兵团司令部和“剿总”锦州指挥所的安危。在这黑咕隆咚的夜晚，它阴森森、静悄悄地矗立着，像只蹲在三岔路口的大黑熊，挡住攻城部队前进的道路。担任攻击的第3营，仔细观察了地形，在机枪和六〇炮的掩护下，以第6连两个排由东北方向猛插到大楼西南，第5连在东面监视，第51团也恰在这时逼近城南，形成了对大楼的包围。第6连又组织一个爆破组，摸黑迂回到北面，从窗口推进一包15斤重的炸药，霎时，火光迸裂，响声震天，楼里的敌人吓得乱窜。第3营随机发起冲击，前后只用了30分钟，便将守敌600余人全部歼灭。

15

纵深战斗开始后，根据野战军首长规定的攻击区域和纵深战斗“一个营打一条街”的战术，各突击部队在炮火和坦克的支援下，“先吃软的，后敲硬的”，避开守军强固据点，穿墙越顶，向范汉杰指挥所及第 6 兵团部和纵深实施猛插。

第 2 纵队相继攻占天德烧锅厂、高等法院、国际仓库、红十字医院、邮局、市公署和税务局等据点；第 3 纵队和第 6 纵队第 17 师连克省公署、锦州神社、铁路警察署，并协同友邻包围了铁路局和火车站；第 7 纵队沿大凌街、小凌街、女儿街连克中央银行、陆军医院和锦州电影院；第 9 纵队沿太子街、牡丹街、国和街穿插，在陆军医院附近连续炸毁地堡 9 处，破铁丝网 12 道，在第 6 兵团司令部附近，粉碎守军两次反击；第 8 纵队连续歼灭瓦斯会社、面粉厂、白云公园、赤城街和中纺公司附近守军，俘第 93 军军长盛家兴、师长景阳、黄建墉等。

15 日拂晓前，各突击集团先后在白云公园、中央银行地区胜利会师。随即，第 2、第 3、第 9 纵队和第 6 纵队第 17 师互相配合，攻克了铁路局、火车站、交通大学等坚固据点，歼灭第 93 军军部、第 6 兵团部及其直属队和东北“剿总锦州指挥所”，迫使守军暂编第 55 师 2 000 余人投降，残存守军退据锦州老城。至此，新市区战斗结束。

16

东北“剿总”锦州指挥部地下指挥所。

炮弹在指挥部周围到处落下，炮弹爆炸后卷起的尘埃和建筑物烧毁的浓烟，通过甬道，钻进了范汉杰的地堡。地堡里与上面联系的电话线被打断了，无线电也被嗡嗡喳喳的干扰声弄得听不清。

范汉杰死命地摇着电话机，摇得电话铃当当直响，可还是听不见回音，他急得一气之下，顺手就把手中的电话摔在地上，反身拉开地堡门。他怎么也没有想到，头上的炮声是那样的剧烈，使他的肺腑都感到震动。

“丢那妈！”范汉杰好久没骂的广东话也骂出来了，“共产党真是不让我在锦州呆了！”骂完，他转向卢浚泉，“浚泉兄，你说，为今之计……”看到那些副官和参谋们也在屋里，他没说下去，他嘴向外一努，“去，都出去，看看电话线怎么回事。”

部下们一个个应声溜走后，卢浚泉立即回答：“三十六计，走为上计。”

15 日中午，第 7 纵队由西南，第 2 纵队由东北开始向老城区攻击。在高级长官均已逃跑、失去指挥的情况下，国民党残敌没有能力再组织抵抗。

15 日 18 时，我军攻克锦州老城，锦州攻坚战役胜利结束。东北“剿总”副总司令兼锦州指挥所主任范汉杰在外逃途中于 16 日清晨，在锦州东南 10 公里处的谷家窝棚，被解放军巡逻队俘虏。

……锦州的胜利，对于东北人民的全部胜利与最后胜利是有决定意义的。敌人失去了锦州，其实际意义，就等于失去了全东北。孤守长、沈之敌，从陆上逃跑的后门，从此被紧紧的关闭起来了。东北敌人的最后被歼，及全东北的最后解放，已经为期不远了。……

——1948 年 10 月《东北日报》庆祝锦州大捷的社论

锦州攻坚战共历时 31 个小时，我军将锦州城内的 10 万敌人全部歼灭。计国民党第 6 兵团属下第 93 军暂编第 18 师、暂编第 22 师；第 60 军第 184 师；新编第 8 军第 88 师、暂编第 54 师、暂编第 55 师；第 79 师空运来的两个团；以及炮兵、战车、辎重部队和地方杂牌军等。毙伤 19 000 多人，俘虏 8 万多人。缴获炮 1 121 门、枪支 4 万多支、坦克 8 辆、汽车 258 辆及大批其他物资。我东北野战军也有 24 000 多名指战员为了胜利付出了鲜血和生命的代价。

锦州攻坚战是东北解放战争中我军进行的规模最大、最成功的一次战役。充分显示了我军强大的战斗力和英勇顽强的战斗作风。战役伊始，林彪、罗荣桓等东北野战军领导人就亲临前线指挥，并且冒着敌机轰炸的危险来到距离锦州城外围的帽儿山现地勘察地形。提出了“首先歼灭较弱的敌人和较易夺取的地方，我主力不要首先攻击坚固难夺取的建筑物，而要先吃软的，后敲硬的，对强固的建筑物，并不在兵多，而在靠准备充分和火力掩护夺取之”的作战原则。在战术运用上，在外围作战准备期间，充分发挥义县战斗中挖交通沟的经验，除担任攻城的各师除突击部队在后面进行充分的攻城准备外，其余部队不分昼夜，冒着飞机轰炸和炮火拦阻，开展土工作业，大挖交通沟，从而为攻城部队和攻城兵器隐蔽地接近城垣，减少伤亡和消耗，创造了条件。在城区作战中，根据野战军首长规定的攻击区域和纵深战斗“一个营打一条街”的战术，各突击部队在炮火和坦克的支援下，“先吃软的，后敲硬的”，避开守军强固据点，穿墙越顶，向范汉杰指挥所及第 6 兵团部和纵深实施猛插。同时在作战中人民解放军表现出了不怕牺牲、一往无前的英雄气概，涌现出一大批英雄集体和模范人物。战后，锦州人民以 1 条主要大街命名“士英路”，以纪念在锦州攻坚中英勇牺牲的爆破英雄梁士英。

攻克锦州，开创了东北人民解放军以“攻坚战迅速解决敌人的光辉战例”，是实现中央军委关于抑留国民党卫立煌集团于东北就地歼灭之的辽沈战役作战目的的关键性一步。正如《东北日报》在庆祝锦州大捷的社论里所说：“锦州的胜利，对于东北人民的全部胜利与最后胜利是有决定意义的。敌人失去了锦州，其实际意义，就等于失去了全东北。孤守长、沈之敌，从陆上逃跑的后门，从此被紧紧的关闭起来了。东北敌人的最后被歼，及全东北的最后解放，已经为期不远了。”林彪、罗荣桓、刘亚楼、谭政在致攻锦及阻援各纵师的电报中也说：“这一胜利是伟大的，给了敌人以沉重的打击，将敌在东北之防御体系完全打乱，造成我军解放长春解放沈阳的有利条件。”

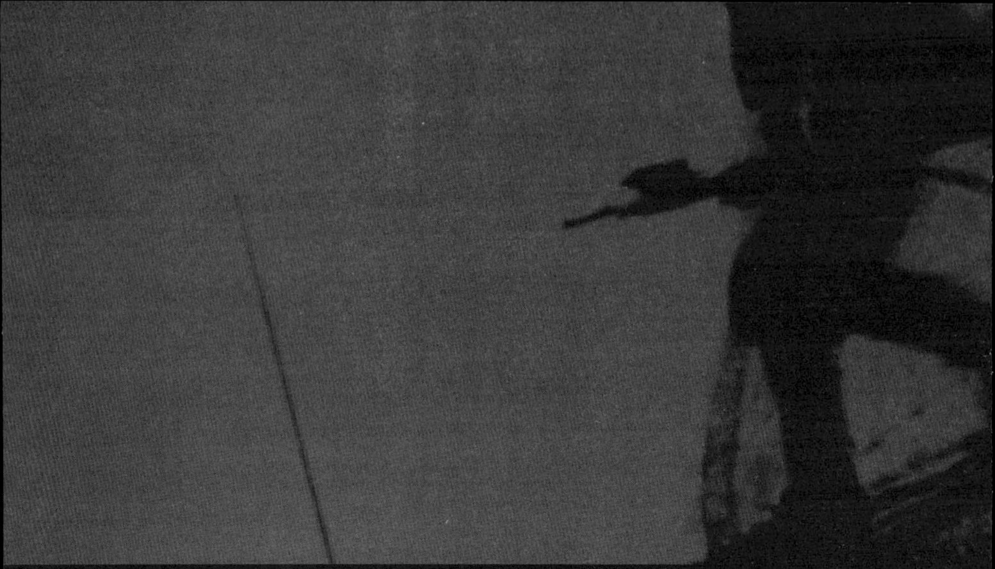

六

交战时间 1948 年 11 月 6—22 日

交战地点 徐州东部邳州市碾庄镇

交战双方 我方：华东野战军第 1、2、4、6、7、8、9、10、12、13 纵队，中原野战军第 11 纵队，鲁中南纵队（其中第 4、第 6、第 8、第 9、第 13 纵队为最后攻击碾庄的主力）

敌方：第 7 兵团、第 1 绥靖区和第 3 绥靖区所属第 25、44、59、63、64、77、100、107 军 共 计 15 个师及一些地方游杂部队和特种部队

血色碾庄圩

——黄百韬兵团的覆灭

指挥将领 粟裕、陈士榘、张震、谭震林、王建安、宋时轮、刘培善、韦国清、吉洛；黄百韬等

武器装备 缴获敌的日式和美式装备与自制装备混编，通用性较差，无空中装备，主要有驳壳枪、步枪、轻重机枪、迫击炮、少量山炮和坦克；半美械装备，机械化程度较高，有空中支援，主要装备有手枪、步枪、轻重机枪、飞机、迫击炮、山炮、野炮、榴弹炮等，火炮且大口径居多

交战结果 我军伤亡4.9万余人，俘敌9.661 6万，毙伤5.059 4万，投诚7 800，起义2.3万

……同志们，大规模的歼灭战已摆在我们面前，我们坚信在毛主席正确领导下，胜利一定是我们的。勇敢地前进吧！活捉黄百韬，全歼黄兵团，并继续向徐蚌进军……

——1948 年 11 月 9 日，华东野战军前委会发布全歼敌黄百韬兵团政治动员令

11月6日，按照华东野战军的作战部署，华东主力各路大军按预定计划由滕县、临沂、夏庄、赣榆之线出动，向指定目标急进。

东线。

华东野战军之鲁中南纵队于6日晚完成了对郯城地区敌王洪九之保安部队的包围，第6纵队主力渡过沂河，向马头镇敌发起攻击。

北线。

山东兵团之第10纵队进至官桥、临城地区，第7纵队进至永安庄、北子里、峄县、枣庄地区，第13纵队进至采口、兰陵地区。

西线。

中原野战军主力第1、3、4、9纵队进至商丘西南地区，华野第3纵队进占刘堤圈，两广纵队进至马良集，冀鲁豫军区独立旅占领了古心王庄、马牧集，并向丰县国民党军进行袭扰。

随着华东主力在地区的展开，淮海战役的第一阶段正式拉开了序幕。

淮海战役第一阶段，总前委的作战总目标是：

合围与歼灭黄百韬兵团，切断津浦路，孤立徐州国民党军。

整个第一阶段分为运河以西和运河以东两个作战区域，其中运河东作战以歼灭黄百韬兵团为主，战斗分两步进行，具体部署如下：

第1步：仍以第1、6、鲁中南纵队歼灭瓦窑敌第63军；以第9纵队监视新安镇之敌；第2纵队暂控制于新安镇东南地区，必要时令该纵会攻敌第63军；以中原第11纵队、苏北第12纵队位于阿湖附近，分割敌第25军与其兵团部及第64、100军之间的联系。

第2步：以第1、2、6、9、11（中原）、鲁中南等6个纵队，分割围歼新安镇及阿湖之敌；第4、8两纵队，1个正面阻敌，1个包围敌第64军；特种兵纵队配属运河东各纵作战，山东兵团炮兵团以1个营配属第8纵队，其余配属第7、13纵队作战。

如我军南下，黄百韬兵团仍集结于新安镇近郊时，即以第1、6、鲁中南及第2、9纵队会攻新安镇。但还可以实施战场分割、包围、攻击。我应力求秘匿突然奔袭，达到使敌不能收缩避战。运东各纵统于8日晚发起战斗。

1

11月5日，徐州，国民党徐州“剿总”司令部。

邱清泉：“总长，在我军兵团防区正面发现了共军华东野战军的强大兵团。”

黄百韬：“是呀，在我们第7兵团的附近也发现了大量共军。”

顾祝同："相关情报显示，共军是打算把我部各兵团分而歼之，毕竟无论华东野战军主力何在，我军在陇海线上一字排开总是不利的，根据我来徐州之前，总统关于放弃次要城市，集中兵力于徐州、蚌埠之间津浦路两侧地区作攻势防御的指示，国防部决定……"

顿了一下，顾祝同喝了一口水，继续说道："国防部的意图是，以少数兵力固守徐州，控制徐州这一南来北往的交通枢纽点，使共军不能有效地利用陇海铁路东西调动军队。且以主力控制于徐州、蚌埠之间，当共军向徐州进攻，或沿平汉路，或经苏北地区南下时，均可集中 5 个兵团以上的部队寻求与解放军决战。在共军未击破我军主力以前，便可有效地确保淮北、淮南和苏北、苏中的安全，从而确保巩固长江，屏障京沪。"

国民党的作战部署：

（1）徐州以一两个军坚工固守。

（2）第 7 兵团应确保运河西岸，与第 1 绥靖区、第 3 绥靖区密切联系，并在运河以西地区清剿。

（3）第 2 兵团以永城、砀山地区为中心集结，并在附近清剿。

（4）第 13 兵团应集结于灵璧、泗县地区机动，并在附近清剿。

（5）第 16 兵团以蒙城为中心，进行清剿，掩护津浦路之安全。

（6）第 4 绥靖区移驻临淮关，以原第 8 绥靖区为该绥靖区的辖区。原第 8 绥靖区着即撤销。

（7）淮阴守备由第 4 军担任。

（8）海州方面由海上撤退。

2

11 月 6 日夜，新安镇，国民党第 7 兵团兵团部。

黄百韬接待从海州乘车西撤，路过新安镇的徐州“剿总”副总司令兼第 9 绥靖区司令官李延年与国民党总统府少将参军、战地视察官李以劻。

黄百韬，字焕然，广东梅县人。曾入江苏军官教育团、北京陆军大学特别班深造。先后担任国民党军军以下部队各级主官，深得顾祝同赏识，并向蒋介石保荐由第 25 军军长升任第 7 兵团司令官，指挥第 25、63、64、100 军及第 44 军共 11 个师约 12 万人。

李延年：“不知焕然兄，对此次会战有何高见？”

黄百韬：“华东共军主力的部署是先打第 7 兵团，现在兵团的位置非常不利，在新安镇打则孤军无援，如侧敌西进，到不了徐州就会遇敌。我已命令第 63 军从窑湾镇强渡，其余各军明早西行。转进太迟了，要掩护第 44 军从海州西撤，不能贻误戎机。否则全兵团将被包围。国防部作战计划一再变更，处处被动，正是将帅无才，累死三军。这次会战如果垮掉，就什么都输光了。”

李以劻：“焕然兄何出此言，第 7 兵团一定能够化险为夷的。”

黄百韬看了一眼地图，说道：“现在已经发现共军主力已经南下，先头部队已经到了郯城。由此判断，肯定是来打第 7 兵团的。我劝二位还是早点动身吧，免得路上出岔子。”

“唉……”黄百韬重重地叹了一口气，情绪突然变得有些激动，说道："请二位告诉刘总司令，要其他兵团快点集结，迟了就会误大事。如果我被包围，希望别的兵团来救。古人说：胜则举杯相庆，败则出死力相救，我们是办不到的。这次与以前的战役性质不同，是主力决战，关系到存亡。请你面报总统，我黄某受总统知遇之隆，生死早置之度外，我临难是不苟免的，请你记下来，一定要转到呀！"

第7兵团作战部署：

（一）第100军在现驻地（瓦窑）占领阵地，掩护兵团主力西撤右侧背之安全，7日与第25军在陇海铁路北交互掩护撤退，渡过运河后占据碾庄圩西面之彭庄、贺台子等村庄。

（二）第25军待第44军通过阿湖后随第44军西撤，在陇海铁路炮东以北占领阵地，与第100军交互掩护西撤，渡过运河后占据碾庄圩西北之大小牙庄、尤家湖等村庄。

（三）第64军通过运河后，以一部占领运河西岸，以一个营占领滩上阵地掩护兵团主力渡河，大部占据碾庄圩东之大院上、小院上、东楼及碾庄圩北之小费庄、吴庄等村庄。

（四）第44军渡过运河后占据碾庄圩车站及铁路以南各村庄。

（五）第63军待兵团部撤走即经窑湾镇渡过运河到碾庄圩南集结。

（六）兵站除卡车运载之粮弹药品随部队行动外，其余粮弹被服用火车直运徐州。

（七）按第64军、兵团部、第44军顺序沿陇海铁路西撤。

（八）兵团部通过运河后位于碾庄圩，各部队于7日5时开始行动。

11 月 7 日 5 时许，黄百韬部开始向西撤退。

就在黄百韬仓皇西逃的同时，粟裕、张震于 11 日 7 时调整了围歼黄兵团部署：

第 10 纵队除以 1 个团左右兵力位于茅村镇、荆山铺一线，积极向徐郊佯动外，主力控制于李家井、侯集、古山集、大张圩至不老河边一线，构筑工事，以全力阻击由徐州可能东援之敌，务于 11 日 24 时前完全进入上述地区，并以炮火封锁徐州飞机场。

苏北兵团第 11 纵队应即占领自李家井（含）南经杏埠、林佟山至邓家楼、范家湖一线阵地，构筑工事，阻敌西援。江淮军区两个旅应开徐州东南郊飞机场及向徐山村一线进击，以积极动作逼迫徐敌无力东援，辅助正面阻击。该两个旅归第 11 纵队指挥，第 11 纵队归宋时轮、刘培善指挥。

第 7 纵队即位于大许家南北至单集一线，准备尔后沿铁路南北向东攻击。在第 10 纵队未到之前，堵击黄兵团西逃外，并以有力一部阻击可能徐州东援之敌。

第 6 纵队即进至单集（含）、顺和集一线，准备由南向北攻击。

第 13 纵队由夏河圩以东至大同山、景墩一线，准备向南攻击。

第 4 纵队准备由景墩（不含）以东至秦家楼、碾庄圩一线，由东北向西南攻击。

第 8 纵队应沿铁路南北，由东向西攻击。

第 9 纵队全部渡过运河后，即沿顺和集（不含）、杨家集、吕圩、四里庄一线，由东南向西北攻击。

韦吉率第 2、11（中原）、12 纵队进至房村、双沟、阳山之间地区待机，应准备侧击可能由徐州东援或南下之敌，并以第 12 纵队首先肃清双沟、睢宁孙良城部。

鲁中南纵队11日晚仍暂在堰头待机，特种兵纵队于桥修好后即西渡运河进至运河车站附近待命，第1纵队11日晚继续攻歼窑湾之敌。

为保障指挥灵便，谭震林、王建安即移至不老河边统一指挥第7、10、苏北第11（该纵可归第10纵指挥）及第13纵队。陈士榘随第9纵队西进，统一指挥第6、9、4、8纵队。野司11日晚进至运河边，尔后续移至古邳以西地区指挥。

3

郯城，山东与江苏交界的一个小县城，北距临沂50公里，南距新安镇25公里，是山东江苏交通的重要孔道，地理位置比较重要。

盘踞在郯城的是国民党山东保安第1旅，共4 000人，旅长为王洪九。

11月6日21时，华东野战军鲁中南纵队攻击郯城王洪九部。

淮海战役的第一枪打响了。

11月7日下午，新安镇，黄百韬兵团司令部。

“司令官，司令官！”王洪九蓬头垢面，只剩一只鞋，满身泥斑地跑了进来。

“怎么了？”看到王洪九的狼狈样，黄百韬急切地问道。

“郯城，郯城被共军占领了。”王洪九语不成调答道。

“什么，共军来得这么快？！”黄百韬一惊，手中的铅笔落在了地上，“马上命令部队，加紧西撤，准备渡河。”

11 月 8 日黎明，黄百韬兵团主力开始西渡运河。运河上仅有铁桥一座，木板敷设的桥面因久经车碾马践，已经破损。第 7 兵团官兵连同第 9 绥区非战斗人员 10 余万人，均须通过铁桥西撤。部队与部队之间互不相让，抢先通过，桥面堵塞不堪，秩序大乱。有的部队为抢先过桥，竟用机枪开路，打伤、挤伤、踏死及掉入运河溺死者不计其数。

至中午，兵团部、第 64、44 军通过运河铁桥，向碾庄圩转进。第 25、100 军撤至运河车站、炮车、官湖地区。

4

11 月 8 日，上午。

国民党第 3 绥靖区所辖第 59 军军部会议室。

第 3 绥靖区副司令何基沣站在第 59 军军部会议室的首席位置上，情绪激昂，慷慨陈词："……弟兄们，我不多说了。但我劝大家回想一下，这几年我们西北军跟着蒋介石鞍前马后的拼杀：我们失去了多少弟兄，但是，我们得到了什么？我们依然是保护老蒋主力部队的一个卒子，如果再这样下去，我们西北军拼光了，我们拼什么？老蒋还会要我们吗？现在我决定起义，愿意跟着我和张副司令走的留下来，不愿跟的可以走，无论官兵，都发给路费和安家的费用。"

参谋长刘景岳："可我们到哪儿去找人联络。再说，我们大家欠那么多血债，杀了人家那么多人，人家能原谅我们吗？"

何基沣："斯德同志你说说吧。"

杨斯德："弟兄们，我是陈毅司令员的特派联络员。陈毅同志要我向大家问好，他要我告诉大家革命不分先后，我们共产党人不怕犯错误，犯了错误只要改，我们都欢迎。今天大家起义了，我们就是一家人。我们只希望大家共同对敌，彻底打败老蒋，建立人民自己的共和……"

何基沣："现在我命令，发电通告第3绥靖区起义，所有起义人员一律反穿大衣。"

11月8日上午10时，何基沣、张克侠按照华东野战军的计划，正式下达了起义命令，率领第三绥靖区第59军第38、180师，第77军第132师及第37师第111团官兵共计2.3万人，在贾汪、台儿庄地区宣布起义。

何基沣、张克侠率部起义，为华东野战军北线3个纵队迅速顺利渡河南进、隔断黄百韬兵团同徐州的联系赢得了宝贵的时间，创造了极其有利的条件。

由于张、何起义，国民党在台儿庄至微山湖的运河防线顿开缺口，徐州北大门洞开，我华野山东兵团3个纵队，迅速越过其防区，直插陇海路，当天，华野第10纵队主力由韩庄渡过了运河；第7纵队由万年闸渡河后控制了仓邢庄、涧头集、贾汪，先头进抵不老河边；第13纵队所属第39师由台儿庄全部渡过了运河，勇猛南进，切断了黄百韬兵团与徐州之敌的联系。

5

11月9日。

华东野战军前委会发布全歼敌黄百韬兵团的政治动员令。

动员令在通报了当前敌情及敌我双方的基本态势后指出："如我能乘敌部署未定之际奋勇出击，则更可造成错乱'徐总'部署与大量歼敌良机。因此我各部不应为小敌所迷惑，勇猛果敢出击，乘敌惊慌紊乱，士气萎靡之际，于运动中歼灭之，只要我们能在江北大量歼敌，不但完全改变了中原形势，且开辟了我军渡江作战有利条件。""同志们，大规模的歼灭战已摆在我们面前，我们坚信在毛主席正确领导下，胜利一定是我们的。勇敢地前进吧！活捉黄百韬，全歼黄兵团，并继续向徐蚌进军。"

6

就在黄百韬兵团正在仓皇西窜的时候，华东野战军各纵队不顾疲劳，猛追逃敌。第 4 纵队攻占了运河车站以北之官湖，歼国民党军李弥第 13 兵团第 9 军第 9 师约 1 个团，主力由徐塘、滩上渡过运河，向宿羊山方向攻击前进。第 4 纵队尾追黄兵团主力抵达运河车站，全歼了被阻留在运河东岸之第 100 军 44 师两个团，因铁路桥已被炸断，该纵在老百姓帮助下在铁桥南北两侧架设浮桥渡河。沿铁路以南追击的第 6 纵队由猫儿窠渡过运河，向碾庄圩以南地区攻击前进。第 9 纵队紧紧跟踪第 63 军后尾部队向西南方向前进，发现敌在堰头镇及附近村庄宿营，立刻向敌发起攻击，歼敌 1 个团又 2 个营。敌军长陈章率少数随从逃到窑湾，未被歼的部队也陆续逃到窑湾。逃到窑湾的第 63 军午后即被华野第 1 纵队追上，全部包围于窑湾镇中。

7

11 月 9 日，黄百韬兵团大部渡过运河向徐州东南转进，9 日当晚，该兵团 4 个军猬集在碾庄圩地区，队形混乱。黄百韬认为，已经摆脱解放军的追堵，决定兵团部队在碾庄圩休整一天，再行西撤。

他电告蒋介石、顾祝同、刘峙说：渡运河西撤行动“仰赖总座德威，幸未遭匪算”。还报告了“连日惨死战况”：第 25 军伤亡失踪官兵约 2 000 人，第 100 军 5 000 人，第 64 军 4 000 余人，第 44 军 1 000 余人。当时，第 63 军在窑湾正被解放军围歼之中，黄百韬或是不知情或是知情不报罢了。

就在黄百韬认为危险已过，放心休整的时候，华东野战军各纵从碾庄圩北、东、南 3 个方向向该兵团追近。各部队在“全歼黄兵团、活捉黄百韬”等战斗口号鼓舞下，昼夜兼程，忍饥耐寒，穷追不舍。第 4、8 纵队沿铁路北侧向西直扑碾庄圩；第 1、6、9、鲁中南纵队从新安镇及其以西地区沿陇海铁路南侧向碾庄圩攻击前进；第 7、10、13 纵队于 11 月 8 日迅速穿过何、张防区，渡过不老河，直插徐州东侧。

至 10 日晚，第 7 纵队占领大许家、黄集铁路一线。第 10 纵队进至徐州东北荆山铺、大庙、侯集，直逼徐州。第 13 纵队已控制了宿羊山并于次日拂晓歼灭西撤的黄百韬先头部队第 100 军 44 师主力，占领曹八集。

8

碾庄圩地区，指位于陇海路北、运河以西，拥有十几个自然村庄，方圆 10 公里的区域。区内土台、洼地、水塘、沟壕错落，地面开阔。为防洪水泛滥，村庄房屋都建在土台子上，四周夯筑有高出地面 2 到 3 米的土围墙。该区原为李弥兵团的防地，构筑有比较完整的防御阵地。黄百韬兵团退守该地后，迅速改进、加强原有的防御工事，形成了以地堡群为骨干、自然村庄为支撑点，交通壕、堑壕相沟通及兵力、火力相互支援的环形防御阵地。

11 月 10 日，碾庄，第 7 兵团兵团部，作战会议进行中。

参加会议的有第 7 兵团司令官黄百韬，参谋长魏翱和第 64 军军长刘镇湘、第 44 军军长王泽浚、第 100 军军长周志道、第 25 军军长陈士章等。

会议的主题是商量营救窑湾镇方面的第 63 军，以及继续西撤或固守碾庄待援等事项。

黄百韬埋怨道："刚才飞机侦察获知，第 63 军已在窑湾镇及其以东地区被共军割裂包围。陈章盲目自信，非拖至 7 日午后才撤退不可，现在果然遭共军围剿，只能让他听天由命吧。"

接着，黄百韬用阴沉的语气说："目前形势对我非常不利，各部队务必昼夜兼程，趁陈粟主力还未接近运河铁桥，迅速进至大许家一线，与徐州连成一片。各位还有何见教，请陈述。"

"是呀，碾庄不是久留之地！"多数人都表示了赞同。

“我觉得就这么走了不够妥当。”第64军军长刘镇湘气势汹汹地说。

刘镇湘接着说：“第13兵团已在碾庄筑好了半永备型工事，我们何必东躲西藏，免得落个‘长腿将军’的诨名。既然是要打仗，进入阵地就不要轻易撤走。再说，共军又没有三头六臂。去年，我们在范家集防守不是成功了吗？我坚决主张打下去。”

黄百韬的亲信，第25军军长陈士章反对说：“我认为西走一里好一里，豫东之役，我第25军和第72军阵地只隔20里，炮火相接，但终冲不过共军的阻援部队。现在留在此地，万一被围后，别想邱兵团远道来援。”

黄百韬点头说：“就是相隔5里，他也不会来救我们的。”

就在争论不下之时，刘峙转来蒋介石的命令：令第7兵团在碾庄圩地区准备决战，已命黄维兵团经宿县，宿迁渡过运河，挺进运河东岸进行外线反包围；又已令杜副总司令率邱、李两兵团东援。

黄百韬思忖，既然战斗力最强的第64军愿打，那就打吧，再说，总统又来指令，不打也得打。于是，他改变主意说：“执行总统旨意，在碾庄圩固守待援。大家放心，邱清泉不来救我们，杜聿明是支持我的，还有孙元良和李弥嘛，过去我们都互相支援过，只要我守得住，与徐州方面东西夹击共军，是不成问题的。”

最后，黄百韬命令道：“我兵团在碾庄圩按以下部署进行防御：1.兵团部位于碾庄圩此地不变；2.第25军占领碾庄圩以北小牙庄、尤家湖，向北防御；3.第64军占领碾庄圩以东大院上、吴庄，对东防御；4.第44军占领碾庄圩车站及其以南各村庄，对南防御；5.第100军占领碾庄、彭庄、贺台子，对西防御；6.各军炮兵集中使用。请各军依此令尽快布防，不得有误。”

9

就在黄百韬决定固守待援的时候，徐州“剿总”也在紧张计划着救援黄百韬兵团的作战部署。

11 月 11 日，徐州“剿总”司令部。

刚刚被蒋介石从东北拉来救火，被任命为徐州“剿总”副总司令兼任前进指挥部主任，实际负责全面指挥的杜聿明来到了徐州。

徐州“剿总”参谋长李树正：“副总司令，现在解放军在徐州东北、西北及西面都有重兵向徐州方向攻击，对徐州压力极大呀！”

刘峙看了一眼地图，说道：“是呀，光亭，现在徐州压力很大呀，我看还是应该以固守徐州为主，现在确实无力抽调兵力援救 7 兵团呀。”

杜聿明沉思了一会，说道：“解放军作战历来讲究的是集中兵力各个歼敌，在同一个时间内主要打击目标只会有一个，绝不会在围歼黄百韬兵团的同时还要攻取徐州。我来之前和邱清泉通了电话，问了一下他们兵团当面共军的情况。看来，华东野战军目前的战役企图是歼灭黄百韬兵团，并不是要攻取徐州，中原野战军主力由陇海路南移也正是为了阻止黄维兵团由平汉线东进。所以……”

杜聿明顿了一下，接着说道：“我认为可以大胆抽调兵力东援黄百韬。”

作战会议上，杜聿明提出了两套援救黄百韬的方案：

一个是，以黄百韬兵团在碾庄圩地区固守7至10天，拖住华东野战军主力，“剿总”则以李弥兵团守备徐州，集中第2、16兵团会同黄维第12兵团共9个半军先击破中原野战军6个纵队，然后回师东向解黄百韬兵团之围，击破华东野战军。

另一个是，以第16兵团守备徐州。集中第2、13兵团全力援救黄百韬兵团。

后来考虑到黄百韬兵团渡运河时损失甚重，现粮、弹两缺，攻既不可能，守亦成问题，所以采取了第二套方案，抽调第2兵团与第13兵团东援。并于11月11日当晚开始抽调部队东移集结。

计划两兵团于11月12日晚开始向作战地域开进，13日上午9时在空军、炮兵掩护下，协同战车团向西向东全线攻击。

10

就在徐州方面紧锣密鼓的进行援救黄百韬兵团的兵力调动的同时，我华野、中野的部队也加紧了围歼黄百韬兵团和阻击国民党徐州东援兵团的作战行动。

11日，第7、10、13纵队与由皂河北上的第11纵队和江淮军区2个旅，于徐州以东大庙、侯集地区会合，完全切断了黄百韬兵团西退徐州的道路，并占领了阻击徐敌东援的有利阵地。第2、12纵队、中野第11纵队，也于10日由宿迁附近渡过运河，从东南方向逼近徐州，并于13日在大王集地区抓住徐州“剿总”直接指挥的第107军。第1绥靖区副司令官兼第107军军长孙良诚率军部及第260师缴械投诚，第261师被歼。

至此，华东野战军将黄百韬兵团余部4个军包围压缩在碾庄圩为中心，南北约3公里、东西约6公里的狭窄地域内。

华东野战军的阻援部署是：

以8个纵队担任阻援和打援：担任正面阻援的华野第7纵、10纵、11纵队，在徐州以东的侯集至大许家之间，沿铁路两侧构筑多道防御阵地，随时准备迎战来自邱李两兵团的进攻；苏北兵团的第2纵、12纵、1纵、鲁中南纵队和中野11纵队，江淮军区两个独立旅，部署在徐州东南一带，伺机攻击援敌之侧背，使其不能全力向东。

11

11月13日9时，国民党徐州东援集团数10架轰炸机、100余门重炮、100余辆坦克将我华东野战军25公里宽的防御正面打成了一片火海，敌人的攻击开始了。

敌人进攻重点是铁路两侧。其第13兵团之第9军第166师在30辆坦克支援下，向我华东野战军第10纵队阻援阵地进攻，占领了胡庄、寺山口、安子村、马山、团山、顾山等地。敌第2兵团之第5军第45师及第200师在10余辆坦克支援下攻占了我军韦庄、赵家屋、宛山等阵地，经华野第10纵队反击，敌退出赵家屋、宛山等地。敌第2兵团之第70军向华野第7、11纵队阻援阵地进攻，占领第7纵队殷山、邓庄阵地和第11纵队盛山、邓家楼阵地。在第11纵队反击下被迫退出盛、邓两地。敌进攻整日，我阻援部队在大量杀伤敌有生力量之后，主动后撤，敌当天向东推进了约 3 至 6 公里。

自 11 月 12 日至 22 日，邱清泉、李弥两兵团奉命东援黄百韬先后投入 5 个军 12 个师 16 万人，在飞机、大炮、坦克支援下，连续猛攻 11 天，伤亡万余人，损失坦克、战车 34 辆，消耗炮弹 12 万余发，换得南北不满五十里的正面，东西不满三十里之纵深阵地，前进不足 20 公里，眼巴巴地看着黄百韬兵团被最后歼灭。

12

华东野战军决定以第 4、6、8、9、13 纵及特纵主力组成突击集团，歼击黄百韬兵团。

突击集团具体部署是：第 6 纵队即进至单集、顺河集一线，准备向南攻击；第 13 纵队由夏河圩以东至大同山、景墩一线，准备向南攻击；第 4 纵队准备由景墩以东至秦家楼、碾庄圩一线，由东北向西南攻击；第 8 纵队沿铁路南北由东向西攻击；第 9 纵队全部渡河后，即沿顺河集、杨家集、吕圩、四里庄一线由东南向西北攻击。

11 日，突击集团各纵队向黄百韬兵团各军展开猛烈攻击。第 4 纵队由北向南攻击碾庄圩以北小牙庄、尤家湖的第 25 军；第 6 纵队由西南向东北、第 13 纵队由西向东协同攻击彭庄、贺台子的第 100 军；第 8 纵队由东向西攻击碾庄圩以东大院上、吴庄的第 64 军；第 9 纵队由南向北攻击碾庄圩车站及其以南各村的第 44 军。

13

11 月 11 日，碾庄圩南面的占城村。

设在一座土祠堂里的第 9 纵队前进指挥所内，烟雾缭绕，热气腾腾。

“华野首长指示，为全歼黄百韬于碾庄圩。决定以第 4、6、8、9、13 纵任主攻，由华野司令部直接指挥，以第 7、10、11 纵归宋刘指挥，担任对由徐东援之邱、李兵团之正面阻击；以第 2、12、王张、鲁纵归韦吉指挥，担任截歼邱、李兵团东援后之向徐退路。”精明强干的第 9 纵队副参谋长叶超在作战地图前朗声说道。

原来，第 9 纵队正在召开围歼黄百韬兵团的作战会议。司令员聂凤智和政委刘浩天坐在首席位置，纵队团以上军政主官端坐在他俩两侧。

接着，叶超继续宣布：“华野赋予我纵担任山南面沿邵墩、火车站，向碾庄圩方面实施主要突击。据此，纵队首长决心，以第 25 师在左，第 26 师在右并肩攻击。首先以迅速勇猛的动作，大胆突破敌一

◎ 我炮兵向碾庄圩守敌猛轰

线防御，攻占徐井涯、新庄、前板桥和后板桥诸要点，控制铁路路基。第二步继续扫清曹庄、李庄等碾庄圩南侧诸要点，尔后视情调整部署，向碾庄圩敌兵团部突击。要求各部队于12日18时前完成攻击准备。”

12日20时。

聂凤智：“攻击开始！”

于是，第9纵队炮火似雨点般向敌军据守的徐井涯、前后板桥倾泻而去。

第25师师长肖镜海、政委谭佑铭指挥第74团和75团攻击敌第44军449团守备的前板桥阵地。

第26师师长张侄秀、政委张少虹指挥第76团和78团攻击敌第44军450团守备的徐井涯阵地。

第9纵队4个团一线摆开，向敌猛攻。

14

11月13日，拂晓。

碾庄车站。

第9纵队攻势锐不可当，已迫近碾庄圩车站。这时，双方枪战更加激烈。

大脑门的敌第44军军长王泽浚见我攻势凌厉，亲自跑到站台上指挥，企图组织部队压制我军攻势，这位川籍杂牌将领蛮横地狂叫：“给我顶住，给我顶住，守住车站就是胜利。”

川军们听见自己的军长在叫喊指挥，胆子似乎壮起来了，拼死抵抗。枪声、炮声像炒豆子一样爆得山响。

我第 25 师当然不是吃素的，肖镜海在电话里分别对王景昆和张文和说："敌第 44 军战斗力最弱，又是杂牌军，你们一定要用铁拳砸烂它。"

果然不久，敌军长王泽浚就被我勇士的手榴弹炸伤左腿。王泽浚狼狈地逃到车站地下室包扎伤口。其副官处长鲁宗周特别吩咐司机提前发动车辆，不要熄火，以便王泽浚在危险时能及时逃跑。

天亮了，我攻击部队离车站越来越近。王泽浚见势不好，急忙乘车冲出车站，向前后黄滩逃去。接着，守车站的敌军部特务营，以及新庄、梁庄的第 162 师残部，纷纷向铁路以北撤逃。

与此同时，第 26 师第 76 团王挺部攻占新庄，第 78 团于春圃部也随之突破新庄前沿。

至此，我第 9 纵队在一夜之间迅速全部攻占铁路线以南的敌军阵地。

11 月 13 日，华东野战军第 4 纵队第 12 师攻占秦家楼北侧一小村庄，歼敌第 25 军百余人。第 8 纵队攻占梁庄。第 9 纵队攻占碾庄车站及后板桥后继续向碾庄前之曹家、小李庄进攻。第 6 纵队攻占了后板桥以西之王庄，歼敌第 44 军第 150 师第 448 团及军属工兵营，华野第 13 纵队攻占了大宋庄，歼敌 100 军一部，残敌逃往贺庄。

按预定计划，各纵应连续突击，速战速决，三五天内解决战斗。由于该地多水沟、水塘，居民房屋分散，利于防守；突击集团各纵均由运动中仓促转为村落攻坚战，准备不足，炮兵未能及时跟上；又由于黄百韬兵团在空军掩护下，负隅顽抗，逐村固守，以致突击集团连攻 3 天，虽攻占 20 余个村庄、歼灭第 44、100 军大部，第 64、25 军各一部，但进展缓慢，部队伤亡较大。

15

14 日晚，邳县土山镇。

粟裕召集山东兵团和第 4、6、8、9、13 纵队及特种兵纵队首长开会。

粟裕：“军委担心我们两日不能解决黄百韬，又担心阻击兵力不足或阻击不得力，邱李能够靠拢黄匪。所以军委建议我们集中力量首先解决黄匪 25、44、100 军，留下黄之兵团部及第 64 军，吸引邱李东进，然后以韦吉、谭王两集团向邱李东西合围，乘势猛攻，歼其一部，构成徐州与邱李间之阻绝阵地。大家就军委的指示电精神发表一下个人的意见吧。”

张震：“我再补充一点，近几天部队伤亡较大，而战果有限，也希望大家就下一步作战具体的战术问题也发表一下自己的看法。”

会议决定围歼黄百韬兵团的作战由山东兵团政治委员谭震林、副司令员王建安统一指挥采取“先打弱敌，后打强敌，攻其首脑，乱其部署”的战法，各纵集中兵力火力，首先歼灭黄兵团战斗力较弱的第 44、100 军，尔后围歼兵团部及战斗力较强的第 25、64 军。

战术上充分发扬解放军近战夜战优长，利用夜间近迫作业接近守军阵地，大胆插入各村落之间，逐点争夺，逐个歼灭。

11 月 15 日，各纵队调整兵力，组织火力，并加紧阵前近迫作业，向敌前沿阵地延伸交通壕、堑壕，准备攻击。

16

11 月 16 日，总攻碾庄的作战打响了。

第 6 纵队负责打前、后黄滩，歼灭第 44 军。

前、后黄滩是几个独立的民居聚落，相互间隔几十米远，敌军的工事比较坚固，44 军军长王泽浚亲自指挥两个残缺的师负隅顽抗。第 6 纵队第 17 师先以一个团进攻前黄滩，特纵调来坦克配合作战。黄昏时开始炮击，摧毁一部分目标后坦克出击。第 17 师没有配合坦克攻击的经验，战士们都等着坦克给他们开路。结果坦克走错了方向，步兵开始攻击时缺乏火力支援，受到敌军的火力封锁，形成对峙。初次进攻没有成功。

17 日黄昏，第 6 纵队再次发起攻击，这次又有两辆坦克助战。

为了摸清敌情，第 17 师师长梁金华登上坦克，开到第 44 军阵地前进行侦察。梁师长带领坦克在前、后黄滩转了一圈，看清了敌军阵地，还打了几炮才回来。

当夜 24 时，第 6 纵队发起总攻。这一次炮火射击十分准确，摧毁了敌军前沿的大多数工事。第 44 军军部所在的地堡也被摧毁，军长王泽浚几乎被活埋。他从废墟中爬出来，向后面村庄逃命。第 6 纵队步兵在炮火准备后发起冲锋，第 53 团占领前、后黄滩之间的一个小聚落，切断两村之间的联系。第 49、52 团向纵深发展，一个小时后占领后黄滩。

到 18 日早晨，第 6 纵队把前黄滩的敌军分割成三块，进行围歼。到 18 日中午，前、后黄滩被第 6 纵队攻占，第 44 军被全歼。

从 16 日晚总攻开始后，炮群先实施火力急袭，主攻集团各纵队利用炮兵火力效果，以每晚攻占一两个村庄、歼敌 1 个团到 1 个师为目标，向各自目标发起猛攻。广大指战员发扬近战、夜战不怕牺牲，猛打猛冲的顽强精神，展开逐点攻击，逐村争夺。战至 18 日，全歼敌第 44、100 军，第 44 军军长王泽浚、第 100 军副军长杨诗云被俘虏，第 44 军 150 师师长赵壁光率残部 2 000 余人投诚。战斗力较强的敌第 25、64 军也被歼过半。

17

11 月 17 日，碾庄。

顾祝同飞临碾庄上空，用电台与黄百韬通话。

顾祝同：“焕然兄，现在邱、李两兵团在陇海路两侧被阻截，无法前进，你们如能突围出去与邱、李会合也好呀。”

黄百韬知道外援无望，就说：“我总对得起总长，牺牲到底就是了。”

顾祝同飞机走后，黄百韬对第 25 军军长陈士章说：“反正是个完，突围做什么！送狼狈样子给邱清泉看吗？不如在此地打下去，最后不过一死。叫黄埔同学看看，也好鼓励他们以后不要再勾心斗角，只图私利。”

18

11 月 19 日，我军已经把黄百韬兵团压缩在碾庄圩一带狭小区域内，黄百韬的兵团部、第 25 军军部和第 40 师在碾庄圩、尤家湖，第 64 军的四个团据守大院上、吴庄等村内。

碾庄圩是个百余户人家的村庄，有两道圩墙和水壕。水壕宽 10 多米，水深 1 米多。两道圩墙之间有近百米的开阔地，敌军修筑了地堡和工事，组成严密的火力网。碾庄圩内有黄百韬的兵团部、警卫营、工兵营、炮兵，第 25 军和第 64 军各一个团近万人。

粟裕决定总攻碾庄，他下令第 8 纵队由东南、第 9 纵队由南面、第 6 纵队由西面、第 4 纵队由北面总攻碾庄，并调 7 辆坦克助战。

19 日 22 时，总攻开始。我军集中上百门重炮，对碾庄进行猛烈轰击。几千发炮弹把碾庄圩内打得浓烟滚滚，房倒屋塌。第 6 纵队承担支援中野作战的新任务，退出战斗休整。总攻的任务就落在第 4、8、9 纵队身上。

19

第 9 纵队负责从南面突破。

前两天第 9 纵队进攻碾庄圩的战斗进展不顺利，敌军死守南门外水壕上的一座小桥。第 9 纵队第 25 师挖的交通沟距离外壕有几十米远，我军从交通沟向外壕进攻中暴露时间过长。敌军在南门正面摆上 20 挺轻重机枪，严密封锁桥头。我军战士成班成排地被打倒在桥上。

聂凤智司令员亲临主攻的“济南第一团”第 73 团了解情况，第 1 营长董万华告诉他：有个战士曾经徒涉趟过水壕，证明水不深，不一定非要从桥上突破。聂凤智弄清了情况，找到突破的方法，指示总攻时要通过近迫作业，把交通沟挖到水壕边上，战斗发起后以突然的动作徒涉

○ 我军战士冒着严寒，涉过碾庄圩 5 丈宽的深壕，向敌人发起总攻

过壕，实施突破。同时指示纵队炮兵一定要压制敌军火力，步兵突击部队要紧接着炮弹的硝烟冲进圩墙。战斗开始后，第 47 团第 2 连战士跳进寒冷刺骨的水壕，徒涉过去，变助攻为主攻，仅用 15 分钟就在西南角突破第一道圩墙，打开了突破口。第 73 团第 1 营在南面进行正面攻击，也涉水过壕，打掉几个地堡，冲进第一道圩墙。突破前沿后，敌军依据两道圩墙之间开阔地上的工事地堡，用火力封锁前进道路，并组织反冲锋，双方拼杀得非常激烈。这时，第 8 纵队的一支突击分队也从第 73 团的突破口加入战斗，向第 73 团右翼展开攻击。第 73 团在兄弟部队支援下经过四个小时战斗，第 73 团 5 连终于冲开第二道圩墙，突入碾庄圩内，与敌军展开巷战。抓住俘虏审问，说黄百韬躲在东北角钟鼓楼下的一个洞中，第 9 纵队报告上级后，继续围歼碾庄圩内的残敌。

第 8 纵队从东南方向攻击。

第 23 师第 67 团担任主攻，首先占领碾庄圩东南的小学校，随后涉水过壕，半小时内从东南角突破第一道圩墙。后续部队三个团迅速跟进，扩大突破口，向纵深发展。在第二道圩墙外的开阔地上敌军依靠阵地顽抗，并于20日凌晨2时发起一次大规模反击。我军进入圩墙内的部队人数占有优势，将敌军击溃。第二道圩墙被突破后，敌军开始慌乱起来，纷纷向北逃跑。黄百韬命令第25军残部由碾庄圩东口突围，但敌军已完全陷入混乱，无法组织部队，第25军军长陈士章化装逃跑，第100军军长周志道混在伤兵当中逃掉，这是黄百韬兵团中漏网的两个军长。黄百韬本人率参谋长魏翱、第25军副军长杨廷宴等1 000多人逃到大院上村第64军军部，他的兵团部被第9纵队占领，万余敌军官兵被我军俘虏。粟裕命令："攻碾庄部队即行由碾庄圩出发，继续向东直捣大、小院上、三里庄之敌。告东兵团由谭、王商决之。"

20

20日白天，我军调整部署，第4纵队主攻尤家湖村，第9纵队攻击大院上，第8纵队攻击小院上。各部队没有休息，实行近迫作业，把战壕挖到敌军工事边上。第4纵队主攻的尤家湖在碾庄圩正北3里处，守敌为第25军第40师残部约4 000人。该村地形较高，四周有2米高的土墙，敌军构筑了三层地堡群，交通沟纵横连贯。但是在我军连日攻击下，敌军士气低落，人无斗志。第4纵则士气旺盛，在攻击开始前共挖交通沟7条，总长4 000多米，迫近至敌阵地30米处，完全形成对村庄的包围。鉴于前一段第4纵队在战斗中伤亡较大，陶勇司令员特意交代要多抓俘虏，补充部队。21日，第4纵队3个师集中火炮29门，在特纵4辆坦克配合下，于16时30分开始攻击。炮兵将山炮推进到敌军阵地前300米处进行抵近射击，30分钟内将敌前沿地堡大多摧毁。然后坦克从西南方向出动，第 11 师第 31 团战士跟在坦克后面冲锋。敌军在坦克面前惊慌失措，我军炸开鹿砦，涉过外壕，突破圩墙进入尤家湖村内。第 12 师第 34 团、第 10 师第 29 团也从东北和西北两处突破。敌军外围工事被突破后，村内工事不坚固，顿时陷入混乱。我军炸开房屋，穿墙攻击，经过短兵相接的搏斗，战斗于 19 时 30 分胜利结束。三个小时的战斗，第 4 纵队歼灭敌第 40 师 4 600 余人。陶勇司令员下令将 4 100 名俘虏立即补充进 4 纵各团。

21

21 日黄昏，第 9 纵队第 26 师第 76、78 团攻击大院上，第 8 纵队和第 9 纵队第 77 团攻击小院上，敌 64 军军长刘镇湘见突围无望，命令部队作困兽之斗。我军集中了所有炮火猛轰这些村子，连昨天在碾庄圩刚缴获的迫击炮都用上了。敌军利用密集相连的工事，以层层火力网封锁我军前进道路。我军在明处，敌军在暗处，夜战中伤亡很大。但是我军战士发扬勇猛作战的作风，有的班打得只剩一人，就主动加入别的班。有的连缩编成一个排，仍然坚持战斗。激战一夜，到 22 日上午 10 时，第 9 纵队攻占大院上。

22

11 月 22 日夜，尤家湖附近的芦苇滩。

随着大院上的被攻占，黄百韬兵团彻底瓦解了，黄百韬带着杨廷宴和几名参谋、卫士逃到了尤家湖附近，但是四处都是枪炮声、喊杀声。黄百韬的精神崩溃了。

“宇顽，你看那边是什么？”黄百韬朝身后一指，对杨廷宴说。

杨廷宴和其他人都转过身去仔细察看。就在此时，一声沉闷的枪声响起……

精神崩溃的黄百韬，就在杨廷宴等人回头的那一瞬间，拔枪自尽了。

淮海战役第一阶段作战以黄百韬兵团被全歼而胜利结束。战役从11月6日到22日，持续17天，我军共歼灭国民党军1个兵团部（第7兵团），1个绥靖区司令部（第3绥靖区），8个军部（第25、44、59、63、64、7、100、107军），15个师及一些地方游杂部队和特种部队等共计178 010人，其中俘敌96 616人，毙伤50 594人，投诚7 800人，起义23 000人，被歼之敌中，少将以上高级军官41人，俘虏28人，击毙3人，投诚4人，起义6人。

但是，这个胜利来之不易，华东野战军在围歼黄百韬兵团和阻击邱清泉、李弥兵团的战斗中共伤亡49 000余人，部队打得极为艰苦。各纵队战后的总结和指挥员的回忆录中，也一致认为淮海战役第一阶段的作战是极为艰苦和空前残酷的。第4纵队的战役总结说：“此一时期，经历时间之长，战斗类型之多，情况之艰苦复杂，战斗之激烈频繁均较前为甚。”而华野各部队都坚决执行上级命令，发扬了英勇顽强、艰苦奋战的作风，贯彻“即打即补”的原则，开展深入的政治思想工作和立功运动，“因而部队经常保持了旺盛的战斗意志及坚强的战斗力，经得起伤亡，经得起连续战斗和残酷战斗的考验”。

之所以选择黄百韬兵团作为首要作战目标，是因为黄百韬兵团处于刘峙集团“一点两线”部署的右翼，比较孤立突出，便于我实施南北夹击将其分割包围之外，更考虑到一旦该兵团被歼，就如同砍掉了刘峙集团的右臂，切断其由连云港海上南撤的退路和海上补给线，又可割裂敌“一点两线”的防御体系，使我山东、苏北解放区连成一片，形成包围徐州，兵临江淮之势，对我军而后或打津浦路之敌，或打海州、两淮之敌，或打徐州援敌，都十分有利。

正是因为如此，在11月23日中央军委致总前委各首长、各兵团首长并告华东局、中原局、豫皖苏分局及华中工委，热烈祝贺淮海战役第一阶段的伟大胜利的电报中指出：

> （一）庆祝你们歼灭黄百韬兵团10个师的伟大胜利。（二）戌（11月）虞（7日）至戌（11月）养（23日）16天中，你们消灭了刘峙系统正规军18个整师（包括争取何、张3个师起义在内），并给邱清泉、李弥、孙元良、刘汝明4个兵团以相当打击，占领徐州以南、以东、以北、以西广大地区，隔断徐蚌联系，使徐敌处于孤立地位，这是一个伟大胜利。在战役发起前，我们已估计到第一阶段可能消灭敌人18个师，但对隔断徐、蚌，使徐敌完全孤立这一点，那时我们尚不敢作估计。这种形势的造成，主观上是因为我华东、中原两大野战军会合并攻占宿县，客观上是敌人只有某种程度的防御能力（对于这一点决不可轻视），很少有攻击能力（对于这一点必须有充分认识）……

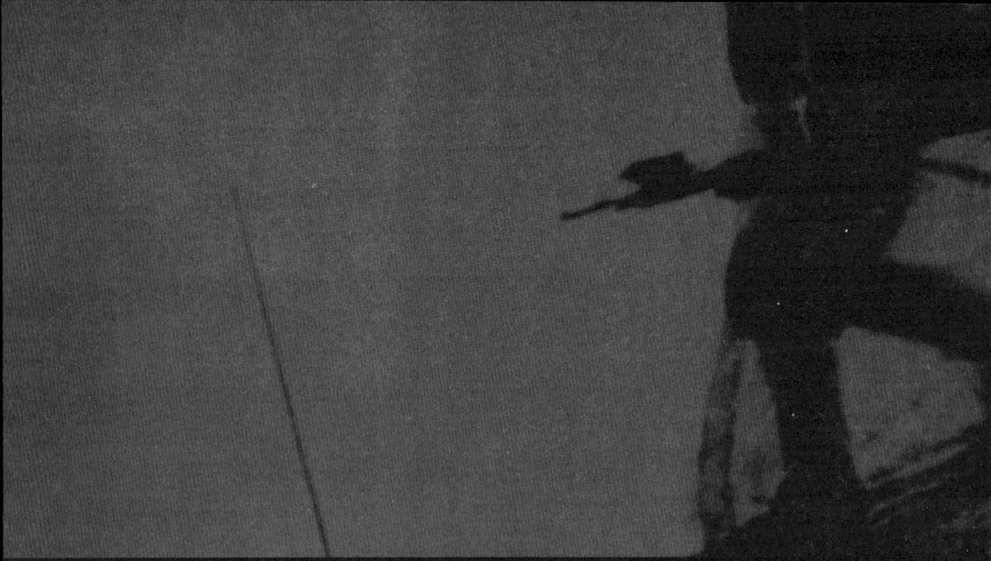

七

| 交战时间 | 1949 年 1 月 14—15 日

| 交战地点 | 天津市

| 交战双方 | 我方：东北野战军第 38、39、44、45、46 军及第 43、49 军各一个师

敌方：第 62、86 军、第 94 军及第 184 师、新编第 333、326 师、保安团共 13 万

| 指挥将领 | 刘亚楼、李天佑、梁必业、邓华、吴富善、詹才芳、李中权；陈长捷

入关第一仗

——攻克天津实录

| 武器装备 | 缴获敌的日式和美式装备与自制装备混编，无空中装备，主要有驳壳枪、步枪、轻重机枪、迫击炮，山炮、野炮、榴弹炮、加农炮等大口径火炮 538 门，坦克 30 辆，装甲车 16 辆；敌方：半美械装备，机械化程度很高，主要装备有手枪、步枪、轻重机枪、各型炮（山炮、野炮等）2 000 余门、汽车千余辆

| 交战结果 | 我方伤亡 2.3 万，歼敌 13 万余

……对于任何敢于反抗的反动派，必须坚决、彻底、干净、全部的消灭之。

——我人民解放军对天津发起总攻的同一天，毛泽东发表《关于时局的声明》

就在华北第2、3兵团相继解放新保安、张家口之时，我东北野战军主力以迅雷不及掩耳之势完成了对平津地区敌人围而不打或隔而不围的战略部署，将傅系和蒋系部队分割于平津两地。

中央军委制订的平津战役第二阶段“先取两头，后取中间”的作战计划中，“两头”的西头指的是新保安，东头则是指塘沽。中央军委的原定计划是在西线攻击新保安前后，东线应“力争先歼塘沽之敌，控制海口”。只要歼灭塘沽之敌，“控制海口于我手中，则全局胜算在望”。

1

……攻击塘沽的迟早，以我军由大沽或塘沽附近是否可以炮击塘沽海港和完全封锁塘沽来作决定。如果不能完全封锁，该地敌人仍有由海上跑掉的危险，则我军应不惜疲劳，争取于尽可能迅速的时间内歼灭塘沽敌人。如果塘沽海港能由炮火完全封锁，敌人无法逃跑，则可从容部署攻击，不必性急，大体上于本月底或下月上旬夺取塘沽即可……军事攻势与政治攻势同时并举，对侯镜如进行劝降……

——12 月 21 日中央军委致电林彪、罗荣桓、刘亚楼的电报

东北野战军左路大军隔断了津塘的联系，并从北、西、南三面形成对塘沽和大沽的包围态势。

林彪、罗荣桓、刘亚楼根据中央军委的指示精神，决心“先取塘沽，后攻天津”。决定由第 7 纵队司令员邓华、政治委员吴富善统一指挥第 2、7、9 纵队共 10 个师担负歼灭塘沽和大沽之敌。攻击时间预定在 27 日以后。

第 2、7、9 纵队便积极的进行了攻击塘沽的各项准备，各纵、师领导人都抓紧时间勘察地形，侦察敌情，拟订了作战方案。

2

此时塘沽守军有津塘守备区司令、第 17 兵团司令官侯镜如指挥的第 87 军及独立第 95 师、第 318 师、交警第 3 旅、保安第 5 团及津塘水上保安队等部，防守塘沽。另有海军第 3 舰队司令马纪壮率主力舰“重庆号”及其他舰船数十艘在渤海湾巡弋，支援陆军守备，并在必要时担负撤退运输任务。

塘沽地形比较复杂，东面濒临渤海，其余 3 面均为盐碱滩，地形开阔，河网密布，由于海潮起落，冬季不结冰。既不便于展开兵力，

又不便于构筑工事，大兵团行动比较困难。且塘沽被围后，第 87 军军长段云及 3 个师长均建议侯镜如下令撤退，侯镜如决定以团为单位分配船只和渡口，预先将笨重物品和重要物资搬上舰船，并将其指挥所设在军舰上，随时准备从海上撤退南下。

3

12 月 19 日，塘沽、大沽前线。

邓华和吴富善一到塘沽便立即开始勘察地形，拟订作战方案。

到了现场他们却发现塘沽东面是茫茫大海，南面和西面直到海边都是草地和盐田，沟渠纵横，冬季不结冰。这样的地形不便徒涉，难以接敌，更不便大兵团运动，而且敌人以盐滩地为防御前沿，层层设防，并有陆上和海上炮火掩护。我进攻部队发起冲击后就立刻进入盐滩开阔地，部队完全暴露在敌人密集火力之下，伤亡必然很大。

为了进一步了解情况，邓华、吴富善一面命令部队继续侦察，一面组织少量部队进行试探性攻击。

试攻结果，虽然占领了少数村镇和一些盐滩地，但部队付出的伤亡很大。各部队战况都不能令人乐观：19 日，第 20 师攻占海滩车站，歼敌 700 余人，自己伤亡 600 余人。21 日，第 21 师配合友邻部队攻占新河镇，歼敌 140 余人，自己伤亡 400 余人。

看着这样的结果，邓华、吴富善心情很沉重：“从全局出发，我们应建议‘前总’不打塘沽，改打天津。”

21 日，第 2 纵队在司令员刘震、政治委员吴法宪带领下由芦台到达塘沽外围集结，一到达塘沽外围，刘震和吴法宪便带领各师指挥员冒着刺骨的寒风，踏着积雪，到预定作战区域勘察地形，选择突破口。

但展现在他们眼前的是无遮无挡的平坦开阔地，纵横交错的沟渠与未结冰的大片盐田，指战员不约而同地皱起眉头：这里既不便构筑交通壕隐蔽接敌，也不便于展开兵力，必然造成我方大量伤亡。他们得出了以下结论：建议不打塘沽，先打天津。

第 9 纵队的任务是攻打大沽。他们也遇到同样的困难。

大沽位于海河入海口南侧，寸草不生的盐滩与茫茫大海连成一片，海水一日两潮，涨潮时水深及胸，落潮后一片泥泞。退潮时战士们修筑的工事，潮水一来前功尽弃，还不时遭到敌人海军舰炮的袭击。24 日，第 9 纵队一部向大沽发起攻击，敌人舰炮以密集炮火从海上拦截我攻击部队，因没有任何工事屏障，部队两次突击均未成功，而且伤亡较大。

所有的战地勘察和试攻都证明，打塘沽并不容易。他们想到的不只是部队可能付出的代价，而是战斗结果对全局的影响。

时间一天天过去了，大部队不断向塘沽外围集结。箭在弦上，不能引而不发。

4

12 月 26 日林彪致电中央军委，建议推迟攻击两沽时间：

> 平津敌突围象征甚多，塘沽大沽目前水的障碍很大，兵力用不上，故拟予推迟，有何指示，盼告。

鉴于此，中央军委向林彪等又发出一系列指示：

1. 应加强包围平津两敌的兵力，严防平津两敌突围逃跑。如东北野战军第4纵队归建后仍兵力不足，则可调华北第3兵团甚至华北第2兵团参加平津作战。可令第3兵团在张家口休整待命，第2兵团或者停止围攻大同计划，准备东进。总之，应考虑平津两敌同时突围，我军同时歼灭两敌的整个部署。

2. 如果平津两敌确有突围征候，即应断然放弃对两沽之攻击计划，将对两沽主力移至平津之间，只以一部隔断津塘、津沽联系，改变目前平分兵力的形势。

3. 迅速控制卢沟桥、静海等处，防敌南逃。在目前情况下，平津敌向西面突围可能性不大。北平敌向天津集中然后会合天津两沽之敌从海上逃跑的可能性是有的，但因我有充分的力量位于平津、两沽之间，故必不会成功。我们认为两沽之敌从海上逃跑平津两处之敌则向南面突围会合于石家庄或德州，然后沿平汉路或津浦路南下可能性较大。由于永定河可能成为部署追击的障碍，而我们的南面又最空虚，敌向此方向突围的危险性就最大。同时因杜聿明尚未歼灭，刘伯承、邓小平、陈毅、粟裕不能部署堵击，此种危险性就更大了。因此，应速以必要兵力控制卢沟桥、静海等处，并迅速在永定河上架设多座桥梁以利追歼逃敌……

最后军委还要求林彪迅即做出防止平、津国民党军突围的整个计划并电告。

5

12月27日，平津前线司令部。

林彪脸上的表情依然那么冷峻，他静坐在桌边在思考着，悄然无声。

罗荣桓、刘亚楼也在无声地工作着。

沉默，持久的沉默。

林彪终于开口了："塘沽、天津两地之敌，我们都要在很短的时间内彻底歼灭，这是含糊不得的，也是不允许含糊的。否则，就要出错。但是，第一枪打向哪里，是塘沽，还是天津？依我看，这里面有文章可作！"

罗荣桓的手里捏着一张纸，那是中央军委发来的关于东北野战军攻打天津的部署电令，是经毛泽东同意签发的。电令到前线司令部后，林彪是第一个受令的，其他几位领导也都看过了。电令在谈到攻打塘沽、天津的步骤时指出："先打塘沽，后取天津。"

这是命令！

三个人都把目光落到了电令上，空气几乎凝固了。

前线传回来的消息和广大指战员的呼声促使他们必须得把实际情况报告军委。

必须要实事求是，来不得半点马虎啊！

三位领导人毅然起草了一份紧急电报，发给了中央军委和毛泽东，他们提出改变原定攻取塘沽的计划，建议："……我军拟以五个纵队的兵力包围天津，进行攻打天津的准备。”

林彪的心一直在悬着，他忧虑，他渴望……

意料之外、也是意料之中的痛快。毛泽东完全同意林彪等人的建议。

军委复电：“放弃攻打两沽计划，集中五个纵队准备夺取天津是完全正确的。”

林彪最先看了电报。他如释重负地长出了口气。罗荣桓、刘亚楼看罢电报后也喜形于色，等着林彪下命令。

林彪：“按照军委的电令办！”

12 月 30 日，平津前线指挥部决定以第 1、2、7、8、9 纵和炮兵一部为主力，由参谋长刘亚楼统一指挥夺取天津。

于是，刘亚楼率领 5 个纵队、22 个师及 2 个炮兵师共 34 万余人浩浩荡荡地向天津挺进了！

第 1 纵队挺进杨柳青！

第 2 纵队挺进王庆坨！

第 7 纵队挺进欢坨！

第 8 纵队挺进汉沟！

第 9 纵队挺进大任庄！

炮兵纵队挺进杨村！

6

天津当时是华北第二大城市和经济中心。地处水陆要冲，西上约 120 公里是北平，东下约 70 公里可经塘沽出海，是南北交通的重要枢纽。明清两朝北平作为都城后，天津就有“京畿门户”之称，战略地位十分重要，亦是国民党军进攻华北、东北解放区的重要基地，但到1948年12月中下旬，天津同北平、塘沽的联系均被解放军切断，成了一座孤城。

天津市区南北长12.5公里，东西宽不足5公里。地势低洼，河流纵横，北运河、子牙河、南运河、金钟河、新开河、墙子河等汇入海河，从西北向东南将市区切割成两大部分和许多小块。市内多高大建筑物，郊区地形开阔，多为低洼地，是一个地形复杂、易守难攻的城市。

经过日本侵略军和国民党军的长期修缮，当时天津城防共筑有各种大小明碉暗堡千余座，仅大型碉堡就有380余座。环绕市区周围挖有一条宽10米、深3至4米、水深1.5至2米，长达40余公里的护城河；护城河外侧有铁丝网、鹿砦和布雷场；内侧筑有一道高3.5米，底宽7米，顶宽1米的护城土墙，墙上有铁丝网、电网，每隔30米还筑有1座碉堡，墙内交通沟连接纵深之地堡群与核心工事。1948年6月，陈长捷就任天津警备司令后，按傅作义指示改建并增强了天津的城防工事，同时征集天津市壮丁，编成警备旅作经常守备，以便灵活调度驻防在津的部队。并根据他对解放军的主攻方向在城防西北角、天津西站方面的判断，在城防西北角又构筑了大量钢筋水泥小碉堡群，进一步巩固了该方向的城防。

7

东北野战军逼近天津前后，陈长捷根据傅作义“加固既设工事，想尽一切办法，坚决将天津守住”的指示，采取各种应急措施，以“应付非常时期”。

国民党守军为扫清射界，日夜清除天津外围防御阵地前 1 000 米以内的树木、房屋等，形成了 10 公里的无遮蔽物地带。陈长捷还下令赶造四万多颗地雷，加上库存的美军抛射地雷环城埋设，形成了宽几十米、长达 40 多公里的环城地雷区，另还设置了各式铁丝网三道、电网一道，外加形形色色的大小据点、碉堡，构成了陈长捷所鼓吹的“大天津堡垒”。

为防止解放军向天津城逼近，陈长捷还命令在三元村附近引南运河水至护城河，并关闭护城河陈塘庄、赵各庄水闸，隔断其入海通道，使护城河水深猛增至 3 米。为防止河水冻结，每天派人穿河砸冰，致使河水横溢，津保公路以南 10 余平方公里地区内一片泽国。

陈长捷跟部下吹嘘道：“大家不要怕！以天津这样坚强的堡垒阵地，这么充足的弹药器材，比起总司令当年仅仅 1 个师守着涿州城，不知优越多少倍，涿州的防守三个月，创造战史上的伟绩，我们现在傅总司令的指挥下，也必定坚持胜利。”

陈长捷根据城内兵力情况，将天津市区划分为西北、东北和西南 3 个防守区及 1 个核心阵地。具体部署是：

新开河以北及以西、南马路以北为西北防守区，防守重点在小西门方向，由第 62 军防守。其第 151 师位于新开河以西、子牙河以北地区；第 67 师位于子牙河以南、海河以西、南马路以北地区；另以 1 个加强团据守北站前的宜兴埠据点。

新开河以南、海河以东为东北防守区，防守重点在民族门方向，由第 86 军并指挥第 305 师防守。其第 26 师位于天津站至东赛马场地区；第 284 师位于民族门至娄家庄地区；第 293 师位于金汤桥、胜利桥以东地区；第 305 师位于唐家口地区；另以 1 个加强团据守东局子营房据点。

海河以西、南马路以南为西南防守区，由第 94 军第 43 师、津南第 1、2 支队防守。第 43 师位于八里台至陈塘庄一带。

海河以南、墙子河以北、海光寺以东为核心阵地，由天津警备司令部宪兵团、特务营及第 94 军留守部队防守。

另以重建、新建的第 184、326、333 师为总预备队，配置在核心阵地及其附近。第 184 师位于中纺六厂、南开大学一带，第 326 师位于海光寺以南；第 333 师位于陈塘庄附近。

炮兵集中使用，由警备司令部统一指挥，支援各防守区作战。

最后陈长捷宣布将他的天津警备司令部设于海光寺附近。

8

1949 年 1 月 7 日，平津前线司令部。

林彪致电中央军委，报告了攻击天津的作战方针。

报告首先对天津地理形势、防御工事和守军兵力部署等情况进行了全面分析：天津市区南北长，东西窄；天津北部防守兵力强，南部工事强，整个的弱点在中部，中部守兵与建筑物均不强。据此，决定将主攻方向置于天津市中部，“主力争取东西两方对进突击，首先歼灭中部的敌人，将敌南北切断，待我军已在敌之中部地区贯通以后，即以主力转向南面，歼灭南面的敌人。如战斗发展容易，则在第二步同时进攻南北阵地内的敌人。”

同日，刘亚楼参谋长发出《天津攻城应注意的几个问题》的指示，要求攻津各部要高度发扬猛烈穿插分割的战术。“先头部队遇到坚固房屋和据点时，暂时不必进攻，只以少数部队看守起来，主力继续向前猛烈穿插。当先头部队停止不进时，后续部队应另找道路从侧面往前穿插。要做到突破前沿后，无数小部队穿墙越顶，像水银一样无孔不入。先将敌人的防御打乱，然后再一个一个地攻占强固据点。”

概括起来说天津作战方针是“东西对进，拦腰斩断，先南后北，先分割后围歼”，形象点说就是“先吃肉后啃骨头”。

9

担任天津作战的部队，计有 5 个纵队、22 个师及特种兵部队 12 个团，共 34 万人，参战的山炮、野炮、榴弹炮、加农炮等大口径火炮 538 门，坦克 30 辆，装甲车 16 辆，由刘亚楼统一指挥。

具体部署是：

第 1 纵队司令员李天佑、政治委员梁必业统一指挥第 1、2 纵队，配属特种兵部队地炮 89 门、高射炮 15 门、坦克 20 辆和 2 个工兵团，加上纵队所属炮兵，共有大口径火炮 273 门，组成西集团，为第一主攻方向，由西向东攻击，从和平门附近南运河西岸地区突破。第 1 步指向金汤桥，求得迅速与东集团会师；第 2 步会同南集团先歼南半城守军，尔后视情况向北半城发展。另以第 1 纵队 1 个师在侯家屯方向担任助攻。

第7纵队司令员邓华、政治委员吴富善统一指挥第7、8纵队，配属火炮67门、高射炮8门、坦克10辆和2个工兵营，加上纵队所属炮兵，共有大口径火炮169门，组成东集团，为第2主攻方向，由东向西攻击，从天津以东之王串场、民族门地区突破。第1步在金汤桥与西集团会师；第2步以第7纵队向南半城发展，第8纵队向北半城进攻。另以第7纵队1个师又1个团于张达庄附近担任助攻。

第9纵队及第12纵队第34师，配属特种兵部队地炮24门、装甲车16辆，加上纵队所属炮兵，共有大口径火炮96门，组成南集团，由第9纵队司令员詹才芳、政治委员李中权统一指挥，为助攻方向，由南向北攻击，从天津以南地区突破，配合东、西两集团，围歼南半城守军。

第8纵队独立第4师主力、第2纵队独立第7师一部及野战军总部警卫团2个营，在城北民生门、丁字沽等处实施佯攻，迷惑牵制守军，以配合主要方向上的作战。

第6纵队第17师为总预备队，准备随时从城西加入第一主攻方向上作战。

第12纵队主力位于军粮城地区，向塘沽方向警戒，并防止天津守军向塘沽突围。

10

1949年1月初，天津外围。

东北野战军参加攻津作战各部队开始向天津集结，1949年1月上旬先后到达指定位置，完成对天津的战役包围。

具体部署为：

第 1 纵队集结于天津以西之杨柳青及其以东、以南地区；

第 2 纵队集结于杨柳青西北之王庆坨、义沽港、韩家墅地区；

第 7 纵队集结于天津以东之李明庄、程林庄、贯儿庄地区；第 8 纵队集结于天津东北之刘快庄、欢坨、范家庄地区；

第 9 纵队附第 12 纵队第 34 师集结于天津以南泊唐口、寺口和大小南河地区；

特种兵部队集结于杨柳青一带；

第 6 纵队第 17 师集结于石各庄地区；

天津前线指挥所位于杨柳青。

同时，第 12 纵队主力进驻军粮城。

11

刘亚楼是个绝对闲不住的人。他有句名言：“人的脑子不像电灯那样有个开关，说开就开说停就停，人脑遇事是要考虑的，无法关住。”打天津的准备工作，他考虑得很细致，无论是军事工作、政治工作还是群众纪律等，他都想得面面俱到。

对据守在外国人房子里的敌人，是否一律进攻的问题，他提出了三条意见：“（一）敌人已加以设防并据以顽抗的街道房屋，不管他是否过去租界，不管这个房屋是中国人的或是外国人的，不管他插有哪个国家的旗子，都一律同样加以进攻。（二）不能因为怕炮弹偶然落到外国人房屋里去，不敢向顽抗的敌人打炮。（三）敌人未加设防和未据以抵抗的，有外国旗子的房屋，则不必进入，但必要时可派人在适当位置实行监视。”

攻津之战是人民解放军各兵种协同攻坚作战规模最大、内容最丰富的一次，工兵又是首次参加攻坚，许多部队缺乏兵种间协同方面的经验。因此，搞好特种兵与步兵的协同动作，是能否充分发挥特种兵的作用、顺利完成任务的关键。

为此刘亚楼亲自写成《关于天津攻坚战的协同计划》，下发给连以上指挥员，对步兵与炮兵、步兵与坦克兵，以及步兵、炮兵、坦克兵之间如何协同作战做了详细的说明。这份《计划》在解放军协同作战史上都占有重要地位。

同时刘亚楼还组织召开了主攻步兵师和特种兵团以上干部参加的协同会议。会议上他强调，参战部队特别是指挥员要充分认识到搞好突破前沿阶段中兵种协同动作的至关重要；特种兵要把为步兵服务作为最高职责。要求参战部队抓紧战前时间，按照协同计划反复组织演练。按照统一部署，各部进行了一周时间的协同演练。坦克兵演练引导和火力掩护步兵进攻；炮兵演练火力摧毁守军前沿障碍和工事，保证步坦顺利突破和向纵深发展；工兵模拟演练对守军火力点、明碉、暗堡等的爆破；步兵和坦克兵、工兵合练了在炮兵火力掩护下突破前沿、纵深战斗的协同动作。

12

此时，我参加天津作战的各部队都在进行紧张的战前准备，部队的士气空前高涨，我广大指战员都纷纷表示：一定不辜负中央军委和毛主席的重托，坚决打好这入关第一仗！并且喊出了“攻下天津城，打好入关第一仗”的口号。

在深入政治思想动员的基础上，攻津部队还进行了城市政策纪律教育。广泛开展“打仗好，团结好，纪律好”的三好战士与三好连队活动，力争“军政双胜”。在执行城市政策方面，“强调原封不动，缴获归公”。

除担任尖刀突击任务部（分）队外，其他攻城部队还利用夜暗，不顾天寒地冻，开展了近迫作业。我英勇的战士迅速挖成了各类蜿蜒纵横的交通壕、单人掩体和营以上指挥所、观察所等。仅西集团和南集团的 3 个纵队就挖交通壕达 3.6 万余米。既利于保存自己，又利于突然发起攻城战斗。

为全力保障攻津作战，东北野战军后勤部（设于唐山）统一调度了东北、华北两区力量，在天津周围储存了 442 个车皮计 4 373 吨弹药；在秦皇岛集中了 700 余万公斤粮食、14 万余公斤食油、百余万公斤鱼和肉；紧急动员 33 个野战医院，按 6—8 万伤员的规模部署抢救和收治工作。

与此同时，中共中央华北局城市工作委员会指示中共天津地下党组织天津工委，积极发动群众，做好配合，迎接城外部队解放天津的工作。天津市广大工人、学生和市民，在中共天津地下党的组织领导下，积极开展护厂、护店、护校斗争，为保护人民生命财产和天津市工商业和文化基础，做出了积极贡献。天津工委还通过地下党员，冒着生命危险，将通过地下关系获取的天津城防工事图等重要情报，通过华北城工部送给了攻津部队，使天津前线指挥所对城防碉堡位置、形状、守备兵力等有了更确切的了解，为制定作战计划提供了依据。

13

在加紧进行攻城准备的同时，我攻城部队从 1 月 3 日起，先后开始了扫清天津外围作战。

西集团第 1 纵队先向张八坟碉堡群、西营门西南碉堡群发起进攻，夺取这两处之后又占领王顶堤、大堤等据点，第 2 纵队一口气攻占了安徽义地、鲁西义地、三元村、丁字沽、霍家嘴等据点，至此天津西部外围基本肃清。

东集团也发起了外围作战，其中第 7 纵队攻击东局子战斗进行得尤为激烈；东局子离天津城垣约 2 公里。这是遮蔽津东主阵地的一个外围核心据点，陈长捷命令第 86 军派 1 个加强团依托坚固的防御工事

◎ 在天津外围战斗中，某部炸开敌人外壕工事，乘烟雾向敌冲击

死守。

1月7日，第7纵队以第19、21师各1个团从南北两面夹击东局子。守军拼死反抗，该军主阵地的炮火也予以猛烈支援。我突击队员在我炮火准备还没结束时就发起冲击，结果遭敌复活火力点射击，首次攻击未果。于是我攻击部队迅速调整部署，再次实施攻击，终于攻克东局子，歼守军1 100余人，给敌人以极大的震撼。

陈长捷后来说："第86军举其精粹力量用在东局子支点上，只经解放军一日夜的猛攻强袭，即被突陷，炮火的日夜支援，也没起作用，一个大团干净灭亡，只逃出一个营长，还被震成了一个不能说话的哑巴。这使得原来软弱的第86军全部丧胆了。"

第7纵队攻占东局子后又先后攻占曾家窑、义顺窑、东局子、广东义地、浙江公墓、姜家窑等据点，逐步逼近了天津城垣。

第8纵队主要任务是攻占范家堡、刘家场坊、四合窑等据点。范家堡位于8纵突破正面民权门东北，有敌500余人防守，是该地区的一个核心据点。我第8纵队第24师第72团以大无畏的革命气概仅用三个小时就予以夺取，第22师第66团第3连在夺取刘家场坊时曾一度占领敌阵地，但因地形不利遭敌侧射火力射击而主动撤出战斗，8纵决定总攻开始后再夺取该点。

南集团第9纵队和第34师分别以1个连夺取了造纸厂、大河庄、灰堆及赵家坝、李七庄、纪家庄等据点。其中在夺取津南主要据点灰堆的战斗中，第9纵队集中第26、27师共4个团对灰堆发起攻击，经6个多小时的激烈战斗，攻克灰堆，全歼津南第1、2支队等部3 500余人，活捉第1支队少将司令白英杰。

至1月12日，天津外围作战结束，共歼国民党军近5 000人，基本上扫清了天津外围防御地带的大小据点，缩紧了对天津城垣的包围，整个天津城防完全暴露在人民解放军的火力之下。

14

尽管人民解放军以绝对优势陈兵天津城下，有绝对把握攻下天津，但为了尽量保护天津工商业和文化，减轻人民生命财产的损失，中共中央、中央军委仍力争和平解决天津问题。

1 月 6 日，以平津前线司令员林彪、政治委员罗荣桓名义致函陈长捷等人：我们即将进行天津战役。郑洞国是榜样，将军如仿效将为人民立大功，如抵抗只能使自己遭受杀身之祸。规劝陈长捷在解放军总攻之前，派代表出城谈判。

1 月 8 日、10 日、11 日，经陈长捷同意，国民党天津参议会 4 名代表 3 次出城，与刘亚楼会谈和平解决天津问题。转告了陈长捷提出的只放下重武器，要携带轻武器撤至塘沽，然后由海上南撤的无理要求。刘亚楼当即予以驳回，并根据中央军委指示，明确提出了 4 条意见：第一，人民解放军甚望和平解决，以免天津遭受破坏。第二，天津守军应自动放下武器，并保证不破坏公私财产、武器弹药及公文案卷。第三，人民解放军保障一切自动放下武器的官兵个人及家属生命财产安全。第四，如果守军不愿自动放下武器，坚持顽抗到底，则人民解放军将采取攻击行动。城破之日，守军方面主要反动首领不能按照在小城市及乡村中作战时被俘军官一样待遇，而将加重处罚。并限陈长捷在 12 日前答复。

这时，平津前线司令部与傅作义的代表进行和平解决平津的谈判已进入最后的关键时刻。但傅作义仍未下定最后决心，他还把天津作为一个重要的筹码。陈长捷此时也是唯傅作义马首是瞻，拖拖延延，看他的总司令的眼色行事。

15

1月12日，中央军委致电林彪、聂荣臻："天津既可单独谈判，既可单独处理。天津之敌如能接受你们所提限时缴械之条件，你们即可不经攻击而占领天津，如该敌不能接受你们所提条件，则你们应于适当时间内攻占天津。"

平津前线司令部于是通知傅作义的谈判代表，要傅作义命令天津国民党军须于13日12时前开出城外，听候处理，否则，人民解放军14日即开始攻城。

陈长捷当即召集警备副司令秋宗鼎、天津市长杜建时、第62军军长林伟俦、第86军军长刘云翰商讨对策，结果均表示"放下武器有为难处"。请示傅作义得到的答复是："坚定守住，就有办法"。

陈长捷于是决心"在军事上为傅负责到底"，拒绝放下武器。最后由陈长捷口授，秋宗鼎执笔给林彪写了一封回信："……可以商谈和平，请解放军代表进城商谈，武器是军人的第二生命，放下武器是军人的耻辱"。这实际上就等于拒绝了我军的最后通牒。

1月13日12时，林彪立即致电刘亚楼："（一）天津之敌毫无投降的诚意，仅在拖延时间。（二）各部应按计划于明日开始攻击，坚决歼灭该敌。”

平津前线司令部正式下达了 1 月 14 日总攻天津的命令。

13 日夜晚，在夜幕的掩护下，我炮兵、步兵等各兵种部队都完成了最后的攻击准备，就等总攻开始了!

16

1 月 14 日凌晨，天津城内。

整个城防阵地上一片宁静，总攻前夕的气氛使人烦躁不安。陈长捷还在给他的部下打气：“我们要把天津变成第二个斯大林格勒，与天津共存亡!”他同时发布一个命令：“如果我战死，司令职务由副司令林伟俦继承”，并规定“各级主官预先也要指定战死后的继承人”。

为了稳定军心，陈长捷还命令：全班士兵未奉命擅自退却者，准由班长将该士兵就地枪决；班长未奉命令擅自退却者，准由排长将班长就地枪决；排长未奉命令擅自退却者，准由连长将排长就地枪决；连长未奉命令擅自退却者，准由营长将连长就地枪决；营长未奉命令擅自退却者，准由团长将营长就地枪决；团长未奉命令擅自退却者，准由师长将团长就地枪决。

17

天慢慢地变亮了，出乎预料的是天津上空大雾弥漫，白茫茫一片。

敌人阵地上的工事和重要目标被大雾笼罩着，模糊不清。原定的总攻时间，不得不暂时改变，但随着时间推移，雾慢慢散去了。

9 时 30 分，我五门迫击炮齐射的信号弹腾空而起，打破了宁静的气氛，总攻开始了！

东北野战军的五百多门大炮一齐怒吼，在一小时的炮火准备内，数千发炮弹呼啸着划空飞过，倾泻在敌人的明碉暗堡上。预定的突破口上烟尘滚滚，敌人的工事飞上半空，并在城墙上炸开数道豁口。敌人炮火被我军炮火压制住，发挥不出威力。

这时两架敌机前来助战，但它们刚刚出现在天津东南方向我阵地上空，就被我配置在津保公路两旁的高炮团 1 营猛烈的炮火击中，先后坠落下来。

◎ 某部通过冰冷的天津护城河向城内进攻

紧接着，我军各路突击部队，在硝烟弥漫的田野上，以排山倒海之势，向突破口发起冲击。工兵部队在炮火、坦克掩护下，迅速排除了护城河外各种残留障碍物。护城河，这个曾经为它日夜操心的一道前进的障碍，竟因我军跟敌人展开放水斗争，使它出现了奇迹：敌人放一次水，我们堵一次水，结果，流进一层水结一层冰，河面上的冰越结越厚。人可以从冰上通过。至于原来大家想出的苇子桥、木船桥以及坦克沉在河中心等渡河方法，现在都通通用不着了。护城河的冰面虽然被炮弹炸开大大小小的窟窿，却冻得很结实，战士们绕过或跳过去。虽然有的战士失脚落在冰窟窿里，但是仍不顾浑身湿淋冰冻，迅速爬起来又继续飞奔向前。

炮火延伸射击开始，争夺突破口的恶战展开了！城西两个纵队、城东两个纵队、城南一个纵队三面出击，以排山倒海之势冲了上去！

18

城西第 1 主攻方向。

第 2 纵队第 6 师、第 1 纵队第 1、2 师在南运河以南，第 2 纵队第 4 师在南运河以北，并肩突击。

11 时 30 分左右，各主攻师突击部队相继突破城防，一部分坦克及二梯队和随伴炮兵相继投入战斗，各突击部队在击退守军多次反扑后，勇猛向纵深推进。16 时左右，攻津总预备队第 6 纵队第 17 师从第 1 纵队右翼投入战斗。随即，第 1 纵队和第 17 师向金汤桥、海光寺、中原公司突击。与此同时，第 2 纵队突破城垣后，沿忠庙大街、金华桥向金汤桥突击。

为了加速向前发展，我各级指挥员都积极靠前指挥，第1纵队副司令员兼参谋长曹里怀和第2师师长贺东生甚至乘装甲车冲到了战斗一线，极大地鼓舞了我军的士气。

15日凌晨，第2纵队第5师、第1纵队第2师先头部队抢先一步夺占金汤桥，完成了第1步战役分割的任务。随后，第1纵队、第2纵队主力、第6纵队第17师分路向核心区和城南发展进攻，会同东集团第7纵队和南集团第9纵队、第12纵队第34师合击南半城守军。第2纵队一部向北半城进攻，会同东集团第8纵队合击北半城守军。

随后，西集团主力在南集团和东集团一部协同下，相继攻克海光寺、耀华中学等核心据点。15日5时许，第一纵队第1师第2团副团长刘海清带领前卫营打到了敌防守司令部的西北角，这个连的副排长邢春福带领战士很快打进了敌司令部所在地——忠烈祠，活捉了一群军官，在这其中，有一个又黑又胖中等身材的人特别引人注目——原来他就是国民党天津城防司令陈长捷，在我英勇的战士面前，他以“投降”二字结束了他对这场战役的指挥。

第1纵队第3师在东集团第7纵队第19师配合下，攻占第86军军部所在地小白楼，生俘86军军长刘云翰和62军军长林伟俦，原来前一晚陈长捷召集他们在警备司令部开会，由于我军进展神速，切断了天津城的南北联系，开完会后林伟俦就过不了海河到他的62军去了，所以在这里成了俘虏。15时许西集团战斗基本结束。

19

城东第 2 主攻方向。

东集团的攻击重点为突破民权门以及包括民族门、中正门在内的地段。民权门是天津东北面的重要门户，由敌第 26 师四个营防守，另有四个营位于两侧作机动支援部队。敌人在民权门前构筑了各种坚固工事、碉堡、副防御，纵深配备达 40 米左右，并密布地雷。

冲击开始后，第 7 纵队第 21、19 师，第 8 纵队第 22、24 师在民族门南北千余米地段上以迅猛的动作一齐突击，至 12 时许，第 21、19、24 师先后突破城防。第 22 师两次突击未成功，改从第 24 师突破口突入城内。

突入城内的部队在连续击退敌人的反击后，第 7 纵队经东车站向金汤桥突击；第 8 纵队以一部向金汤桥突击，另一部向城北进攻。各部队以迂回、包围的动作，顺大街小巷向纵深发展。所有的街头巷口，都被敌人用麻袋垒起了工事，较大建筑物的门窗，也大多被改造成射孔。敌人抵抗比较顽强，还不断组织反冲击。我军发扬小部队孤胆作战和英勇顽强的战斗作风，大胆灵活地运用分割穿插战术，先头部队遇到坚固的据点，只用小部队监视起来，主力绕过去继续前进，分段穿墙越户，直插猛进，快速发展。

至 15 日 5 时许，从东城突入的第 8 纵队第 2 师部队在 10 华里宽的天津市区穿行了 8 华里，从东鼓楼大街涌了出来，杀到了金汤桥边。第 7 连的爆破手们前赴后继，终于爆破桥头碉堡成功，首先登上金汤桥头，与西集团胜利会师，将敌人的防御体系拦腰斩断，全线敌人发生了动摇。随即，第 8 纵队全部向城北进攻；第 7 纵队向城南进攻。第 7 纵队第 19 师第 55 团第 1、2 连，发扬尖刀突击精神，连续炸毁了 7 个地堡，打退守军 8 次反扑，并迫使守军 1 个师部投降。

8 时许，第 7 纵队进至回力场附近，与西集团会合，并配合第 1 纵队歼灭第 86 军军部。向城北进攻的第 8 纵队，在第 2 纵队一部协同下，彻底包围了城北守军主力第 151 师，敌师长见大势已去，竟厚颜无耻地打出白旗要求谈判有关起义的事宜，我 4 师师长王良太当即义正词严地告诉敌人："什么谈判起义！必须立即投降，不投降就彻底消灭你们！"迫使敌人乖乖放下武器，全部当了俘虏。到 14 时许城东战

◎ 1 月 15 日晨，担任主攻天津的各部队在海河金汤桥上胜利会师

斗基本结束。

20

城南助攻方向。

第 12 纵队第 34 师、第 9 纵队第 26 师于 11 时 40 分，在前、后尖山以南 1 400 米地段并肩突击，配合两个主攻方向的行动。

但是由于部队队形密集，伤亡较大，第一次突击未果。这时指挥员及时调整部署，于 13 时 30 分再次突击终于取得成功。不甘失败的守军依托前、后尖山支撑点连续实施反击，争夺与反争夺突破口战斗一直持续到 15 日凌晨。到 15 日 3 时许，纵、师第 2 梯队投入战斗，彻底打垮了该部敌人的防御体系，并迅速向纵深发展进攻。12 时许，与第 1 纵队在耀华中学胜利会师，并协同西集团歼灭第 43 师师部。14 时许结束战斗。

21

1 月 15 日下午 3 时。

在天津警备司令部附近的广播电台，仍在不断广播着国民党军队“胜利”的消息。我英勇的解放军战士冲了进去，用枪指着播音员大喊了一声：

“小姐、先生们，你们可以休息了！”

随着这一声令下，旧天津已是一去不复返了！

天津一役，我只用了29个小时就解决战斗，全歼守敌2个军、10个师，共13万人，其中生俘将级军官28名，缴获各种炮1 648门，轻、重机枪3 553挺，其他各种枪械5.4万余枝，汽车800余辆。彻底粉碎了敌人“大天津堡垒化”、“固若金汤”的神话。但我攻津部队亦伤亡2.3万余人，其中团级干部牺牲12人。

陈长捷被俘后垂头丧气地说，对平津战役他有四个没想到：一没有想到，东北人民解放军进关那么快；二没有想到，毛泽东挥师张家口出奇制胜，使傅作义部被动；三没有想到，天津工事那样坚固，却被解放军一夜间大部突破；四没有想到，解放军攻城的第二天，他自己就当了俘虏。

天津的解放，给傅作义和据守北平的国民党军以严重警告：顽抗到底就是自取灭亡，任何坚固的城市都不能阻挡人民解放军的进攻。同时天津的解放也加速了和平解决北平问题的进程。

在天津作战中，攻津部队遵照中央军委尽量减少对城市的破坏的指示，战前制定和演练了城市攻坚战的战术。战斗过程中，除中纺七厂毁于炮火外，其余的工厂、学校、主要建筑物及原租界区均未遭大的破坏。在执行城市政策纪律方面，攻津各部均做到了“缴获归公，原封不动”“秋毫无犯”。赢得了天津市民和外国侨民的普遍赞扬。1月21日，中央军委致电林彪、罗荣桓、刘亚楼、谭政并转所属：“所有攻击天津各部队，凡战斗英勇、纪律良好者，应予通令嘉奖，并向我军致庆贺。”并立即将攻津部队认真执行城市政策纪律的情况向各中央局、各中央分局、各前委及各军区作了通报。

八

| 交战时间 | 1948 年 10 月 5 日—1949 年 4 月 24 日

| 交战地点 | 山西省太原地区

| 交战双方 | 我方：华北军区第 18、19、20 兵团，晋中军区独立第 4、5、6 旅，西北军区第 7 军和华北炮 1 旅、第四野战军炮 1 师，共 32 万余人

敌方：国民党第 19、33、34、61 军，第 30 军第 27 师，6 个军，17 个师，共 10 万人

| 指挥将领 | 徐向前、罗瑞卿、周士第、陈漫远、胡耀邦、杨得志、杨成武、王新亭、李天焕等；阎锡山、温怀光、赵恭、高倬之、韩步洲、王靖国、刘效曾等

| 武器装备 | 我方：缴获敌的日式、美式装备与自制装备混编，无空中装备，主要有手枪、步枪、机关枪、火炮（迫击

三晋大地凯歌奏
——太原战役

炮、山野炮）1 300门；敌方：国民党自产装备与美式、日式军械混编，主要装备有手枪、步枪、轻重机枪、火焰喷射器、火箭弹、枪榴弹，各型炮（60和82式迫击炮、太原兵工厂自制75 mm山炮、88毫米野炮、105毫米重山炮）7 000余门，坦克几十辆，此外还有飞机支援

| 交战结果 | 解放军伤亡3.2万余人；歼灭1个绥靖公署、2个兵团部、6个军部、17个师及地方武装共13.5万余人，其中毙伤3.3万余人，生俘9.7万余人，投降5 300余人。缴获各种炮6 283门，各种机枪6 943挺，长短枪3.778 4万枝，各种子弹236.5万发，各种炮弹5.438 6万发，手榴弹20.5万枚，坦克9辆（以上数不包括军需仓库库存），骡马千匹

……此次我太原前线人民解放军奉命攻城，迅速解决，阎匪虽逃，群凶就缚。大同敌军，亦即投诚。从此山西全境肃清，华北臻于巩固。……

——1949年5月1日中共中央发给太原军民的贺电

太原。人口40余万，位于晋中盆地的北部，东倚罕山，西临汾河，南依平川，北靠丘陵，地势险要，易守难攻。作为全国著名的重工业城市，太原有钢铁厂、兵工厂等80余座，能制造山炮和多种常规武器。

早在抗战胜利后，阎锡山从晋西回到太原，就命令他的太原地区守备司令杨玉振召开军事会议，研究太原的防御方案。会议制定了“百里圈”计划，即在太原城东起罕山，西至石千峰，北起黄寨、周家山，南至武宿、小店这方圆百里的范围内，构筑5 000—6 000个防御碉堡。这些碉堡不仅数量多，而且式样也多，无一不是精心设计而成。依地形险要，有主碉、副碉的布置；依武器火力，有炮碉、机枪碉的配备；依兵力布置，有半班碉、排碉和连碉之分；依形状，有高碉、低碉、人字碉、十字碉、方碉、圆碉、伏地碉、半径碉。大多数碉堡内存有粮、水和休息的设施，既能独立作战，又能相互支援，城周还修有环城铁路，装甲列车日夜环驰，不愧为当时全国独一无二的具有坚固而又完整的防御体系的设防城市。

一位美国记者到太原看了这些碉堡后，吃惊地说：“任何人到了太

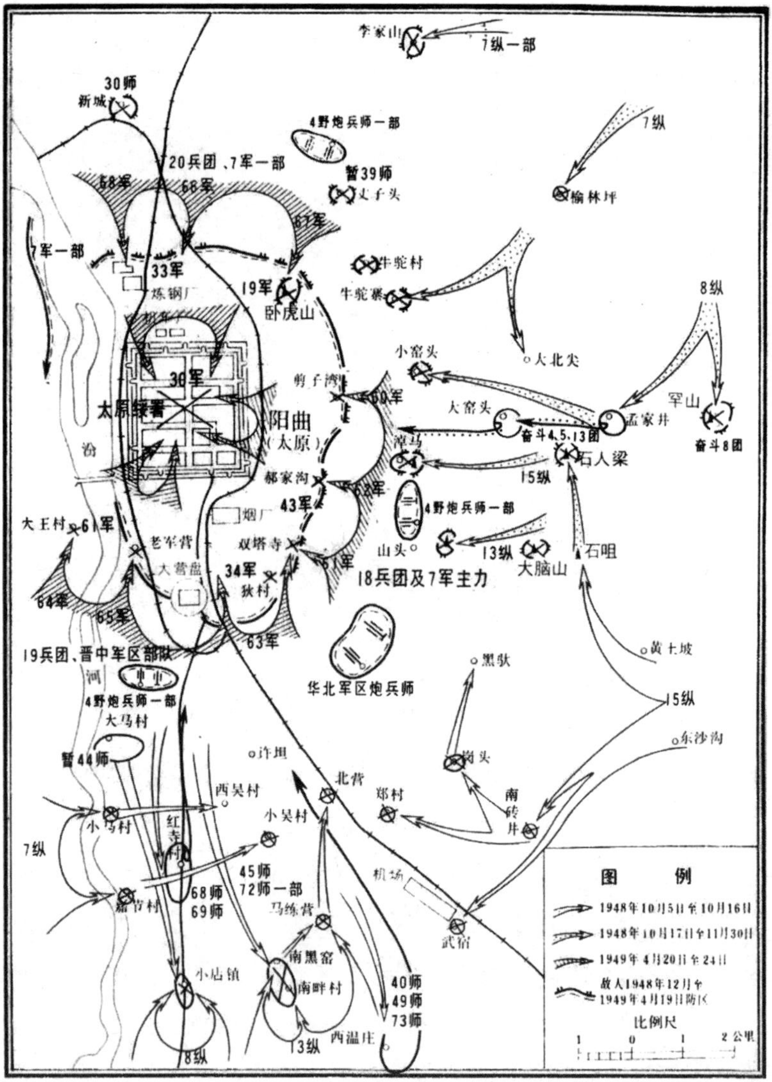

◎ 太原战役经过要图（1948 年 10 月 5 日—1949 年 4 月 24 日）

原，都会为数不清的碉堡而吃惊：高的、低的、方的、三角形的，甚至藏在地下的，构成了不可思议的严密火力网。”

1948 年 7 月晋中战役后，阎锡山残部被压缩于太原孤城。阎锡山一面整饬战力，一面加修防御工事，企图凭坚恃险，负隅顽抗。

阎锡山集中了 11 个师、21 个保安团，在太原城外组成了东、西、南、北四个防守区：

东防区，以第 19 军军长温怀光兼总指挥；

西防区，以第 61 军军长赵恭兼总指挥；

南防区，以第 43 军军长高倬之兼总指挥；

北防区，以第 33 军军长韩步洲兼总指挥。

城东南的双塔寺专设要塞司令，由第 43 军军长刘效曾兼任司令。城内以特务团、宪兵团、装甲团，设中心防区；另留有 7 个师作为预备队，并任命第 10 兵团司令王靖国为太原守备司令，指挥全局。

1

（一）我收复榆次、太原县城及控制南机场后，太原市外围的作业已基本结束。我主力现已接近太原郊外筑垒地带，今后则将进入攻取太原外围据点的阵地攻击战。总之，晋中保卫麦收战役已经结束，进攻太原战役的准备阶段已开始。

（二）阎匪太原外围据点工事，南起王村、亲贤村、狄村、椿树园，北至韩寨、西庄、新城、风阁梁、后沟，东起孟家井，西至石千峰、白家庄、西铭，长宽各二十公里左右。据点棋布，堡垒林立，且多系洋灰作成，一般颇为坚固。

（三）阎匪主力除此次歼灭的约五万五千余人外，其余兵力计四十九师、四十五师、六十九师全部，六十八师、四十师、八总队残部及三十八师一部或全部（正空运中），阎匪直属部队以及十二个保安团，至少在六万人以上。此外，由外县带到太原民卫军约万余人，住太原市组织者不详。另有西安空运太原之三十师一部及由忻县南下之三十九师尚不在内。另阎匪兵农合一执行后，每师都有一个新兵团，故补充及时，各师兵力数量充实。

（四）现我各纵最大问题为兵员不充实。八纵六十五、六十六、六十八、七十、七十二等团战士只八百人左右，每团步枪兵只百余人；十五纵一二九团三个连，每连只六个步枪兵。全兵团一千人以上的团只有两个。干部伤亡甚大，八纵二十三旅六十七团，全团连级军政干部只剩三人，营级干部只剩一人；六十八团团干部全部负伤；六十九团连干部只剩四人；必须补充休整后方能继续战斗。

（五）根据上述情况，在攻取太原作战以前，必须经过一个适当休整阶段，完成下述工作：补充兵员（争取俘虏，我方伤员归队），整顿组织，调整装备，后方准备，弹药准备，及攻城战术技术训练等工作。同时抽派一部继续完成控制机场，攻取东山、西山某些据点及工矿任务。

（六）攻取太原之作战原则拟定如下：切实完成对太原市之包围围困，控制南北机场及若干外围工矿，断绝其外援及粮弹、燃料补给，逐步攻取必要的外围据点，消灭其有生力量，瓦解动摇敌人，以造成攻城的有利条件，开辟攻城道路，完成攻城准备，然后一举攻取之。

——徐向前1948年7月21日发给中央军委、华北局和华北军区的电报

中央军委同意了这一作战方针和计划，并命令第1兵团成立以徐向前为书记、周士第为副书记的前敌委员会，统一指挥该兵团第8纵队（辖第22、第23、第24旅）、第13纵队（辖第37、第38、第39旅）、第15纵队（辖第43、第44、第45旅），以及华北军区炮兵第1旅、西北野战军第7纵队（辖独立第10、第12旅，并指挥西北野战军第1纵队独立第7旅、第3纵队独立第3旅和陕甘宁晋绥联防军区警备第2旅）。

9月28日，周士第和第1兵团前委向中央军委报告了攻打太原的作战方案：

……

（一）以围困瓦解攻击逐步削弱敌人，然后一举攻下太原，争取三个月内结束战役。

（二）进攻步骤分三步。第一步突破敌第一防线阵地，以火力控制南北机场，断敌外援，便于瓦解工作；第二步攻占东南、东北攻城必需的据点；第三步攻城。

（三）攻击方向选定于东南、东北两处，以东南为主要方向。以两个纵队用于东南，一个纵队用于东北。

（四）对于攻城妨碍不大之据点，尽量不打。战术上力求连续攻击。

……

正在石家庄住院养病的徐向前在看了毛泽东批转的第 1 兵团攻打太原的作战方案后，回复说：

“……首先争取一直连续的打下去，在最快时间内全歼敌人是上策，先打再围带打而下之即消耗较大是中策，下策即必须增加力量再攻下之，即影响别线作战，只是最后之一途。……”并同意兵团前委的决定，于 10 月 18 日发起太原战役。

就在解放军积极进行战役准备的时候，阎锡山从 1948 年 10 月 1 日起，分三路沿汾河以东、同蒲路以西，向南出犯，企图乘秋收之际，到太原城南平原地带产粮区抢粮，以缓和城内的粮荒，同时达到破坏我军的战役准备、拖延攻城时间的目的。

徐向前考虑到敌人脱离其坚固工事，正有利于我军野战歼敌，即复电提前于 10 月 5 日对出犯之敌发起攻击。

太原战役提前 13 天爆发了。

2

从 10 月 5 日对太原外围守敌发起进攻以来，我军在实战中发现，敌在城东南马庄、双塔寺一线的工事很坚固。原先前委认为东南地形较开阔，兵力易于展开，供应补给也比较方便，因此确定为主攻方向，现在证明不利，需要重新选定主攻方向。

根据中央军委连续作战的指示，徐向前于 10 日返回太原前线，随即召开兵团前委会议，讨论部署下一步作战。

其间，徐向前接见了几天前从敌占区东山柳沟村冒着生命危险送情报来的一位地下党支部书记赵炳玉。赵炳玉不仅了解敌军的许多内情，还提供了东山防线中间有一条秘密小路，沿这条小路可以隐蔽地插到距城仅约 5 公里、敌东北防线后方的牛驼寨。这个地方，正是徐向前的作战预案中，亟须找到的最理想的突破口。

太原前线总指挥部。

兵团前委会议进行中。

徐向前指着挂在墙上的作战地图，说道：

从太原的自然地理形势和敌人的防御重点来看，要进攻城区，首先必须攻破城东的群山防线，坚决占领并控制牛驼寨、小窑头、淖马、山头这“四大要塞”，也就是阎锡山的所谓“第二道坚固防线”。我主张由南北两个方向，直接插入东山“四大要塞”，把太原与东山主峰从中间一下切断。攻下“四大要塞”一线阵地，就等于割断了敌太原城防的咽喉，整个东山就会被我控制，既可以奠定攻取太原的基础，又可以打通后方人民支援我军作战的道路，“土皇帝”就变成“瓮中鳖”了。

顿了一下，徐向前喝了一口水，继续说道：

东山看起来险，只要打得妙，一定能打下。柳沟村地下党同志给我们提供的一条路线，是敌人东山守备区与北区的分界线，两区都不大管。我们从这里插进去，一定能攻上东山，占领牛驼寨。目前，我们刚刚在城南、城北发起进攻，敌人正集中兵力在这两处顽抗。我们要乘敌不备，采取突然袭击，坚决夺取牛驼寨，进而一举拿下“四大要塞”。

然后，前委的各位委员，又围绕徐向前的提议进行了热烈的讨论。

会议很快取得一致意见，并作出决定：趁敌注意力已被吸引到南北方向，东山薄弱空虚之际，占领东山各要点，确实控制城北机场。

第 1 兵团攻取东山作战部署：

第 7 纵队全部并晋中军区第 1 军分区 1 个团及 1 个支队，由太原东北榆林坪一线楔入东山纵深，袭取牛驼寨，以炮火控制新城机场，以另一部袭占大北尖，与南面第 15 纵队连接，切断罕山、孟家井守军退路并歼灭之；

第 15 纵队由石咀子向淖马攻击，并以一部向大窑头方向攻击，与第 7 纵队一起切断罕山、孟家井阎军退路；

第 13 纵队并晋中军区第 2、第 3 军分区部队夺取南坪头、马庄后向双塔寺攻击，得手后向城东南角攻击；

晋中军区部队除以一部在汾河西积极活动外，主力位于太原以南，对各据点作牵制性攻击。

10 月 15 日，进攻东山战斗开始。

3

牛驼寨。

牛驼寨，位于太原东山山麓，是太原城东北面的第一要塞，又是东山要塞的核心阵地。阎锡山称它为“塞中之塞”、“堡中之堡”。它高出太原城垣 300 米，距离城垣仅 1.5 公里多路。东顾，可经由孟家井，直到东山最高峰——罕山，南向，可达“生命要塞”双塔寺。它与淖马、小窑头、山头几个点，紧紧相连，构成了屏障城东数十里长的外围防线，对太原城东、城北均有重要的战略支撑作用。

因此，阎锡山在这里花的本钱最多。从牛驼寨对面的山梁上望去，寨上碉堡林立，密密层层。最前边是三四丈高的峭壁，直上直下。峭壁往上，有十数层台阶式的劈坡，上面都架有五六尺宽的铁丝网。铁丝网下及其附近，全都埋上了地雷。再往里，就是各式各样的碉堡了。

兵团作战会议结束之后，第 7 纵队司令员彭绍辉和政委孙志远马上率领部队，连夜隐蔽神速地向东山挺进。

部队来到上下阳寨，背包还没有放下，彭绍辉司令员就带着几个旅长前往勘察地形了。

“司令员同志，我军能否攻下牛驼寨，关系着攻克太原的胜败。我请求今夜亲自去查看一下地形。”第 7 旅旅长傅传请示道。

彭司令员说：“地形道路，一定要摸清楚。这用不着你去，派个侦察科长去就行了嘛。”

后经傅旅长再三要求，彭司令员只好同意了，他说：“要打胜仗，摸清地形非常重要。也好，你去吧。但路上要小心，特别要注意隐蔽。”

经第 7 纵队党委研究，根据第 7 旅傅传旅长 10 月 16 日的地形侦察结果，初步确定了作战方案：用两面牵制、中间突破的战术，一举攻克牛驼寨。

具体的部署是：由傅传旅长所在的第 7 旅担任主攻，另两个旅助攻，第 3 旅攻击石柱沟，第 12 旅攻占榆林坪，以保障主攻方向两翼和侧后的安全。

攻击牛驼寨的战斗打响了。

17 日深夜，西北野战军第 7 纵主力在柳沟村地下党支部书记赵炳玉带领下，从秘密小道直插牛驼寨，歼灭敌第 276 师一个团，攻占牛驼寨 8 个阵地，另一部同时攻占了大、小北尖等据点，并以炮火再次控制了城北新城机场。第 15 纵队 17 日攻占南坪头、千家坟及石咀子全部阵地，18 日攻克石儿梁、道巴沟等地，与第 7 纵队南插之部队会合，切断了东山与太原的联系。

为夺回牛驼寨，阎锡山从 18 日开始组织反扑，但连续十余次进攻均被击退。21 日，敌第 30 军及独立第 10 总队又以三个精锐团，在各要塞阵地百门以上山野榴炮交叉猛射与飞机支援下，再次向牛驼寨反扑。这一天，阵地落下上万发炮弹，工事尽毁，交通壕被填平。我第 7 纵队第 7 旅第 19 团终因伤亡过大，弃守牛驼寨，转至以东阵地。

东山战斗打响后，阎锡山要全力固守四大要塞，我军为扫清攻城道路，要夺取四大要塞，一场激烈的东山四大要塞争夺战势在必行。10 月 23 日，华北军区第 1 兵团司令部颁布对东山四大要塞的攻击命令。命令规定于 10 月 26 日晚发起攻击，并重新调整了作战部署。

10 月 26、27 日，第 7 纵队两度进攻失利，遂以第 3 旅强攻 5、6、7 号碉堡，以第 12 旅袭击 10 号碉堡。31 日，第 3 旅迅即攻占 7 号碉堡，第 12 旅以连续爆破顺利攻占 3、8、10 号碉堡，逼迫 2 号碉堡守军投降，9 号碉堡守军逃窜，接着又攻占了 1 号碉堡。11 月 1 日，庙碉守军在“执法队”的威逼下进行了 5 次反扑，并使用毒气弹，均被第 12 旅击退。但此时第 12 旅被 5、6 号碉堡守军切断退路，正面又受到猛攻，处境危急。为改变第12旅多面受攻的形势，纵队以警2旅接替第3旅续攻5、6号碉堡。警2旅经过20个小时激战，始于11月2日攻占5、6号碉堡。守军千余人麇集庙碉，依托有利地形拼命固守。11月12日，第7旅接替第12旅续攻4号碉堡。

4

11月12日，牛驼寨，4号碉堡。

在炮火的掩护下，我第7旅第20和第21团分由两路向4号碉堡开始攻击了。突击队长背插一面红旗，带领12名突击队员，像猛虎下山，迅速突破了敌人的前沿阵地。钟声善团长随二营行动，他绕到敌人碉堡的侧后，在重机枪的掩护下，指挥突击队向敌人展开了连续冲锋。

由于4号庙碉的堡壁太厚，火力又强，爆破了几次都没有成功，冲了几次也未能拿下。钟团长火了。调来了全团有名的张玉山爆破小组。

张玉山小组的5个队员，每人背着25公斤重的炸药，腰间挂着手雷和手榴弹，在火力的掩护下，利用敌人的火力间隙和遍布碉堡四周的弹坑，向4号碉堡接近。就在他们向4号碉堡迂回前进的过程中，突然在4号碉堡右后侧洼沟内冒出一个暗火力点，一名爆破手负重伤倒下了。

火力组马上对敌人洼沟的暗火力点，全力进行封锁。张玉山乘势冲出，采用一个大迂回，从4号碉堡左侧后，绕到这个暗火力点的背后，把它炸掉了。

天色渐渐暗了下来。牛驼寨上，枪声密集，火舌飞舞。张玉山带领他的另外三名爆破手不停地往前爬着。膝盖、双肘都磨出了血。

张玉山和大老李最先摸到了4号碉堡跟前，但是共50公斤的炸药却没把碉堡炸开。

这时，接替负重伤爆破手的替补爆破手也跟了上来。张玉山二话没说，和四个组员每人背着25公斤炸药，又向4号碉堡爬去。他们爬到碉堡跟前，把125公斤炸药集中在一起，一点火，又是一声巨响。抬头看时，4号碉堡还是竖在那里，一动不动。

就这样，连续炸了6次。每次都增加了炸药的数量。突击队在敌人火力的射击下，也连续冲了6次，但4号碉堡仍然喷吐着凶焰。

直到第7次，用了250公斤炸药，炸开了一个大洞，但还是没有炸透碉堡。

张玉山两眼通红，咬牙切齿地说，“炸！我看阎锡山的王八盖到底有多厚！”

第8次，张玉山爆破组和兄弟部队的爆破组一起，将400多公斤的炸药运了上去。仍旧放在原先炸过的地方。等其他同志撤下去，张玉山往炸药里埋了一把雷管，一连检查了三遍，才点着了系在导火线上的火绳。直到火绳燃烧了大半截，他才双手抱着头，就地滚到左侧五、六米深的沟底。

“轰！”一声震天动地的巨响之后，一股浓重的烟雾腾空而起。这时，张玉山躺在地上，什么也不知道了。

4号碉堡终于被炸开了。

突击队一齐冲了上去。碉堡里，没有一个活着的敌人，有些被炸死，多数却是被震死的。

张玉山苏醒过来了。人们把他抬起来，傅传旅长紧紧地握住张玉山的手说：“好一个爆破大王！我代表旅党委向你祝贺！你又立了一大功!”

11月13日，经过28天，60多次的反复争夺，阎锡山的东山要寨牛驼寨，终于被我军全部占领了。

与此同时，兄弟部队也先后攻占了小窑头、淖马、山头等要塞。

争夺四大要塞的战斗异常激烈，共歼敌1万余人，我军伤亡8 500人，战后，各主要阵地上焦土1米，草木摧折，手榴弹木柄敷地一层，守军遗尸遍野，战况之惨烈，可见一斑。

5

第1兵团在坚持军事打击的同时，积极开展政治争取工作。其中，为争取黄樵松率部起义做了大量工作。

太原守军第30军军长黄樵松是原西北军杨虎城部下。第30军空运太原后，第1兵团即把从平汉战役中起义的原西北军将领高树勋调到太原前线，专做争取黄的工作。高写信给黄，晓以大义，劝其率部起义。黄经过反复考虑，决心弃暗投明，并准备于争夺四大要点战斗开始后举行起义。

10月31日，黄派其谍报队长王正中（又名王震宇）和谍报员王玉甲出城与第8纵队接洽，表示愿意交出该部防守的东、北两城门，接应解放军入城。11月3日，王正中、王玉甲第二次来到第8纵队司令部，要求解放军方面派代表进城，与黄共商起义的具体行动方案。兵团经过研究，决定派第8纵队参谋处长晋夫和侦察参谋许翟友，于4日晨随同进城联络，以便里应外合，夺取太原。

11月3日，黄将起义计划告诉其第27师师长戴炳南，并叫他向各团长传达，戴却转而向阎锡山告密。当晚，黄樵松被捕。次日晨，王正中、晋夫一行刚进入第30军防地亦即被捕。后来黄樵松、晋夫、翟许友、王正中、王玉甲被押往南京。黄樵松、晋夫、王震宇被处死刑，英勇就义于雨花台，王玉甲被判无罪，许翟友被“另案处理”。

阎锡山以戴炳南告密有功，升其为第30军军长。黄樵松起义虽未成功，但在守军内部产生了很大影响。在外围作战中，共有守军5 400余人起义或投诚。

6

攻占四大要塞作战后，我军由于伤亡较多，急需休整补充。再加上国民党又调来第83师增援太原，阎锡山趁我军在东山鏖战之时，在汾河西红沟、圪了沟、万柏林、三角村、城北炼铁厂附近抢修了五个新机场，其外援通道一时难以切断，迅速攻克太原已不可能。

11月8日，华北军区第1兵团致电中央军委：

> ……为争取早日打下太原，避免旷日持久，增大消耗，特提议在可能条件下增加两个纵队的兵力，以免牛抵角，从敌人弱点上突破，便利防线配合东山主力，迅速解决战斗。……

与此同时，平津战役即将开始，从全局出发，中央军委于11月16日致电徐向前、周士第：

……估计到攻克太原过早，有使傅作义感到孤立，自动放弃平、津、张、唐南撤，或分别向西、向南撤退，增加尔后歼灭的困难，请你们考虑下列方针是否可行：（一）再打一二个星期，将外围要点攻占若干并确实控制机场，即停止攻击，进行政治攻势。部队固守已得阵地，就地休整。待明年一月上旬东北我军入关攻击平、津时，你们再攻太原。（二）如果采取此项方针，杨罗耿部即住阜平休整，暂不西进。……

11 月 17 日，徐向前、周士第复电中央军委：

……（一）经前委讨论完全同意军委十六日五时电示。（二）我们执行的部署如下：以巩固东山之牛驼寨、小窑头、淖马、山头四要点继续向前推进，再打下数要点，以利有力围困敌人与展开政治攻势。另以晋中军区三个分区部队攻占河西重要阵地，以炮火确实控制机场，我东山部队即准备在东山过冬，加做窑洞并开井修路、运粮克服困难。……

11 月 19 日，中央军委复电同意。部队开始转入围城休整。

7

平津战役后，根据中央军委 1948 年 11 月和 1949 年 1 月 15 日关于统一全军部队番号序列的决定，华北军区第 1、第 2、第 3 兵团，分别改称为中国人民解放军第 18、第 19、第 20 兵团，三个兵团共 23.8 万人，直属军委总部。

第 18 兵团司令员兼政治委员为徐向前，周士第任副司令员兼副政治委员，陈漫远任副司令员兼参谋长，胡耀邦任政治部主任，下辖三个军：

——第 60 军，军长兼政治委员王新亭；

——第 61 军，军长韦杰，政治委员徐子荣；

——第 62 军，军长刘忠，政治委员袁子钦。

第 19 兵团司令员杨得志，政治委员罗瑞卿，参谋长耿飚，政治部主任潘自力，下辖三个军：

——第 63 军，军长郑维山，政治委员王宗槐；

——第 64 军，军长曾思玉，政治委员王昭；

——第 65 军，军长邱蔚，政治委员王道邦。

第 20 兵团司令员杨成武，政治委员李井泉，副司令员兼参谋长唐延杰，副政治委员李天焕，政治部主任李志民，下辖三个军：

——第 66 军，军长萧新槐，政治委员王紫峰；

——第 67 军，军长韩伟，政治委员旷伏兆；

——第 68 军，军长文年生，政治委员向仲华。

北平解放后，中央军委决调第 19、第 20 兵团和第四野战军炮兵第 1 师西进，与第 18 兵团等部一起会攻太原。

1949 年 3 月上、中旬，第 19 兵团及第四野战军炮兵第 1 师经石家庄、娘子关，第 20 兵团经大同附近分头开进，月底先后到达太原城下。第 19 兵团司令员杨得志，政治委员罗瑞卿，率第 63、第 64、第 65 军。

第20兵团司令员杨成武，政治委员李天焕，率第66、第67、第68军。这样，解放军攻打太原的兵力达到3个兵团、10个军、36个步兵师，3个步兵旅，2个炮兵师，共32万余人，拥有各种火炮1 150余门。

为统一指挥并协调各部行动，3月17日中央军委决定：成立太原前线司令部，以徐向前为司令员兼政治委员，周士第为副司令员，罗瑞卿为副政治委员，统一指挥第18、第19、第20兵团，以第18兵团司令部为太原前线司令部；成立太原战役总前委，以徐向前、罗瑞卿、周士第、杨得志、杨成武、陈漫远、胡耀邦、李天焕8人组成，以徐为书记，罗为第一副书记，周为第二副书记，第18、第19、第20兵团的前委均受其领导。30日，中央军委及总政治部同意第18兵团政治部兼太原前线政治部。4月2日，中央军委又批准以徐、罗、周、陈、胡5人组成总前委常委，并批准太原市委书记赖若愚参加总前委。

中共七届二中全会后，解放军副总司令兼第一野战军司令员和政治委员彭德怀于3月28日来到太原前线，中央军委同意他与当时正在抱病工作的徐向前一同指挥太原战役。

8

1949年4月7日，太原东，大峪口村。

太原前线总前委扩大会议进行中。

第18兵团副司令兼参谋长陈漫远，正在介绍敌情：“经过阎锡山几十年的苦心经营，太原现是国内第一流的要塞化城市。太原城里的防御布势，是将主要兵力集中于外围防御地区，依托宽广纵深和坚固的据点式筑城，进行防御。阎锡山有一个比方说：‘太原的防御体系，好像人的形状。东山为头，汾西为脚，石咀子和风阁梁如同两只眼，太原城内是五脏，武宿、新城两个机场分居南北，宛如两手。整个防御浑成一体，互相策应，严密坚固’。”

听到这里，彭德怀副总司令员站起来插话道：“我们要先截断它的‘双手’，砍掉它的‘头’，挖去它的‘眼’，再截下它的‘腿’和‘脚’，使太原完整的防御体系，身首异处，四肢不存，最后攻入‘五脏’，进到它的‘命脉’之中！”

“哈哈……”彭总这几句形象的比喻，一下子把与会众人逗笑了。

陈漫远又继续说：“阎锡山遭我沉重打击之后，于去年 12 月至今，又将其暂编第 8、第 9、第 10 总队的残部和保安团、民卫军等编进了正规军。并强抓市民和学生，组编了‘铁血师’、‘神勇师’、‘坚贞师’，拼凑了第 10、第 15 两个兵团部，下属 6 个军部、15 个步兵师、3 个特种兵师；又在汾河以西红沟附近，构筑临时机场，从陕西榆林空运来了第 83 师增援。其防守区，也重新划定为北区、西区、南区、东南区、东北区 5 个防区，进行垂死挣扎。”

陈漫远走到地图前，具体指着敌军的部署介绍说：

“北区，以第 33 军军部指挥第 71 师、暂编第 39 师和第 46 师，守备太原以北、汾河以东的东张村、阳曲镇、拦岗、郭家窑、向阳店、西岗、峰西、歇子寨、黄家坟、新城地区。

“西区，以第 61 军军部指挥第 69 师、第 72 师、第 83 师、工兵师、坚贞师，守备汾河以西的万柏林、大小王村、南屯、义井、大小井峪、聂家山、神堂沟、姚吉村、后北屯、窊流、东社、南社、马头水，白道、芮城等地区。

“南区，以第34军军部指挥第73师、第66师，守备太原以南、汾河以东的什方院、椿树园、黄家坟、狄村、亲贤村、杨家堡、老军营、北坞城地区。

“东南区，以第43军军部指挥第70师、暂编第49师，守备五龙口、伞儿树、郝家沟、马庄、王家坟、双塔寺、照辟坟地区。

“东北区，以第19军军部指挥第68师、暂编第40师和第30军之一个团、暂编第46师的一个团，守备西岭、下岭、丈子头、牛驼村、陈家峪、剪子湾，山庄、卧虎山地区。

“以第30军军部，指挥‘铁血师’，‘神勇师’守备太原城垣。并拟将第83师从西铭调回城去，与第27师一起为其战役预备队。‘铁血师’随时准备支援东北区。

“以亲训炮兵团、榴弹炮兵团和以日本人为骨干的今村炮兵队及6个独立炮兵营，共130门大炮，组成10个炮兵群，分别配置在太原城的东南角、大东门、小东门、双塔寺、卧虎山、剪子湾、狄村、丈子头、聂家山等阵地，由日军今村中将、岩田少将指挥。”

介绍到这里，陈漫远分析说：

“根据太原的地形特点和敌军的防御部署，我拟以割裂包围手段，将敌军歼灭于主要防御地区外围，尔后，夺取敌人的最后防御地区城垣。根据不同敌情、地形、在不同的方向上分别采用：北面，从两翼突破，实施向心的钳形突击，合围歼灭敌军于北机场以北地区。在西南方向沿汾河并肩实施中央突击，协同东南，和西北的辅助突击，分别围歼西面和南面之敌。东面，从正面突击。从全局看，这是多路突击，多方向合围，以构成数个合围圈，将敌分别围歼。对敌最后防御地区城垣的夺取，则也从四面八方多路向心突击来实施。”

周士第副司令员补充说：

“对太原守敌的突破，分别采用三种方式进行。一是以短促的火力急袭，突破敌军的防御，以主力突贯敌军纵深。二是选择敌军支撑点与支撑点间的间隙，楔入敌军纵深，实施侧后突击。三是经过炮火准备，摧毁敌军依托城墙所构筑的坚固阵地，尔后实施突击。我们要根据情况，确定具体的打法。”

经过反复研究，彭德怀集中大家的意见，代表总前委，最后定下了太原战役的作战方案。

作战指导方针：

首先集中兵力，分割包围外围之敌，进行连续攻击，争取歼敌大部，占领攻城的有利地形。而后集中全力，一举攻城。

战役部署：

以第20兵团和西北军区第7军，由东北面和西北面突破敌人防

我军乘爆破的烟雾，夺取松庄4号阵地

御，歼灭北区守敌，而后由大北门和小北门攻城；

以第19兵团和晋中军区3个独立旅，由南面和西面突破敌人防御，歼灭南区和西区守敌，再由首义门、大南门和水西门攻城；

以第18兵团和西北军区某部，由东西攻击，首先在杨家峪、淖马、松庄等地区积极佯攻，并各以一部兵力策应南、北两面我军的作战，在第19、第20兵团攻击开始时，即攻占城东各点，然后，由大东门的南、北地区攻城。为保证部队顺利攻击，要加强炮兵的指挥，充分发挥炮火的威力。

太原总攻时间定为4月20日。

阎锡山，这个统治山西38年之久的山西的“土皇帝”，于3月29日，借口去南京与代总统李宗仁共商国是溜走了。

9

英勇的全体指战员同志们：

总攻太原就要开始了。

我们必须彻底全部干净歼灭穷凶极恶的阎匪，把山西人民的老祸害连根刨掉，我们必须拔掉敌人在华北这个残存的最大据点，以便继续向前进，解放全中国，我们必须将这个著名的大工业城市拿到人民手上来，以便造福于人民。我们以受领了解放太原的任务感到无上的光荣。

……

要歼灭敌人，就必须付出代价。这种代价是值得的，是光荣的。全体同志必须以高度的自我牺牲精神，坚决执行命令，战胜一切困难，努力完成在此次战役中交给自己的每个战斗任务。

……

亲爱的同志们！让我们团结同心，勇往直前地高呼：

太原解放万岁！

司令员兼政治委员　徐向前　副司令员　周士第

副政治委员　罗瑞卿　政治部主任　胡耀邦

四月五日

——太原前线总前委发布的《政治动员令》

1949年4月20日，总攻太原开始。解放军十几路部队先后突破守军前沿，继以猛烈向纵深发展，守军城外防御体系顿时土崩瓦解。

城北，解放军第20兵团及第7军2个师于20日2时分三路向南攻击。第68军及第7军第19师由城西之兰村沿汾河两岸直插新城、新店、芮城及芮城以东之汾河大桥；第66军沿同蒲路南下，先后占领皇后院、七府坟等地；第67军及第7军第20师由城东北之西岭向西攻击，占领丈子头、牛驼寨等地。当日夜即肃清了城北十里铺以北之守军。21日，三路部队又攻占城北工厂区及享堂村左右地区。

城南，第19兵团及晋中军区3个独立旅亦分三路于20日5时发起攻击。第64军及晋中军区部队沿汾河西岸向北突击，攻占大小王村，并迅速进至万柏村地区，与第7军第19师会合，接着包围歼灭了汾河以西守军，击毙第61军军长张恭；第65军沿汾河东岸向北攻击，先后攻占杨家堡、老军营、西寇村、大营盘，直逼大小南关：第63军及第62军第186师在城东南肃清了双塔寺以南以东之守军，21日占领面粉公司、民众市场等地。

城东，第 18 兵团和第 7 军主力于 20 日下午发起攻击，首先以炮火轰击太原绥靖公署并压制大东门等地守军炮火，18 时部队展开攻击，先后攻占剪子湾、大把沟、郝家沟、黑土港、大东关等地。

至 21 日 18 时，太原周围除双塔寺、黄家坟两点外，其余守军被全部肃清。

22 日，第 67 军与第 7 军第 20 师攻克黄家坟（卧虎山），第 63 军攻克双塔寺。

至此，太原外围作战结束，共歼灭守军 12 个师。

10

为减轻太原人民生命财产的损失，太原前线司令部于 4 月 22 日发布《告困守太原敌官兵书》，接着以最后通牒的形式发布《最后警告阎锡山书》，但太原守敌仍拒不投降。24 日，解放军太原前线司令部通令缉拿孙楚、王靖国、梁化之、戴炳南等战犯。

4 月 24 日清晨 5 时 30 分，三颗绿色信号弹直上云霄，我军向太原守敌总攻开始了。

霎时间，1 300 门大炮齐鸣，太原城头红光闪闪，硝烟弥漫，城墙一段段地塌了下来，碉堡一个个往下垮，空中飞舞着敌人的尸体、残枪、断炮。

随后，第 18 兵团及第 7 军主力从城东之大东门，第 19 兵团从城南之首义门，第 20 兵团从城北偏西方向同时发起总攻。

11

首义门。

太原的首义门（在今太原市五一广场一带），素有“铁门”之称。高三丈六尺，上宽二丈五尺，下宽四丈五尺，左有胜利门，右有复兴门，是阎锡山退守太原城垣之后，防御最为强固的城门之一。

阎锡山把它吹嘘为“太原铁城之铁门”“坚如钢铁的要塞”。

太原绥靖公署参谋赵世铃也嚣张地扬言：“倘共军由首义门攻城，我可在几秒钟内，将城前变成一片火海，使共军死无葬身之地。”

担任首义门攻坚的第19兵团第188师是一支能攻善守的英雄部队。在多次战斗中，尤以长于攻城作战而闻名。这次突破太原城垣，他们计划以两个团并肩突击。首义门以西第12号突出部，为主攻团第563团，担任突击的是该团的“钢铁第一营”，尖刀连是该营一连。在首义门以西的第11号突出部，为第562团，担任突破的是赫赫有名的该团二营，尖刀连是该营六连。

4月24日凌晨5点30分，最后攻打太原城的战斗打响了。

霎那间，我军万炮齐发，似闪电雷鸣，巨大的轰鸣声撕天裂地。当时天还很黑，借着闪光，战士们隐隐约约看到了城墙的影子，它仿佛是道陡峭的山岗，在飘忽的云雾中忽隐忽现，显得神秘莫测，好像一个个黑乎乎的庞然大物挡在那里不可逾越。

不久，城墙的影子消失了，浓烈的硝烟吞没了一切。

战士们压抑不住心头的兴奋，再也等不得了，乘我炮火袭击的有利时机，首先实施连续爆破，迅速扫清冲击道路上的障碍，开辟了登城通路。梯子组飞快地把梯子向城墙靠去，各突击分队如箭离弦，争先恐后地开始登城。

在城南，紧靠首义门的西边，向敌人第 11 号突出部突击的第 562 团二营六连，在我炮火刚刚延伸时，就勇猛地发起了冲锋。三排长魏连增带领由两个班组成的梯子组，抬着 360 多斤重的梯子，乘着重重烟雾，冒着“嗖嗖”乱飞的子弹和四散的砖石，飞快地向城墙冲去。他们在首义门以西 100 米处靠上云梯，刚刚放稳，副连长杨俊杰就带领由一排组成的突击组，飞速登城。

与六连并肩突击的第 563 团“钢铁第一营”尖刀一连，由副连长王福全率领突击组，也于 5 时 50 分开始向首义门以西的敌第 12 号突出部位，勇猛突击。因为敌人第 12 号突出部位的城墙已被我军炮火轰开一个 5 尺多宽的口子，塌下来的砖石土块，形成了一个 70 多度的斜坡，已经用不着云梯。他们便顺着斜坡向上爬。斜坡上，沙石累累，给突击组前进带来很多困难。但战士们谁也不甘落后，迎着飞来的子弹，不停地往上猛冲。6 点 10 分，尖刀一连的红旗也插到了城墙上。

两支英雄的突击队，同时登城成功。两面鲜艳夺目的红旗，在冲天的火光和轰鸣的炮声中，在太原城头迎风飘扬。

登上城墙的各突击组，按照师党委事先明确布置的任务，迅速向两翼扩展，巩固突破口，接应连主力和突击营登城，保证团主力向纵深进攻。

与此同时，第 20 兵团在太原城北，第 18 兵团和西北野战军第 7 军在太原城东也登上了城墙，一面面鲜艳的红旗在城墙上四处飘扬。

各个部队打破城垣后，立即向纵深发展，与敌展开巷战。

12

4 月 24 日上午 9 时，残余守军全部被包围在市中心、太原绥靖公署和省政府一带。在强大的军事压力下，守军纷纷缴械投降。

太原绥靖公署。

这时候，太原绥靖公署早已是一片混乱。太原守备总司令王靖国、市长白志沂，急得像丧家之犬。军官们粗野的叫骂，病态的狂笑，太太小姐们的啼哭，以及退守在这里的十几辆坦克开来开去的隆隆声，更增添了绥靖公署恐怖、绝望的气氛。

外面的枪声越来越近。解放军的喊杀声，国民党守军的哭叫声，都清晰地传进来。

王靖国和太原绥靖公署副主任兼第 15 兵团司令孙楚小声说了几句，便命令人们集体自杀。可那些平日里张口闭口“不成功，便成仁”的国民党高级将领，谁也不动。

这时，被阎锡山委任为第 10 总队队长兼炮兵大队长的日本战犯今村给出主意：一面集中火力顶住共军，把坦克也开出去，以拖延时间，一面把汽油、棉花、炸药，堆在会议厅四面，准备点燃引爆，同归于尽。

就在这些国民党的军政要员乱成一团，准备上演一场“集体自杀”闹剧的时候，人民解放军从四面八方，向太原绥靖公署和山西省政府，发起了最后的攻击。

在我军猛烈的炮火袭击和爆破之后，太原绥靖公署和山西省政府四周的工事被摧毁。敌人的两次反扑，很快被打退。当搭乘敌人坦克的一营三连和二营六连的指战员，向太原绥靖公署南面冲击的时候，惊恐万状的敌人，一下子把火力都集中到了南面来。

就在这时，由东面攻击的团第一梯队二营指战员，立刻跃起身来，喊着杀声，飞一般地冲了上去。冲在最前面的，是四连三班的战士。他们跨过炸塌了的围墙，冲进院内，直扑太原绥靖公署的办公大楼。

我军四连一排三班班长孙振江，飞步跨入楼内，几个战士也随即跟了进来。“缴枪不杀！”

楼内的敌人乖乖地举起了双手。

这时，会议厅内的敌人，好像开水浇过的蜂窝，乱哄哄地嚷成一片。王靖国、孙楚也吓得说不出话来。

今村走到孙楚身边，在耳旁嘀咕了几句。孙楚忙拉上王靖国，来

小店镇战斗中缴获的各种火炮

到会议厅东南角阎锡山的棺材旁，叫士兵推开两个夹竹桃花盆，掀开一块大地板，一个五尺见方的大洞，露了出来。

这是一个很深的地洞。里面有个地下室，能容下几百人。修这个地下工程，不少人都知道，但是不知道会议厅内还有洞口。这个洞口，孙楚、今村、王靖国都知道，只是刚才被吓蒙了，没有想起来。经今村提醒，他们便一起躲进了地下室里。

可是只过了一会儿，这些像老鼠一样躲进地洞里的国民党军高级将领们便被人民解放军战士揪了出来。

太原终于摆脱了阎锡山长达38年的反动统治，回到了人民的怀抱。

太原战役，是我华北野战军于1948年10月5日至1949年4月24日，历时6个多月，先后分两个阶段在太原及其近郊进行的一次城市阵地攻坚战役。此役解放军共歼灭1个绥靖公署、2个兵团部、6个军部、17个师及地方武装共13.5万余人，其中毙伤3.3万余人，生俘9.7万余人，投降5 300余人，俘敌太原绥靖公署副主任孙楚及太原防守司令王靖国等。缴获各种炮6 283门，各种机枪6 943挺，长短枪3.778 4万支，各种子弹236.5万发，各种炮弹5.438 6万发，手榴弹20.5万枚，坦克9辆（以上不包括军需仓库库存），骡马千匹。解放军伤亡3.2万余人。

太原的解放，结束了阎锡山对山西人民长达38年的血腥统治，使人民获得了一个重要的工业基地，对经济恢复及支援全国解放战争均有重要意义。同时，对拒绝用和平方法解决问题的国民党残余势力以应有的惩罚，对此后解放大同等地亦有直接作用。

太原战役，解放军全歼太原守军，是典型的大城市攻坚战。针对阎锡山把主要兵力集中在外围地区，依托大纵深、坚固的据点进行防御的特点，解放军在初期阶段采取了围困、瓦解和攻击相结合的作战方针。

围城期间，解放军又采取了围困、瓦解的作战方针。围城作战中，针对不同的敌情又在各方向分别采取“两翼突破、钳形突击”“并肩突击、中间突破”“正面多路突击、多方向合围”等多种战法，逐批消灭了守军的有生力量，攻占了战役战术要点，瓦解了守军士气，为后续作战创造了有利条件。

太原总攻发起时，在力量对比上占绝对优势的情况下，人民解放军采取了先分割包围外围守军，争取歼灭其大部或全部，再占领攻城阵地、一举攻歼的战法，打得太原守军猝不及防，其防线顷刻间崩溃。

根据太原的地理特点和守军的兵力部署，人民解放军采取了周密的部署，第1兵团首先攻占东山四大要点，扫除攻城的主要障碍，同时控制飞机场，断绝守军的空中外援和逃路，为战役的胜利奠定了基础。在总攻太原阶段，集中绝对优势的兵力、火力，四面围攻，多路突破，连续突击，从而一举攻克太原。

大量火炮支援前线，步兵炮兵协同作战，是太原作战的一大亮点。战前，华北野战军的第19、第20兵团和第四野战军的炮兵第1师携带了大量火炮，特别是炮兵第1师，共300多门炮参战，每门炮1 800发炮弹，加上其他迫击炮、加农炮、榴弹炮、高射炮在内的各种火炮约有1 300多门，在我军炮兵作战史上规模空前，有力地打击了敌炮兵，为后续部队发起冲击打开了通路。

太原战役期间，解放军采取各种方式有针对性地大力开展政治瓦解工作，除少数顽固分子外，大批守军纷纷弃暗投明，共俘敌9万余人，并争取了5 000余人起义或投诚，从而加快了战役胜利的进程。

九

交战时间	1955 年 1 月 18—19 日
交战地点	浙东沿海台州湾
交战双方	我方：步兵第 20 军 60 师第 178 团、180 团；海军第 6 舰队 2 个大队，登陆输送第 1、2、3、4、5 大队，鱼雷艇第 1、31 大队，舟山基地部分海岸炮兵；空军轰炸航空兵第 20 师、强击航空兵第 11 师、歼击航空兵第 3、12、29 师以及独立第 1 团，海航第 2、4 师，共 1 万余人 敌方：国民党大陈防卫区司令部，辖海上突击第 4 大队、第 2 大队 4 中队、炮兵第 1 中队，总兵力 1 100 余人
指挥将领	张爱萍、王德、聂凤智、马冠三、黄朝天、林维先、曾克林、陶勇等；刘廉一、王生明

三军大战一江山

——一江山岛战役

｜武器装备｜ 我方：缴获敌的日式、美式装备与苏式、自制装备混编，空中力量较强，渡海力量机械化程度低，主要有手枪、步枪、机枪、护卫舰、登陆艇、鱼雷艇、图－2型轰炸机、伊－10型强击机等各型飞机184架；敌方：全美械装备，有空中支援，主要装备有手枪、步枪、机枪、榴弹炮、山炮、60和81迫击炮、飞机、大型舰艇（护卫舰、坦克登陆舰、炮舰等）10余艘

｜交战结果｜ 全歼守敌1 086名，炸毁、炸伤敌舰5艘，击落、击伤敌机16架，缴获各类枪炮1 982件（门）；华东军区总伤亡人员1 417名，被击伤护卫舰1艘、登陆艇多艘、飞机8架

一江山登陆作战，打得很好！我军首次联合作战是成功的。

——毛泽东

20世纪50年代初，刚刚诞生的人民共和国，在全世界的关注下，经受了巨大的考验，取得了抗美援朝战争的伟大胜利。朝鲜停战后，美国又和蒋介石酝酿签订了“共同防御条约”。美国政府想通过此条约来进一步控制台岛和台湾海峡。蒋介石想利用这个条约取得美国支持，阻止我解放浙江、福建及其他沿海岛屿，达到在台湾立足并伺机反攻大陆之目的。美蒋双方互相勾结，互相利用，各有企图。

浙东沿海，南至鳌江口，北到三门湾，有110余海里。大大小小罗列着1 140多个岛屿。这些岛屿总体呈南北走向，形成一条较为狭长的岛链，我们称作台州列岛。

在此狭长的岛链中，国民党最为看重的是大陈岛和一江山岛。如果说大陈岛是台湾的北大门，那么这一江山岛就是这北大门的门闩。国民党“国防部长”俞大维认为：一江山岛是大陈岛的门户，一江不保，大陈难保；大陈不保，台湾垂危。蒋经国也曾经说过：一江山是反攻大陆的大门，我们不仅要守住这扇大门，而且还要从这扇大门去反攻大陆。一江山岛的军事地位由此可见一斑。

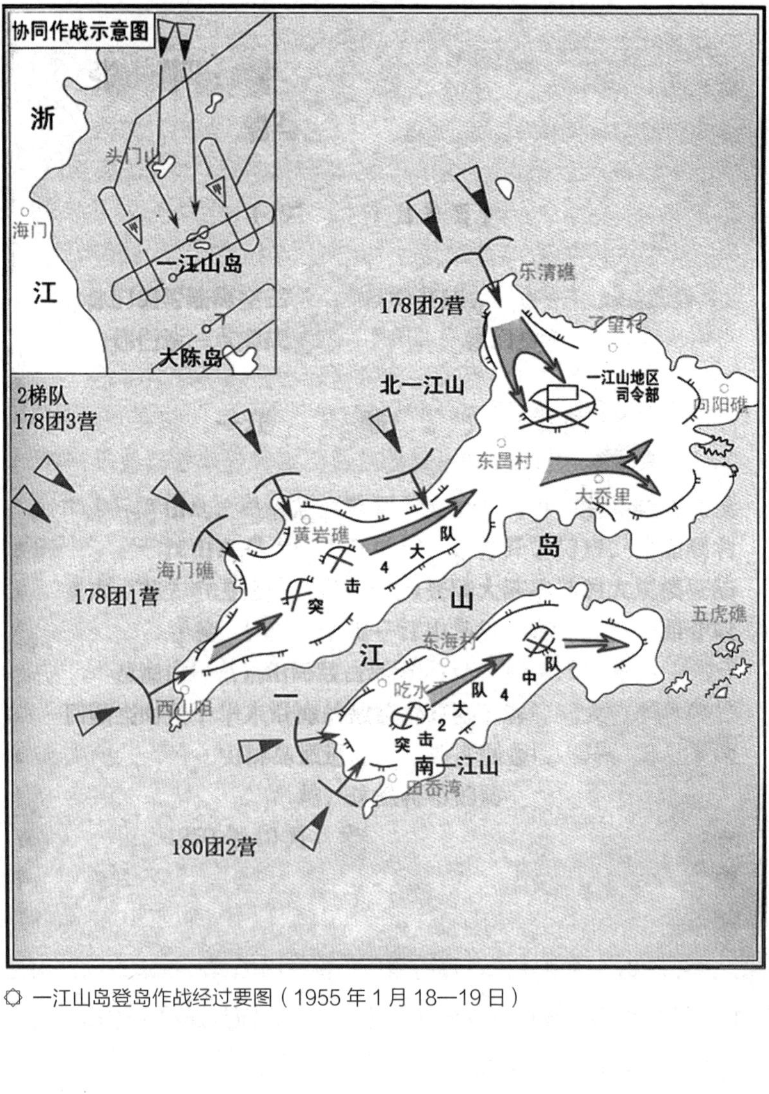

◎ 一江山岛登岛作战经过要图（1955 年 1 月 18—19 日）

一江山岛位于我国浙江省椒江口台州湾的东南方，它西北距黄岩县海门镇（现为椒江市）约30公里，东南距大陈岛16.6公里，北距头门山9公里。一江山岛分南、北两岛，即南江岛和北江岛。南北两岛相距200米左右，中间相隔一条江，形成南北对峙，因此被人们合称为一江山岛。北江岛稍大，东西长1 900米，南北宽100—700米不等，面积约1平方公里；南江岛东西长约1 000米，南北宽约300米不等，面积为0.3平方公里。

1953年8月，蒋介石派原第67军中将军长刘廉一到大陈岛接任总指挥，并把他的美械装备第46师从台湾调往大陈岛。刘廉一上任后，将原“大陈岛游击指挥所”改为“大陈防卫区司令部”，并且重新调整兵力部署，使浙江东南沿海岛屿形成以上、下大陈岛为核心，以一江山、头门山、披山、渔山、南麂山等岛为外围的海上防御体系。

刘廉一在一江山这个仅1.3平方公里的小岛上竟然布设了1 100余人的兵力！他的“一江山地区司令部”率突击第4大队、炮兵第1中队坚守北江，突击第2大队第4中队坚守南江。两岛建立完备的防御工事，独立防守，互为依托。

美蒋联合之后，国民党自恃有了强大的靠山，依托这些小岛屿变本加厉地骚扰、破坏我海上交通及渔业生产，并以前沿岛屿为跳板向内陆不断派遣特务。

1954年8月初，中央军委决定：暂缓进攻金门，先解决浙江沿海的岛屿。

华东军区参谋长张爱萍再次受命于危难之中……

1

12月20日，宁波市草马路南侧教堂，浙东前线指挥部。

这个成立不足5天的指挥部一开始运作，便积极地筹划一江山岛登陆作战问题。

前指司令员兼政委张爱萍对参加会议的华东军区陆、海、空三军领导说："本次作战需要三军协同。而这三军协同呢，我们没有一点经验。下面让我们的苏联顾问安东诺夫给指导指导，请大家虚心听取意见。"

这个华东军区首席苏联顾问滔滔不绝地讲起"诺曼底登陆战"、"西西里岛登陆战"来，并从中抽象出了好多理论性的东西。可是对一江山岛以及我军的实际情况却很少提及。

"此役照搬二战时的登陆作战经验明显是行不通的。"行伍出身的华东军区海军司令陶勇听不得这一套一套的大理论，于是贸然打断了安东诺夫的话。

安东诺夫讲得正在兴头上，不料半路杀出个程咬金来。他尴尬地转头看张爱萍，想从张爱萍那里得到一点支持。没想到张爱萍也觉得他讲得不着边际，没有理睬他。于是这位顾问先生愤然夹起文件包退出会场。

张爱萍把手一挥笑着说："走了便走了吧。自己的仗还是要自己来打，自己的事情也还要自己来决定的。自1949年金门登陆失利至今，虽然我们建立了海军和空军，但没有过大的作战经验，装备也比不上二战时的盟军。我们还得立足于自己的实际情况来考虑这场战役。"

但苏联顾问的讲话还是有些影响力的。在选择作战时间时，一大部分人还受“诺曼底登陆战”夜间航渡、拂晓登陆的思想左右，认为登陆应在夜间发起，不能放在白天进行。只有华东海军温州水警区副司令陈雪江持反对意见。

陈雪江说道：“我海、空军经过近10个月的演练和英勇作战，可完全控制这几个小岛附近的海空领域，我认为白天登陆会更好些。”

张爱萍这时站起身来，环顾一下四周，语气坚定地说：“老陈说得对。我也赞成白天登陆。下面我补充两点理由：其一,一江山岛四周全系石岸，岸高10至40米，坡度40至70度，可谓峭壁突陡，四周浪花飞溅，激流湍急，地形易守难攻，不便登陆，夜间更不利于攀登；其二，我渡海装载工具是从多处拼凑而来的，船只性能不一，夜间更不便组织协调。”

张爱萍此语提醒了与会的其他首长。是啊，毛泽东同志不是说过嘛，具体情况要具体分析，三军作战这么大的事情怎能照搬照抄或想当然呢?

确定了白天登陆，但具体在哪一天呢？与会人员谁心里都没底。因为他们清楚，附近的海区气象多变，根据历年记载，通常每月只有5—6天的良好天气，其余时间均不利于作战。

但是，会议确定了各部队完成战役准备的时限——12月22日24时。

2

12月21日，浙东前指空军指挥所。

连日来高强度、多架次出动海军航空兵和空军航空兵对敌前沿岛屿进行轰炸，使得敌舰越来越精明了——雷达一发现我机群，便立即起锚疏散机动航向进行规避。

今天，航空兵第11师又对大陈港锚泊敌舰进行了一次低空轰炸，但又一次无功而返。

这已经是第4天没有炸沉一个目标了。聂凤智司令员心里焦躁不安。他知道，目前的部队如同出笼的老虎，胸中都燃着强烈的求功欲火，像这样一击不中、再击也不中，会慢慢地消磨掉官兵旺盛的斗志。

副司令员曾克林上前安慰聂凤智说：“这也不见得不是好事。击不中敌舰，说明我们还没准备好，投弹精度还有待于提高。我们把它当作一次次的战前大练兵吧。”

“对，不行我们就再炸，我们有的是弹药，就怕蒋军没有那么多军舰来陪练！”聂凤智将手中的指挥杆扔在桌上，狠狠地说。

3

1955年1月10日，节日的气氛还没有完全褪去。浙东战区温度下降到零下5度，海上刮起了7级大风。浙东沿海大浪汹涌，惊涛拍岸，海空一片迷蒙。

这样的气象条件，飞机是很难飞临上空的。于是国民党的军舰偷偷停靠于大陈岛。

7时15分，国民党官兵在军舰中安枕而卧的时候，死活也想不到正有一批混合机群魔鬼般地飘来，对准排水量3 000余吨的中权号登陆舰一通猛炸，而后又飘然而去。

11 时 09 分，又一批混合机群起飞了。但此时大陈岛之敌已有所警戒，高射武器在天空中爆起密集的烟雾。停泊的军舰也纷纷起锚向外海逃窜。我飞行员勇敢机动，对准敌太和号护卫舰连续投弹。但见太和号护卫舰中弹起火，爆炸声响彻云霄，升起的浓烟迷漫了整个天空……

13 时 38 分，第三批混合机群再一次集中优势兵力狂轰猛炸。敌中字号登陆舰、永字号扫雷舰中弹起火……

15 时许，最后一批混合机群出动，搜索、轰炸被我炸伤的敌舰。这次，又一艘逃亡的敌舰被击中了。

当日夜，正当国民党的舰艇逃亡一天后利用夜暗溜回大陈港时，再次遇到自己的克星。这次的克星是鱼雷艇第 1 大队。

20 时许，国民党太湖号护航驱逐舰返回大陈港。我鱼雷艘第 1 大队大队长张朝忠、政治委员郝振林立即命令“101”“102”“105”“106” 4 艘鱼雷艇快速出击。无奈“105”“106”两艇掉队而被迫返航，“101”“102”两艇追了上去，携带的 4 枚鱼雷发射了 3 枚都没有命中目标。此时“102”艇发生故障。在故障排除后，敌舰已靠岸锚泊了。

22 时 23 分，雷达兵又发现敌“永”字号扫雷舰向大陈港驶去。于是，张朝忠命令“105”“106”两艇出击，“102”艇尾随其后。

23 时 20 分，“105”“106”两艇对“永”字号扫雷舰攻击没有成功，奉命返航。但“102”艇却没有接到返航命令，继续向前行驶。

天气骤冷，扑上甲板的海水在瞬间便会被冻成一层冰。“102”艇艇长张逸民也被风刮得直流眼泪。他深知自己的处境：这“102”艇在追击太湖号护航驱逐舰时已经发射了1枚鱼雷了，现在只有左鱼雷发射管里有鱼雷。这1枚鱼雷重1 000多公斤，压得左舷向一侧倾斜着，风浪又大，弄不好会艇翻人亡的。

正当“102”艇在海上漫无目的地漂流着的时候，左前方突然窜出一艘敌舰——是美制蒋军炮舰洞庭号。

“102”艇像猛虎下山一般直扑洞庭号……

敌我双方的距离迅速缩短，300米、250米、200米！

“轰……”鱼雷轰然爆炸，准确地击中洞庭号的中部，激起一个又高又白的水柱。

此时，闻声赶来的炮艇中队又以猛烈的炮火对正在漂泊的洞庭号抵近射击。

约30分钟后，这艘屡次危害渔民、破坏我海上交通的“海上一害”被击沉于格屿东南4海里的附近海域。

这次海军、空军作战部队的密切配合、并肩作战，为夺取浙东战区制空权、制海权取得了决定性的胜利，也为解放一江山岛创造了必不可少的条件。难怪张爱萍司令员如过年一般，心情非常舒畅，在电话里把参加当天轰炸任务的海军航空兵第1师、空军航空兵第11和第20师以及鱼雷艇第1大队的首长一个劲地赞扬。

4

1月11日，一江山岛北江东昌村，国民党一江山地区司令部。

经过昨日一天的激战，刘廉一预感到自己守卫的岛链即将面临一场更大的灾难。于是惊慌不安的刘廉一亲自率众逐一检查各岛的防务情况。

此刻，刘廉一正在作战室内闭目倾听一江山岛的防务汇报。

国民党守军一江山地区司令王生明还在慷慨激昂地陈述一江山岛"坚不可摧"的防务体系情况："……我北江岛以 190 高地和 203 高地为坚固支撑点，南江岛以 180 高地和 160 高地为坚固支撑点。岛域外围筑有坚固的环形防御工事，具有中等筑城的永久性和半永久性地堡 154 个；各种火炮 51 门，平均 100 米的正面有 2 门火炮和 2 挺机枪，组成 3 道防御阵地和 4 层火力网。这些火力点既能侧射，也能斜射和反射，几乎没有死角……"

刘廉一突然睁开紧闭的双眼，对王生明说："行了行了，省点事吧，别再读了。这一江山岛的防务是美国军事顾问亲自参与设计的，别说我了，就连蒋先生也了若指掌呢。"

此时，一直哈着腰站在旁边的第 4 突击大队大队长王辅弼满脸媚笑地说："对对对，刘司令说得极是。一江山岛这坚不可摧、固若磐石的防御，定会叫任何来犯者有去无回！"

刘廉一没有理会王辅弼，继续对王生明说："从近日共军对我空袭情况来看，一江山岛不会是他们首选的攻击方向。但你们千万不要掉以轻心。小岛作战，只能打歼灭战。不歼灭敌人，就要被敌人全歼。因此在战斗中要忍——不怕轰炸和炮击；要猛——集中火力歼敌于水际；要狠——确保阵地，以点制面。"

王生明和王辅弼听了刘廉一的训话，急忙打了一个立正姿势，应声道："是，长官！"

刘廉一看着这两个得力干将，良久又补充了一句："特别要注意防空防炮！”

5

1月16日，宁波，浙东前线指挥部。

张爱萍从这几天对部队的检查情况来分析，认为我作战部队已经做好了进攻一江山岛的充分准备。于是他再次和各指挥所的主要指挥员碰头，商议作战情况。

空军指挥所聂凤智司令员抢先站起来说道：“从去年11月初至今，我航空兵先后对大陈岛、一江山岛轰炸了六七次之多，投弹七八十吨，炸毁、炸伤敌舰5艘，击落、击伤敌机16架。敌岛上阵地和人员也有不同程度的损失。我认为，此时我军能有效地控制作战空域，可以一战。”

海军指挥所马冠三司令员接着说：“我这几天一直泡在部队里，对海军部队的准备工作也非常熟悉。目前，海军的14个舰艇大队，188艘舰艇和船只、144门火炮已经做好充分准备，正随时等待出击。”

登陆指挥所黄朝天司令员也激动万分地说道：“经过一个时期的训练和准备，我第60师两个团的官兵士气旺盛，热情高涨，全体人员跃跃欲试，都想在一江山登陆战中大显身手。”

前指副司令兼后勤部部长林维先清了清嗓子，也说开了：“按照参战部队25%的伤亡计算，现已备够1 000人的战伤救护器材，足够战时之用；已备足2 500吨弹药，除战时之需外，还可储备800余吨；

舰艇、飞机的油料已经筹集完毕……”

在林维先话音刚落，侦察科科长便汇报说：“连日来，在我强烈的火力打击下，台州列岛之敌以重兵固守大陈岛，对一江山岛重视不够。因此，此时正是进攻一江山岛的好机会。”

张爱萍见海、陆、空及后方保障的指挥员信心十足，心里非常高兴。他抬头问空军指挥所气象科科长徐杰：“近三日气象如何？”

一直站在一边的气象科科长徐杰把早已准备好的资料呈了上去，说：“据今日气象预测，17、18、19 日的云量、风浪、潮汐适宜于海军和空军作战，其中 18 日天气最好，19 日以后可能开始转坏。”

张爱萍沉思片刻，又抬头说道：“如果定于 18 日实施登陆作战，登陆部队就要在 17 日拂晓前进至石浦港待机，并于 18 日拂晓前到达头门山、高岛、蒋儿岙进攻出发阵地。这样的话，即使 18 日天气转坏，部队还可在石浦港待机。你们认为呢？”

与会的指战员一致认为称此法可行。于是，他们便开始着手讨论具体作战事宜。作战参谋一会儿在图上标绘，一会儿又奋笔疾书，忙得不亦乐乎。

6

1 月 17 日，天刚放亮，张爱萍司令员便和王德参谋长乘车向头门山前线指挥所进发了。

可就在张爱萍和王德走后不久，总参谋部以准备不充分为由，电令华东军区推迟进攻发起时间。

张爱萍得知电报内容时，部队已全部处于开进状态。

开弓没有回头箭啊！张爱萍面对突如其来的变化，心里感到非常不安。他想："如果此时改变作战计划，延期进攻，除暴露我作战意图外，还会大大损伤部队士气。况且现今部队全处于无线电静默状态，即使可派遣通讯人员召回地面部队，却也无法命令海上舰艇完全返回。再说呢，部队自去年 12 月 22 日就完成各种准备工作，拉开架式又长时间不施展手脚，后面再想打还能不能打赢？不行，还得按原计划执行。"

张爱萍要通了总参分管作战的陈赓副总长。他力陈 18 日发起攻击之利，并声称愿立"军令状"，只求总参收回成命。

陈赓副总长见张爱萍如此坚决，便马上向彭德怀、粟裕汇报，彭总请示过毛泽东、刘少奇、周恩来等党和国家领导人之后，决定同意张爱萍的建议。

7

用兵之道，虚中有实，实中有虚，虚虚实实，此谓"兵不厌诈"也！在这段时间里，浙东前线敌我双方的指挥员都在施展着自己的谋略。

刘廉一为了坚守台州列岛，执行着蒋介石"以不变应万变"的训令，因此他虽熟知我军的攻坚战术，但在没有发现其他征兆的情况下，还一直认为我海军、空军的轰炸袭击只是一种"扰乱性"的攻击行动。我军"声东击西"的策略在战役轰炸中一直迷惑着刘廉一。

1月17日下午，我笕桥机场的一个轰炸机中队在歼击机群的掩护下，执行又一个佯动轰炸——这次轰炸的目标是披山岛。

正当刘廉一将注意力集中在披山岛上的时候，我一江山岛登陆作战的参战部队已经完成战役展开……

8

1月17日夜至18日拂晓，100余艘舰艇一夜间集结在待机地域。海军、空军担任战区掩护任务的部队，警惕地进行海上、空中巡逻掩护，组成了一个立体的、多层次的严密警戒网。

步兵第60师第178团、第180团二营及配属分队准备完毕！

第一梯队为第178团一营、二营和第180团二营，分为三个方向发起攻击：第178团一营集结于头门山西侧，准备在北江山咀村、黄岩礁、海门礁地段登陆突破，向中山村、190高地发展进攻；第178团二营集结于头门山东侧，准备在乐清礁、北三湾地段登陆突破，向203高地突击，攻占高地后，协同一营攻占北江全岛；第180团二营在头门山西侧集结，其任务是攻打南江山，准备在胜利村、田岙湾地段登陆，向160高地、180高地突击，消灭南江守敌。

第二梯队为第178团三营，随时在一营后跟进，在北江登陆，向敌纵深进攻。

海军14个舰艇大队准备完毕！

海军登陆输送第1、2、3、4、5大队负责运送登陆地面部队。第6舰队2个大队、舟山基地战舰大队负责掩护和火力支援。鱼雷艇第

1、31 大队负责夺取制海权。

空军包括海军航空兵在内的 7 个师、12 个团、21 个大队准备完毕!

空航第 20 师第 60 团、海航第 1 团准备轰炸大陈岛，同时对一江山岛实施航空火力准备。歼击航空兵第 11 师第 31 团直接支持登陆部队冲击。歼击航空兵第 3 师 1 个大队、第 85 团 1 个大队、独 1 团 1 个大队与海航第 4 师第 10、第 12 团及海航第 2 师 1 个大队负责夺取制空权，掩护地面部队、海上舰艇的作战行动。

这 184 架各型作战飞机随时准备划向天宇!

登陆指挥所、海军指挥所、空军指挥所也已开设完毕，与各参战部队联通顺畅!

一切都已准备就绪。箭在弦上，引弓待发!

9

1 月 18 日，正如气象预测的那样，是个一碧万顷的好天气。

东矶列岛的海面上一片平静，白色的海鸥在海空中自由自在地飞翔。初春的海风轻轻地吹着，海岸上的军旗缓缓地迎风招展。上苍丝毫没有给大自然一点灾难即将来临的暗示。

海上风力 3—4 级，云高 5 000 米以上。海上能见度大于 10 公里。这绝对是一个海、陆、空三军协同的最好天气!

8 时整，轰炸航空兵 3 个大队 27 架图-2 型轰炸机和强击航空兵 2 个大队 24 架伊尔-10 型强击机组成几队“品”字形机群凌空飞起，分别向大陈岛、一江山岛方向扑去。

刹那间，大陈岛、一江山岛硝烟弥漫，火光闪烁，一片火海……在对岸我军指战员的望远镜里，国民党军队的炮阵地、火力点被炸毁。

8时20分，我执行轰炸任务的机群安全返航。在这不到15分钟的轰炸过程中，一次性投入127吨炸药，岛上的国民党守军被炸得晕头转向，乱成一锅粥，重要的防御工事也被炸毁或炸瘫。

最为关键的是，被炸晕的刘廉一仍然以为我军主要是冲着大陈岛去的。

隔岸观看的地面部队看得心里发痒，操着各地方言七嘴八舌地发牢骚："上级真偏心眼，为什么不叫我们先上？把头功全让空军给占了。"

10

航空兵袭击之后，海面又恢复了静寂。目视距离之内已无任何船只的踪影，一江山岛上燃起的烟火，也逐渐被海风吹散、熄灭了……

整个上午，敌我双方似乎都处于静止状态。

张爱萍司令员在马冠三副指挥、王德参谋长和黄朝天副军长等人的陪同下，来到头门山北岙岸滩巡视和慰问各突击营指战员。

张爱萍司令员风趣地对大家说："今天气象转好了，风力减弱了，我航空兵火力准备效果很好，狠狠地轰炸了国民党军的阵地。你们看呀，把敌人都打哑了，打怕了，打得不敢出声了。到12点，炮兵群还要再狠狠地揍他们，揍得他们抬不起头，好让你们大大方方地登上一江山岛。”

步兵、水兵都笑了，场上顿时爆起雷鸣般的掌声。

11

18 日 12 时 07 分，海岸炮的炮弹咆哮着扑向一江山岛山咀村、黄岩礁、海门礁。国民党守军在这几处的主要工事便也从防御体系图中消失了……

12 时 20 分，炮兵群 3 发红色信号弹腾空而起。瞬间，55 门火炮一齐射击。

从观察所向海岸炮阵地观察，只见一道道火光、一团团火球从炮口喷射而出，呼啸着掠过海面，接着雷鸣般地在一江山岛爆炸了。霎时间，一江山岛又火光四起，烟雾弥漫，遮蔽了整个天空……

至 14 时 34 分，整个炮兵火力准备共 157 分钟，先后分 7 次火力急袭射击和 6 次监视射击，发射各种炮弹 12 000 余发，摧毁了敌在一江山岛部署的大部军事目标，为我登陆部队顺利登陆突破创造了有利条件。

在我漫天的炮弹纷纷降落在一江山岛上时，刘廉一才发现我真正的攻击目标不是他的大陈岛。可是，此时他已经无回天之力。

也就在我炮兵火力覆盖一江山岛的同时，100 余艘舰船开始了海上大进军。

海面碧波粼粼，风平浪静。舰船排列成两行整齐的纵队，艇艄冲起白色的浪花，艇艉延伸着白色的航迹，如同一条漫长的白色缎带，直向一江岛飘去。

12

18日13时05分，火箭炮队已进至位于北江西北约2 500米的海面上。大队长王耀月一声令下，180发火箭弹一次齐射，呼啸着冲出炮膛。

可惜的是，出膛的炮弹全打成了近弹。只见岛附近的海面上升起密集的白色水柱，要攻击的目标却完好无损。

此情此景被对岸指挥所的马冠三副指挥看得真真切切。180发火箭弹白扔了，他心疼啊！于是他拿起报话机，操起山东话冲着王耀月大吼：“乱弹琴！打到海里了，浪费炮弹！怎么搞的！马上给我缩短射击距离，在2 000米以内进行第二次射击！”

王耀月大队长接到命令后，立即调整队形，指挥炮船机动至1 800米距离上进行第二次齐射。这一次齐射，将北江的山坡、突出部一线的阵地设施炸得粉碎。

13时16分，护卫舰南昌、济南号在大队长李辛指挥下，一直抵近距北江26链处，向乐清礁实施猛烈射击；沈阳、武昌号在大队长徐世平指挥下，占领北江以北22链有利射击阵位，向黄岩礁火力点实施猛烈射击。

14时00分，头门山炮兵群暂停射击。我27架轰炸机和24架强击机以雷霆万钧之势飞临一江山岛上空，进行第二次航空火力准备。主要轰炸中心村、山中村、重要村、瞭望村、东昌村、傅家村、胜利村等核心阵地和支撑点。3个舰载直瞄火炮分群也开始了抵近射击。一时之间，一江山岛又变成了一片火海……

14 时 20 分，当我战机安全返回后，头门山炮兵群又开始了火力急袭……

13

18 日 14 时 29 分，第 178 团二营第一波队的五连、六连分别在乐清礁、北山湾地段登上一江山岛。其中五连仅轻伤 1 人，而六连因私改登陆点，遭敌三面火力打击，损伤惨重。该营第二波队的七连随五连跟进，八连在六连右翼突破。营长孙勇、教导员平涛率指挥所在五连后侧上岸，而后指挥所属连队向北江的主峰 203 高地发起冲击。

14 时 33 分，第 178 团一营第一波队一连、二连、三连分别在黄岩礁、海门礁、山嘴村登陆。其中一连登陆时遭敌水线地堡火力拦阻，上岛后又遭敌火力反击，伤亡较大，连级干部只剩下副指导员 1 人。二连、三连登陆较为顺利，并很快占领敌第一线阵地。四连在登陆后即与敌胶着近战，连续攻克数个地堡。此时，营长许国光、教导员张天申也率第二波次在海门礁、黄岩礁地段登陆。

第 178 团的两个营成功登陆的消息传到头门山观察所，张爱萍司令员高兴地对黄朝天副军长说："两个营上去了，我心中踏实了一半。如果第三个营也能成功上陆，那我的心就更踏实了。"

张爱萍所指的"第三个营"，指的是第 180 团二营。在进攻北江的两个营成功登陆时，第 180 团二营还在与南江防守之敌进行殊死相搏呢。

14 时 37 分，第 180 团二营第一波队的五连、七连在胜利村西侧、田岙湾地段突破敌防御，而后合力向 160 高地之敌发起进攻。战至 15 时 07 分，五连、七连连续粉碎敌两次反冲击，并成功占领 160 高地。此时，营指率领第二波队的六连、八连相继登陆。

15 时许，登陆部队第二梯队第 178 团三营在海门礁地段登陆后，主力向黄岩礁、海门礁集结。

至此，我登陆部队已全部登上一江山岛，并分头向纵深发展。

14

18 日中午，阳光灿烂，海面上微波熠熠。商船、渔船和海鸥不知什么时候都躲得无影无踪。只有我军的歼击机群、强击机群朝一江山岛方向俯冲，我军的舰艇围击敌舰的壮观景象！

正如张爱萍司令员所说，当所有作战部队都按计划与敌展开交战后，他的心里反而平静了许多。他有这样一种直觉——像这样的战役，如果能把握住开始，那么就能预测出结果来。显然他现在已是成竹在胸了。

果然，没多久就捷报频传：

第 178 团一营攻克北江 190 高地！

第 178 团二营攻占北江 203 高地！

第 180 团二营攻占南江 180 高地！

国民党守军一江山地区司令王生明被活活烧死在掩蔽部里！

活捉了国民党突击第 4 大队中校大队长王辅弼！

……

15

此时，一江山岛上硝烟弥漫，弹痕密集得像蜂窝，海风卷起层层火药味。夺占了北江 190 高地、203 高地和南江的 160 高地、180 高地，国民党在一江山的守敌便大势已去。他们慌慌如丧家之犬，四处藏匿。我登陆指战员一边积极巩固阵地，一边组织部队扩大战果，搜剿残敌。至 19 日 2 时，岛上残敌被彻底肃清，一江山岛获得解放。

16

在国民党失守一江山岛，远在太平洋彼岸的美国立刻命令第 7 舰队相继从菲律宾、香港、日本到大陈岛以东海域活动，并于 1 月 23 日至 2 月 4 日期间向浙东海域起飞战斗机 469 批 2 224 架次，向我进行军事挑衅。蒋介石也出动空军对我进行报复性轰炸。

但这一切丝毫改变不了我军收复台州列岛的决心。

2 月初，国民党获悉“共军要集中三个师兵力攻击大陈岛”，美国也郑重宣告自己的军队决不会参与台湾外围岛屿的防卫。蒋介石不得不下令刘廉一在美军的协助下分批撤走大陈岛军民。

1955 年 11 月 5 日，毛泽东视察黄浦江，在谈到一江山岛战役时高兴地说：“一江山岛登陆作战，打得很好！我军陆、海、空三军首次联合作战是成功的。”

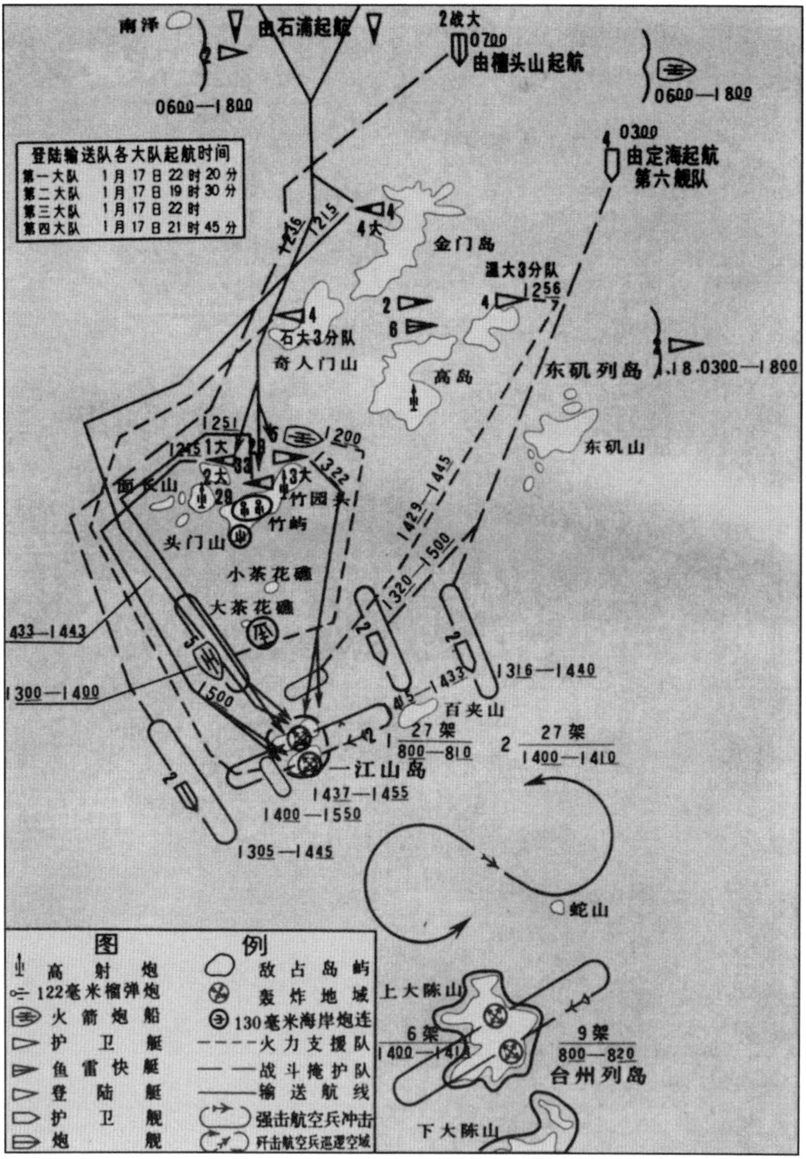
南泽
由石浦起航
2战大
0700
由檀头山起航
0600—1800
0600—1800
0300
由定海起航
第六舰队
登陆输送队各大队起航时间
第一大队 1月17日22时20分
第二大队 1月17日19时30分
第三大队 1月17日22时
第四大队 1月17日21时45分
4大
金门岛
温大3分队
1256
石大3分队
奇人门山
东矶列岛
18.0300—1800
高岛
东矶山
1251
1200
头门山
竹屿
竹园头
小茶花礁
大茶花礁
433—1443
1300—1400
1500
1429—1445
1320—1500
1316—1440
1433
百夹山
27架
800—810
27架
1400—1410
一江山岛
1437—1455
1400—1550
1305—1445
蛇山
图例
高射炮
122毫米榴弹炮
火箭炮船
护卫艇
鱼雷快艇
登陆艇
护卫舰
炮舰
敌占岛屿
轰炸地域
130毫米海岸炮连
火力支援队
战斗掩护队
输送航线
强击航空兵冲击
歼击航空兵巡逻空域
上大陈山
6架
9架
800—820
台州列岛
下大陈山

◎ 解放一江山岛经过要图

一江山岛战役，是华东军区陆、海、空三军对盘踞一江山岛的蒋军实施的一次联合渡海登岛作战，是我军历史上首次也是唯一一次三军联合登陆作战。在历时一天一夜的战斗中，全歼守敌 1 086 名，炸毁、炸伤敌舰 5 艘，击落、击伤敌机 16 架。华东军区总伤亡人员 1 417 名，被击伤护卫舰 1 艘、登陆艇多艘、飞机 8 架。

一江山岛战役规模虽然不大，但此战的胜利，有力地粉碎了美蒋"共同防御条约"的阴谋，迫使蒋介石撤出台州列岛，并且进一步推动海防对敌斗争，锻炼和提高了陆、海、空三军联合渡海登岛作战的能力，也为以后的联合作战指挥积累了许多宝贵的经验。

一江山岛战役的胜利，首先归功于充分的作战准备。"先胜而后求战"，是这次战役的重要特点。由于我军首次组织联合作战，不论在组织计划，还是在组织临战训练、组织器材保障上都有一定的难度，但通过进行周密的情报搜集，反复研判形势，在相近地形实兵演习、大量的物资器材准备等，通过实战检验的结果来看，这些方面的准备都是比较充分的。

隐蔽快速制敌，是战役取得胜利的关键。战前，参战部队广泛采取了兵力佯动、火力佯动以及对人员、火炮、器材、舰艇等的伪装，有效地隐蔽了作战企图，以至于在我登陆部队乘载驶向一江山岛时，敌方才知道我攻击的目标；战役发起时，通过缜密侦察敌军动向寻找到合适时机，速战速决，强敌想要干涉却无法作出有效反应；作战过程中组织佯攻披山岛以扰乱敌视线，有力地支援配合主要方向作战。

集中统一指挥是战役取胜的根本保证。前方的军事行动与后方的政治外交活动配合密切，战略与战役战术层次相互衔接，抓住了发起战役的最佳时机快速实施，很好地化解了强敌介入的风险；各作战军兵种部队自始至终都在统一计划、统一指挥下行动，这也是充分发挥参战部队的整体威力、最终取得胜利的关键所在。根据作战需要建立浙东前指，下设空军、海军、登陆指挥所和政治工作代表组、后方联合勤务部等机构。其中，空军指挥所统一指挥参战空中力量，登陆指挥所统一指挥与登岛相关的各军种力量。明确了登陆时指挥方式和指挥关系，在不同阶段由不同的军种为主指挥，在面临不同战场态势时，及时组织各军种协同，发挥出了整体作战的威力。

牢固掌握战区制海权和制空权是取胜的重要前提。海、空军部队积极运用雷达严密监控敌方，及时捕捉、打击海上和空中目标，对大陈岛、一江山岛之敌实施了约 80 天的预先火力打击与封锁，始终控制着制海权和制空权，有力地保障了我登陆部队在火力准备阶段和突击上陆阶段的海域和空域安全。在航渡阶段遭敌炮兵火力打击、敌海军舰艇企图机动拦阻时，炮兵、航空兵对敌进行了强大的火力压制，先头抢滩上陆攻击受阻时，完成预定任务准备返航的强击机群继续对敌实施空中突击，有力地支援了陆军行动。

应该注意的是，由于没有充分考虑到一江山岛的狭小地形，认为只要集中优势兵力便可一举突破，对敌人堡垒工事和负隅顽抗的态度估计不足，我军集中了大量兵力上岛突击，遭到敌人坚固的堡垒、隐蔽的侧射火力点、洞穴火力点和复活火力点的较大杀伤。

一江山岛战役，是在特定的环境中、特定的历史条件下进行的一次规模较小的近海登陆战，它的经验具有一定的局限性。但是，参战指挥员紧密结合实际、勇于创新的劲头，对研究和解决当前国防和军队建设问题，具有普遍的现实意义。

十

交战时间	1950年11月6日—12月24日
交战地点	清川江畔西起新安州，东至军隅里、价川，南至龙源里、三所里地区，长津湖地区
交战双方	中国人民志愿军第38、39、40、42、50、66、20、26、27军；“联合国军”所属美国第8集团军、第10军和南朝鲜第1、2军团
指挥将领	彭德怀、邓华、洪学智、韩先楚、解方、杜平；道格拉斯·麦克阿瑟、沃尔顿·沃克、特纳·乔埃、乔治·斯特拉特迈耶、爱德华·阿尔蒙德、刘载兴
交战装备	我方：志愿军没有空军和海军，没有坦克和摩托化装备，仅有少量防空和反坦克武器，主要装备的是缴获的日制38式步枪和美式M2重机枪、M1伽兰德半自动步枪，各种火炮（60毫米炮、92毫米步兵炮、火箭炮、迫击炮）不足3 000门（其中榴弹炮320门、高射炮36门），火箭筒、反坦克地雷、燃烧瓶，运输车不足

立稳脚跟之战

——抗美援朝第二次战役

700 辆；
“联合国军”：美式 M2 重机枪、M1 伽兰德半自动步枪、M1 卡宾枪、汤姆森冲锋枪等步兵装备，各型军舰（航空母舰、巡洋舰、战列舰、驱逐舰、登陆舰、扫雷舰）200 余艘、各种作战飞机（舰载的 F9F 海盗和 F4U 豹式战斗机、AD 天空强盗轰炸机，空军 F-80C“流星”战斗机、F-82 全天候战斗机、P-51 野马战斗机、B-29 空中堡垒远程轰炸机、B-26 轰炸机、RF-80A 照相侦察机、RB-29 空中侦察机、T-6 蚊式战术控制飞机、C-46、C-47、C-54、C-119 运输机）1 100 余架，各种火炮 6 049 门（其中 70 毫米以上口径火炮 2 300 余门）、各种汽车 26 000 余辆

| 交战结果 | 歼灭南朝鲜第 7、8 两师和土耳其旅大部，歼灭性打击美第 2 师、第 7 师、陆战第 1 师，重创美骑兵第 25 师、第 1 师一部，歼敌 3.6 万人，缴获现击毁各种炮 1 100 余门，坦克 200 余辆，汽车 3 300 余辆，击落敌机 18 架。志愿军伤亡 3.07 万人

你告诉官兵们，他们打到鸭绿江之后就可以回国了。我希望我的话可以兑现，就是他们可以回家过圣诞节。

——麦克阿瑟

正如苏军在与第一流武装的德军交战中取得了现代战争的丰富经验，变成了装备精良的现代化军队一样，在反击现代化的和装备精良的美军的战争中，中国军队无疑地也将取得现代战争的丰富经验，其本身也将变成完全现代化的、装备精良的、威力强大的军队。

——斯大林

中国人民志愿军在第一次战役中取得了很大胜利，但是因为没能按照预定计划歼灭更多敌人，整个朝鲜战局并未发生根本性的改变。在东线，美第10军指挥的美军和南朝鲜军仍在继续试图北进；在西线，美第8集团军指挥的美英军和南朝鲜军，虽然个别部队“伤筋动骨”，但整体却未造成“致命伤”。“联合国军”主力撤至清川江以南后，稍作整顿，便以侦察试探为目的，恢复了局部的进攻行动。对于志愿军来说，整个战场形势仍然是严峻的，其亟须解决的是如何粉碎“联合国军”的再次进攻和在朝鲜站稳脚跟的问题。为此，志愿军组织实施了一场更为宏大的战役——“第二次战役”。

1

早在第一次战役还未结束的时候，彭德怀就已经开始谋划第二次战役了。在第一次战役结束的前一天，即11月4日，彭德怀致电毛泽东并告高岗，指出：“因消灭敌人不多，我军实力尚未完全暴露，美

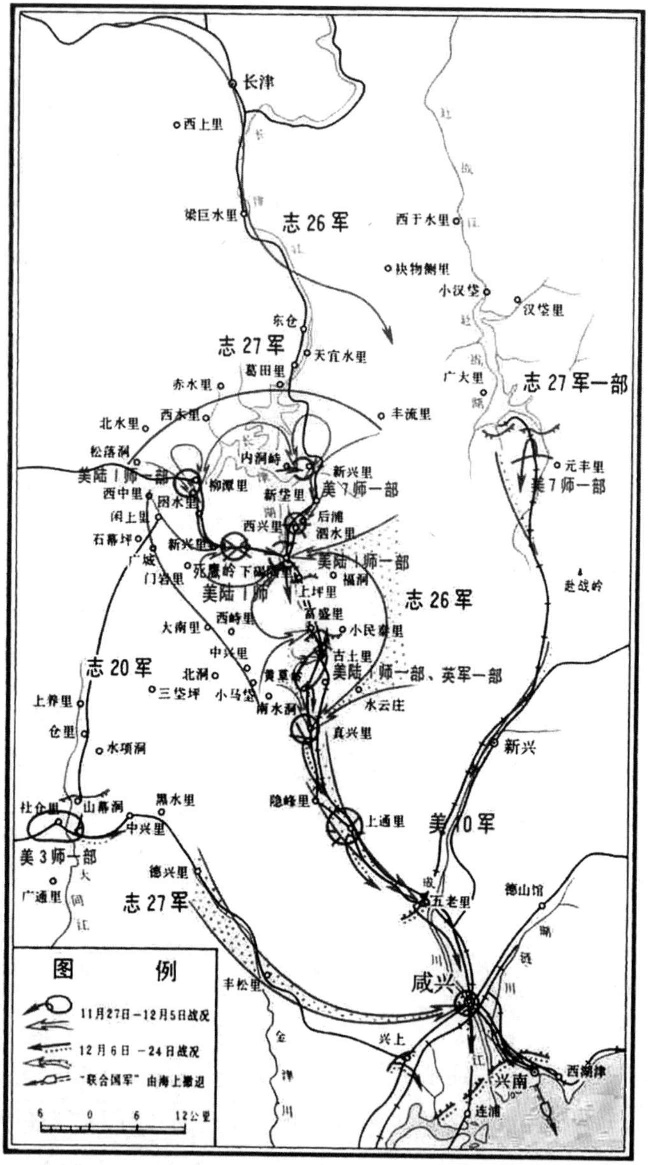

◎ 第二次战役（东线）作战要图（1950 年 11 月 27 日—12 月 24 日）

伪军还可能重新组织反攻。”同时，彭德怀考虑到志愿军已经连续作战10天，部队非常疲劳，加之后勤运输十分困难，在冬寒已经到来的时候，部队还要在野外露营，这对保持战斗力都十分不利。于是，他在电文中向毛泽东提出了下一步朝鲜作战的设想：“拟采取巩固胜利，克服当前困难，准备再战方针。……如敌再进，让其深入后歼击之。”

毛泽东对于朝鲜战局的发展也有自己的考虑，他在没有接到彭德怀的这个电报之前，也是在11月4日这一天，给彭德怀、邓华发出了一封电报。毛泽东在电报中指出：

> 敌于收集各部略加整理后有向我军举行反攻之可能，请令我军各部注意，于其反攻时各个歼灭之，尤其注意德川方面。

毛泽东接到彭德怀4日的电报之后，又进一步提出了根本扭转朝鲜战局的战略考虑。他在11月5日1时给彭德怀的复电中，表示同意彭德怀的部署，同时指出：

> 德川方面甚为重要，我军必须争取在元山、顺川铁路线以北区域创造一个战场，在该区域消耗敌人的兵力，把问题摆在元山、平壤线的正面，而以德川、球场、宁边以北以西区域为后方，对长期作战方为有利。目前是否能办到这一点，请依情况酌定。

11月5日22时，毛泽东为了加强东线作战，电令以宋时轮为司令员兼政治委员、陶勇为副司令员、覃健为参谋长、谢有法为政治部主任的第9兵团（3个军共12个师）入朝，“全力担任”江界、长津方面的作战，同时指示，第9兵团应“以诱敌深入寻机各个歼敌为方针。”

根据毛泽东的指示，彭德怀与邓华等志愿军领导人，以及朴一禹，研究制定了第二次战役东西两线的部署方案，并于11月8日15时电告毛泽东并高岗：

> 敌为牵制我主力，有沿清川江北进，配合其东线迂回江界的企图。我为以逸待劳，便于后方运输，拟仍以诱敌深入，各个歼击方针。西线部署为：以三十八军一个师沿清川江东岸节节抗击，引敌至妙香山地区，坚决扼守之；主力隐蔽集结于下杏洞、球场以东，德川以北之山地。四十二军主力掩护任务，待宋时轮兵团到后，靠一二五师集结德川东北、德岘、杏川洞、校馆里地区；待宋兵团打响后，协同三十八军主力由东北向西南出击，但不放松消灭伪军之一切机会。三十九军、四十军、六十六军主力位温井、云山、泰川、龟城地区，休息七天，搜索散兵，补充粮弹，修路。如敌不进，待宋兵团打响后调动敌人时，拟集中三个军出德川及其以南寻机歼敌，把战场推向前些，以利持久作战。

对此，毛泽东于11月9日复电，同意志愿军的部署，并指出：“目前部署及下一步作战意图，均很好，请即照此稳步施行。”同时指示志愿军：

> 要修几条（不只一条）宽大公路通达德川、宁远、孟山区域，这是极重要的战略任务，后面各路均须修好修宽，请抓紧办理。

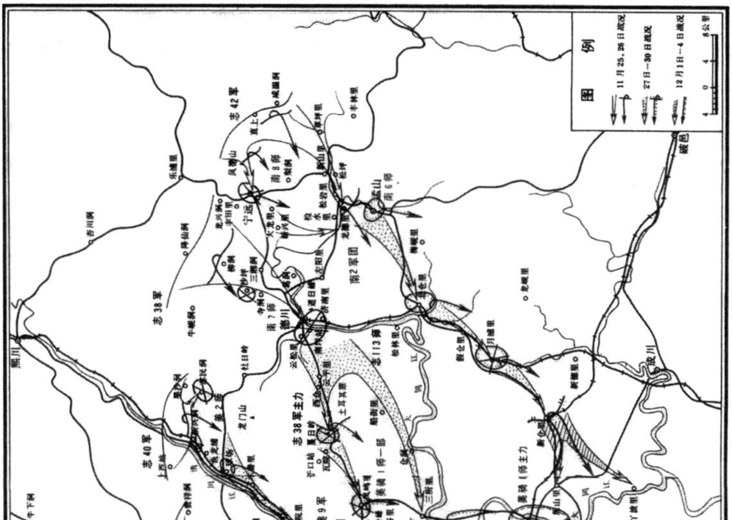

◎ 第二次战役（西线）作战要图（1950年11月25日—12月4日）

争取在本月内至十二月初的一个月内东西两线各打一二个仗，共歼敌七八个团，将战线推进至平壤、元山间铁路线区域，我军就在根本上胜利了。

并告高岗、贺晋年“用一切可能方法保证东西两线粮弹被服（保障御寒）之供给”。

彭德怀接到毛泽东的电报后，于11月10日，主持召开了志愿军党委会。彭德怀在会上总结了第一次战役的经验教训，并提出了第二次战役的作战方针，即“诱敌深入，迷惑敌人，分散敌人”，尔后寻机分割、包围敌人，力争在第二次战役中，歼灭大量敌人，扭转朝鲜战局，使志愿军站稳脚跟。党委会经过讨论，一致同意了彭德怀的意见。

11月13日，在彭德怀的主持下，于大榆洞志愿军司令部，召开了第一次志愿军党委扩大会，在总结第一次战役的经验后，进一步研究了第二次战役的作战方针和部署。会议根据当时敌我双方武器装备“敌优我劣”的状况，进一步明确了志愿军在朝鲜作战，“在我空军、炮兵、坦克尚未得到适当组成前，我们仍采取运动战、阵地战、游击战相结合，内线和外线相结合的方针。”

彭德怀在会上，还根据“联合国军”在朝鲜的地面兵力及其分布，认为“敌人气焰未打下去，还是想进攻。如果我们与其对峙，就不能得到休息整训。加之在狭小地区内，集居了志愿军和人民军四五十万人，当地人民是吃不消的。”因此，志愿军在1950年内“还必须要打一仗，将战场推到平壤、元山地区，再消灭敌人至少六七个团，使敌人由进攻转入防御，以便我军将来大举反攻。”

彭德怀在会上，还进一步明确了第二次战役的打法，即“内线作战，诱敌深入，各个击破和歼灭敌人。”具体来说，志愿军主力应后撤至第一次战役比较熟悉的地区休整和构筑反击阵地，以逸待劳；以小部兵力与敌人保持接触，故意示弱，骄纵敌军和诱敌深入。在西线，要将敌人诱至大馆洞、温井、妙香山一线地区；在东线，应将敌人诱至长津水库地区，然后突然反击，予以歼灭。如果敌军不进，志愿军就打出去。

彭德怀进一步指出：“打出去有两个办法：一是围点打援，调动敌人，准备包围永兴附近美3师一个团，让敌人来援，从运动中来歼灭敌人；二是集中38军、42军从德川打出去，直插顺川、肃川，如力量不够，再将40军调过去。总之，必须集中力量作战。东线则完全由9兵团负责，首先求得歼灭美陆战1师两个团。”“此役如能消灭美伪军二至三个师，则朝鲜战局将起基本变化。”

如此，志愿军部队按照研究确定的作战方针，开始了第二次战役“诱敌深入”的“造势”行动。

2

在第一次战役中，冒进的“联合国军”遭到志愿军部队的严厉打击后，虽然获知了不少有关中国军队参战的情报，但美国人始终不愿意承认这一事实。

1950年11月9日，美国召开国家安全委员会，几经讨论后，最终确定在没有判明中国出兵的意图之前，允许麦克阿瑟继续执行以军事进攻迅速占领全朝鲜的计划，并且批准其“在军事方面可以相机行事”，可以轰炸中朝边界上朝鲜一端的鸭绿江桥。

“联合国军”总司令麦克阿瑟一贯骄狂，根本不相信中国会在朝鲜人民军节节败退的时候派兵入朝。他判断在第一次战役中，第 8 集团军遇到的只是“小股共军”，其参战目的最有可能的就是保护中国在鸭绿江上的电力设施。

据此，麦克阿瑟确定了一厢情愿的“总攻势”计划：首先以地面部队进行试探性进攻，查明中国军队在朝鲜的实力和企图，同时以远东空军摧毁鸭绿江上的连接中朝两国的所有桥梁，摧毁鸭绿江以南尚未占领地区内的所有的交通运输设施、军事设施、工厂、城镇和村庄，以阻止志愿军后续部队进入朝鲜和运输物资。然后，集中“联合国军”，以美第 8 集团军在西线、美第 10 军在东线，发起钳形总攻，向中朝边境的鸭绿江和图们江推进，力争在圣诞节前结束朝鲜战争。

按照这一设想，麦克阿瑟早在 11 月 6 日，就命令东、西两线的“联合国军”开始向志愿军进行试探性进攻。在西线，美第 8 集团军在麦克阿瑟的督促下，以南朝鲜第 1 师由新安州北渡清川江，前出孟中里，向大宁江两岸及博川以西地区出击搜索；以南朝鲜第 7 师攻击 11 月 5 日被志愿军第 38 军第 112 师占领的位于价川以东、清川江南岸的飞虎山阵地；以南朝鲜第 8 师 1 个团，攻击志愿军第 42 军第 125 师占领的德川阵地。在东线，美第 10 军指挥的部队也开始继续向北进攻。但是由于美第 10 军和第 8 集团军在第一次战役中，均遭到了志愿军的痛击，其在东、西两线的进攻顾虑重重，不敢放胆北进。

彭德怀根据这些情况，判断敌人有沿着清川江北进，配合其东线迂回江界的企图，请示中央军委后，确定了“诱敌深入，各个歼击”的作战方针。并且，以高超的指挥艺术，及早谋划两次战役间的衔接与布势，命令部队在东、西两线，诱使敌人放胆北进。

在西线，志愿军以第 39 军第 117 师、第 40 军第 119 师、第 38 军第 112 师和第 42 军第 125 师，展开于第一线，节节阻击，故意示弱，骄纵敌军，诱敌深入。各军主力则后撤，隐蔽休整。在东线，志愿军第 42 军也以一部兵力在黄草岭以北地区与敌保持接触，迟滞美陆战第 1 师向长津湖方向的推进。

为了让“联合国军”及早“上钩”，在志愿军总部的指导下，担任诱敌任务的志愿军各部，从一开始，即对进攻的“联合国军”展开了顽强阻击，在飞虎山、德川等地还进行了激烈的争夺。

第 38 军第 112 师攻占飞虎山后，直接威胁美第 8 集团军战线的核心部位安州。因此，南朝鲜第 7 师和美第 2 师立即进行了反扑。“联合国军”在密集炮火和飞机的支援下，每日以 1—3 个团轮番进攻，炮弹将志愿军阵地炸成了松土，凝固汽油弹将山丘烧成了火海。第 112 师坚守阵地，以“人在阵地在”的精神，顽强地顶住了敌军的猛烈进攻。

与此同时，南朝鲜第 8 师对志愿军第 42 军第 125 师的阵地展开攻击，力图占领德川，建立北进的出发阵地。第 125 师根据志愿军总部的命令，以申山为核心，构成阵地防御体系，坚守大同江北岸阵地。在与敌人的反复争夺中，第 125 师击退了南朝鲜军的多次进攻，圆满完成了志愿军总部的诱敌任务。

在西线，志愿军第 39 军第 117 师、第 40 军第 119 师也以一部兵力坚决阻击进攻博川、宁边的敌军；在东线，志愿军第 42 军则在黄草岭以北地区坚决阻击美陆战第 1 师。

在志愿军一线诱敌部队的顽强战斗下，至 11 月 8 日，西线美第 8 集团军部队始终未能前进一步，东线长津湖地区的美陆战第 1 师也步履艰难。对此，麦克阿瑟十分不满，严令各部加紧进攻，迅速向进攻出发线推进。

鉴于敌人主力已经开始展开，并被志愿军各阻击部队所吸引，志愿军总部于 11 月 9 日，令第 125 师继续坚守德川阵地，志愿军其他部队均后撤一步，在继续阻击中，诱敌前进。

但是情况却没有志愿军想象的那样乐观。由于“联合国军”对于第一次战役，仍心有余悸。尽管麦克阿瑟一再督促，但西线美第 8 集团军在司令沃克的率领下，依旧不敢放胆前进。至 11 月 16 日，仅向北推进了 9—16 公里。其辖制下的南朝鲜第 1 师、英第 27 旅、美第 24 师、美第 2 师、南朝鲜第 7、8 师等各师主力，仍位于新安州至军隅里清川江两岸及东至德川的这一地区。而东线的美陆战第 1 师也只是平均每天向北推进 1 英里，就不敢再动了，其始终在下碣隅里、古土里地区徘徊。

彭德怀为了使敌人产生错觉，诱使其尽快进入预定歼击地区，果断作出决定：志愿军东、西两线部队均进一步后撤，要与敌军脱离接触，并且要通过制造假象，诱使敌军放胆北进。

11 月 17 日，志愿军部队按照命令，在东、西两线均与“联合国军”部队脱离了接触，并且在后撤时，故意在阵地和道路上丢弃部分装备和物品，造成了“狼狈撤逃”的假象。

当日，志愿军部队在前线又释放了 100 名战俘，并有意向被释的美军战俘透露了一些消息：志愿军粮食供应困难，准备撤回国内。

面对志愿军的后撤，“联合国军”果真被迷惑了。麦克阿瑟和华盛顿当局都认为志愿军是“怯战败走”，并且估计志愿军“最多也不过六七万人”，并“不是一个不可侮的势力”。

11月18日起，西线美第8集团军全线快速前进，至21日全部到达预定的攻击开始线。其中，美第24师进至博川以西的嘉山，南朝鲜第1师进至博川北之长新洞，英第27旅进至龙山洞，美骑兵第1师进至宁边北之立石，美第2师进至球场南之江亭，南朝鲜第7师由军隅里东移德川、龙门山，南朝鲜第8师进至宁远及其以北。

东线美第10军军长阿尔蒙德，也认为对面的志愿军部队只有一两个师，于是命令各部快速北进。11月21日，美第7师第17团已进至中朝边境的惠山镇；南朝鲜首都师进至清津以南之永院里，南朝鲜第3师向合水推进，美陆战第1师进至长津湖南岸的下碣隅里及以北地区。

至此，东、西两线的“联合国军”均进入了志愿军的预设战场，志愿军部队的“诱敌深入”取得圆满成功。

此时的“联合国军”总部和美国军政当局，也是满心欢喜。11月24日，麦克阿瑟兴奋地认为，“总攻势”计划已经胜券在握，于是向部队发出了这样一份公告：

> 联合国在北朝鲜对在那里作战的精锐军的压缩包围现已临近关键时刻。在过去的3周里，作为这只铁钳独立成分的各类空军，以模范的协同和战斗力发动了持续的攻击，成功地切断了来自北方的补给线，这样，由此而进行的增援急剧减少，基本的补给明显受到限制。这一钳形攻势的右翼在海军有效的支援下，现已抵达居高临下的包围阵地，把地理上可能有敌人的北部地区一分为二。今天上午，钳形攻势的西段发动了总攻，以完成包围并夹紧钳子。倘能成功，这实际上将结束战争……

在麦克阿瑟的盲目乐观下，一时间，美军中充斥着“圣诞节前结束战争”的情绪。殊不知，“联合国军”又一次落入了志愿军设下的“口袋阵”！

3

“联合国军”放松戒备后，快速向北推进。这时，西线美军第 8 集团军和东线美军 10 军之间，由于狼林山脉群峰耸立，东西两线之间存在着一个数十里的间隔，两军不能互为支援。而西线美军第 8 集团军的右翼，又是刚受过志愿军第一次战役打击的南朝鲜第 7 师和第 8 师，其兵力加起来也不过两万来人。

对此，彭德怀决定利用敌军的弱点，突破敌人的右翼，向美第 8 集团军深远后方，实施穿插迂回。于是，在战线正面，令志愿军第 39、40、50、66 军与敌形成对峙；在战线翼侧，则令第 38、42 军向敌右翼迂回，以打开战役缺口。

11 月 25 日黄昏，志愿军第 38、42 军由志愿军韩先楚副司令员统一指挥，在西线正面各军的配合下，按照预定计划，乘敌立足未稳，出其不意地对德川、宁远地区之间的南朝鲜第 7、8 师发起猛烈攻击。

志愿军第 38 军负责歼灭德川地区的南朝鲜第 7 师。该军在第一次战役中，曾因延误攻击熙川的时间，进而没有完成向敌后迂回的任务，受到彭德怀司令员的批评。此次作战，全军上下情绪高昂，决心打好翻身仗。

此时，位于德川地区的南朝鲜第 7 师仍在向北进攻。根据南朝鲜第 2 军团的命令，南朝鲜第 7 师首先进至三巨里、牛岘洞、百岭川，然后向妙香山、熙川攻击。该师以第 3 团在左、第 8 团在右，展开进攻，但在志愿军第 112 师的阻击下进展缓慢，至 25 日方进至牛岘洞、项谷山一线。为了加快北进的速度，南朝鲜第 7 师将第 5 团主力也投入作战，在德川只留下了 1 个营作为预备队。

志愿军第 38 军认真研究了任务和敌情后，命令第 113 师从敌右翼向德川以南迂回。第 113 师在击溃当面之敌后，迅速穿过南朝鲜第 7、8 师的结合部，涉过大同江，于 26 日 8 时到达德川以南的遮日峰、济南里，切断了德川、宁远两地之敌的联系及德川之敌的南逃退路。

第 38 军第 112 师从敌左翼发起进攻，主力轮番抗击敌人，完成诱敌深入任务后，即于 25 日 16 时由中草洞、杜门洞出发转入进攻，至 26 日 5 时占领德川以西的钱三里、云松里、安下里，切断了德川与军隅里之敌的联系，堵住了德川之敌西逃价川、安州的道路。

第 38 军第 114 师则从正面发起攻击，击溃南朝鲜军第 8 团 2 个营后，随即向德川发展进攻。其第 341 团查明敌军炮兵阵地的位置后，即组织精悍的小分队，于 26 日 7 时歼灭了南朝鲜第 7 师榴炮营。师主力在击破南朝鲜军的阻击后，于 26 日 11 时占领德川以北的葛洞、斗明洞、马上里一线，完成了对德川之敌的正面压缩任务。

其时，由第 38 军军直侦察连、第 113 师侦察连及 2 个工兵排组成的侦察支队，于战斗发起前已隐蔽渗透到敌军的后方，并于 26 日 8 时进至德川西南之武陵里，炸毁公路大桥，击毁、截获敌军汽车 40 余辆，封闭了南朝鲜军南逃北援的通道。

至此，第 38 军完成了对德川地区南朝鲜第 7 师的合围。南朝鲜第

2 军团得知第 7 师被围后，急忙令第 7 师向顺川方向突围。南朝鲜军遂在大量飞机掩护下，分三路向西南突围。志愿军第 38 军原定于 26 日晚发起总攻，在发现敌人突围的迹象后，立即决定提前对被围之敌发起总攻。战至 26 日 19 时，南朝鲜第 7 师 5 000 余人大部被歼，7 名美军顾问全部被俘，第 38 军胜利完成了歼敌任务。

志愿军第 42 军的任务是歼灭宁远地区之南朝鲜第 8 师。南朝鲜第 8 师占领宁远后，以第 10 团在左，第 21 团在右向北进攻，企图首先占领德仁峰、神奇峰、三巨里，然后向柔院镇推进。至 25 日，其主力进至丰田里、凤德里、松日德山、麻撞潭里、直里一线，师预备队第 16 团则位于龙德里一线，保护其侧翼安全。

第 42 军受领任务后，以第 126 师两个团从宁远东北，向宁远以南攻击前进，对敌侧后实施多路迂回，试图断敌退路。南朝鲜第 8 师对侧后出现志愿军部队颇感惊恐，立即调整部署，以第 16 团坚守侧翼防线，师主力则迅速向孟山方向收缩。

第 42 军乘敌混乱，命令宁远以北实施正面进攻的第 125 师，于 25 日 23 时向敌发起猛攻，冲入宁远城，与南朝鲜军第 10 团指挥所和直属队展开巷战，并很快端掉了指挥所。南朝鲜军第 10 团失去指挥后，官兵四散奔逃。至 26 日拂晓，志愿军攻克宁远，南朝鲜第 8 师被大部歼灭。

在第 38、42 军向南朝鲜第 2 军团发起攻击的同时，志愿军第 40 军也对当面之敌发起了攻击。志愿军总部赋予第 40 军的任务是，向西仓穿插，割裂南朝鲜军第 2 军团与西面美军的联系，保障德川、宁远地区的作战。

24 日晚，第 40 军开始向龙川山、西仓方向运动，而此时美第 2

师已经占据新兴洞和苏民洞。第40军为完成任务，于25日晚，命令各师向敌发起攻击。

第120师以第359团强渡清川江，攻击鱼龙浦和清川江西岸高地。第359团4个尖刀连，不顾美军密集火力的封锁，冒着零下20多度的严寒，徒涉200米宽的清川江。志愿军破冰前进，以巨大牺牲，突破美军1个步兵营、1个炮兵营和1个坦克营的江防阵地。继而攻占鱼龙浦，切断了新兴洞美第9团主力的退路。美第2师遂展开反扑，但志愿军第359团顽强固守，阵地屹然不动。

第118师向新兴洞美军第9团主力发起进攻，经过彻夜激战，攻占新兴洞外围阵地，并迫使新兴洞之敌撤退。美军第9团余部在志愿

11月25日，第40军向球场以北之新兴洞、苏民洞美2师进攻。图为在新兴洞战斗中抢占制高点

军的打击下，于 27 日凌晨绕道逃至球场。

第 119 师于 25 日 20 时 30 分，向占据苏民洞的美军第 38 团发起攻击，击溃美军 1 个多营，至 26 日 5 时攻占苏民洞。26 日上午，不甘失败的美军第 38 团主力，在飞机、坦克的配合下发起反扑，重占苏民洞。同时，位于美军第 2 师和南朝鲜军结合部东仓之美军 1 个营，收缩至坪岩，企图与苏民洞之敌会合。

第 119 师本来是准备歼灭苏民洞、龙水洞守敌之后，继续向西仓穿插，以切断德川与价川之敌的联系。但鉴于美军再次占据苏民洞，直接威胁着第 38 军右翼的安全。于是决定先歼灭苏民洞之敌，再南下西仓。

26 日晚，第 119 师再次对苏民洞之敌发起攻击，战至当晚 24 时，苏民洞被攻克。守敌一部溃散，大部在坦克掩护下向西撤退。27 日晚，

在清川江南岸的激战中，第 119 师歼灭美军 1 200 余人。图为被俘的美军

第119师向龙水洞之敌发起进攻，迫使该敌于28日下午向西撤退。

第40军在清川江畔的战斗，虽然未能完成向西仓的穿插任务，但有力地打击并抓住了美第2师，使其无法东援，从而支援了德川、宁远地区的战斗。

经过26日一天的战斗，志愿军在德川、宁远地区，大部歼灭南朝鲜第2军团两个师，在美第8集团军的右翼打开了战役缺口。至此，志愿军形成了对敌实施“侧后战役迂回、正面突击分割、各个歼灭敌军”的有利态势，完全控制了战场的主动权。

4

彭德怀鉴于西线志愿军发起全线反击，已经在敌右翼打开了战役缺口，遂于27日13时作出新的作战部署：第42军按照原定计划歼灭北仓里、假仓里之敌，尔后以主力向顺川、肃川方向前进，断敌退路，另以一个师向成川攻击前进，得手后，或原地阻歼逃敌，或继续南进，会合敌后人民军部队向平壤、汉城间猛进；第38军以主力向院里、军隅里方向攻击前进，一部向军隅里南的三所里攻击前进，以迂回堵击军隅里、价川逃敌；第40军以有力一部截断球场之敌退路，如敌南逃，军主力则猛追包围该敌；第39军在歼灭当面之敌后向院里攻击前进，协同第38、40军会歼球场地区之敌；第66军逼近古城洞、龙山洞，抓住当面敌人，力求歼敌一部，尔后向宁边、军隅里攻击前进；第50军主力歼灭大宁江西岸残敌后，向博川以南攻击前进。

27日晚，志愿军各军按照上述部署，开始向当面之敌展开猛烈进

◎ 在军隅里山林中搜索残敌

攻。战至 28 日晨，正面第 40 军逼近球场；第 39 军进至和平洞、石城洞、立石，逼近宁边；第 66 军进至泰川至宁边之间的古城洞、龙山洞；第 50 军进至纳清亭以北的五龙洞。担负侧后迂回任务的第 42 军于 28 日 3 时攻占北仓里，突破南朝鲜第 6 师的防御，并歼敌一部。第 38 军则负责实施战役迂回，插向敌人后方。

志愿军第 38 军受领任务后，除留部分兵力打扫战场外，军主力全力插向“联合国军”的侧后。该军侧后迂回期间，为了及早截击清川江以北之敌，决定：以军主力沿德川至军隅里公路及其北侧攻击前进，构成截击敌军的对内正面；以第 113 师（欠第 339 团）沿安山洞、船街里、龙沼里的山间小路，向三所里实施穿插迂回，以构成截击敌军的对外正面。另以第 339 团 3 营经三所里直插安州、肃川之间，破路炸桥，阻敌后撤。

三所里是地处西线的美第 8 集团军腹地的一个小山村。它南临大同江，北依起伏的山峦，山村西面有一条南北方向的公路连接价川和平壤，因此，成为“联合国军”北进、南撤的必经之地。这样一来，第 113 师能否完成穿插迂回任务，及时占领三所里，成为战役成败的关键。

第 113 师受领任务后，在师长江潮、政委于敬山的率领下，不顾连日作战的疲劳，于 27 日 16 时由青龙里、当洞、松荫里地域出发，沿着安山洞至三所里的山间小路疾速前进。

第二天天明时，第 113 师先头部队第 338 团距离三所里还有 30 来里的路程。这时，敌人飞机沿着大同江飞来，在志愿军行军纵队的上空盘旋，志愿军部队时刻都有遭敌轰炸的危险。但第 113 师为了能够早一刻到达三所里，果断决定克服一切困难，连续行军，并且大胆地命令部队去掉伪装，加速前进。看着他们顶风冒雪，一路疾行，美军飞机还误以为是德川撤退的南朝鲜军，不但没有轰炸，反而通知驻在三所里的南朝鲜军准备好饭菜，好好款待败下来的“兄弟”。

如此，第 113 师 14 小时前进 70 公里。前卫第 338 团于 28 日 8 时到达三所里，对三所里毫无戒备的敌人发起突然冲击，全歼守敌南朝鲜军 1 个连后，牢牢锁住了美军第 9 军的南逃之路。

第 113 师第 338 团占领阵地后不久，南下的美军骑兵第 1 师所属第 5 骑兵团，即进至三所里。面对敌人，志愿军突然开火，歼灭美军 1 个侦察排，继而与美军第 5 骑兵团展开了激战。

战斗中，美军约 1 个营在坦克支援下，向扼守公路的第 8 连阵地发起猛攻，企图突破一个缺口，然后南逃。8 连官兵英勇、沉着，待敌抵近后，集中全连火器一齐开火，并以白刃格斗，连续击退敌人数次冲击。当敌人增加兵力，在飞机、大炮的掩护下，发起新的进攻时，

8 连官兵进行了顽强阻击。激战七小时之久，美军始终未能跨进 8 连阵地一步。

美军经三所里南逃企图被志愿军第 338 团粉碎之后，转向西北方向寻路南逃。第 113 师发现三所里附近的龙源里，有一条南下的铁路，即于 28 日 18 时令第 337 团向龙源里急进，抢先占领该地，截断了敌人企图南逃的又一条退路。

顺川的美军骑兵第 1 师主力和英第 29 旅，得知撤退的美军在三所里、龙源里被阻，立即派兵北上增援。尽管美军为了打开通路，使用飞机、大炮和坦克拼死北援，但在志愿军部队的顽强阻击面前，即使与北撤之敌依稀可望，但终是没能突破第 113 师的阵地。

战斗持续到黑夜降临，第 38 军副军长江拥辉看见了这样一幅令人

第 38 军第 113 师在龙源里勇猛追击美军

惊心动魄的场景：

> 冷月寒星辉映的战地，阵阵炸雷撕裂天空，“轰隆隆，轰隆隆”连绵不断。几十公里长的战线上，成串成串的曳光弹、照明弹、信号弹在空中交织飞舞，炮弹的尖啸，手榴弹、爆破筒、炸药包发出的闷哑的爆炸声，在峡谷中回响不息。敌我双方在公路沿线犬牙交错的激烈战斗，那是我从戎几十年，从未见到过的雄伟、壮阔的场面。敌人遗弃的大炮、坦克、装甲车和各种大小汽车，绵延逶迤，一眼望不到头……

113 师与敌激战的同时，第 38 军主力以第 114、112 师迅速向西开进。28 日 2 时，第 114 师先头第 342 团在嘎日岭与土耳其旅 1 个营遭遇，遂在行进中发起冲击，激战 2 个小时，将敌人击溃。随即穷追猛打，于 28 日 6 时占领裴德站和瓦院东侧高地。第 112 师于 28 日占领瓦院西北的於口站，遭到美第 2 师第 38 团（配属南朝鲜第 7 师第 3 团）的反击，于是在桥洞以北高地转入防御。

这样，到 28 日，第 38 军已切断军隅里通往顺川的公路。由此，极大地震撼了美第 8 集团军的整个布势。

5

西线志愿军各军发起反击之后，东线志愿军第 9 兵团也于 11 月 27 日晚对美第 10 军展开反击，并完成了对长津湖地区美军部队的分割包围。美第 8 集团军和美第 10 军均面临着遭受围歼的危险。

在志愿军部队突然猛烈的反击面前，正在前进的“联合国军”被打得不知所措。一时间，麦克阿瑟也从信心百倍、胜券在握，变得惊慌失措、方寸大乱。

11 月 28 日，麦克阿瑟向参谋长联席会议报告，中国军队已经开始大举进攻，“我们面临一场全新的战争”，“联合国军”所面对的不是得到少数中国军队支援的北朝鲜军队，而是一支总数超过 30 万人的中共正规军，“依靠我们目前的力量难以应付中国军队的进攻”。

11 月 28 日晚，麦克阿瑟在东京美国大使馆的寓所里，召开了紧急作战会议。第 8 集团军司令沃克和第 10 军军长阿尔蒙德两位战地指挥官，从朝鲜前线被紧急召到东京，一齐商讨在朝鲜挽回败局的对策。

麦克阿瑟面对志愿军的强大攻势，不得不承认美第 8 集团军和第 10 军均面临极大的危险，为了“拯救他的部队”，遂决定“联合国军”由进攻转入防御。其令美第 8 集团军向南作必要的撤退，以避免被包围；令美第 10 军继续与中共军队保持接触，然后逐步收缩至咸兴——兴南地区。

东京会议结束后，沃克立即令第 8 集团军主力全线撤过清川江。29 日，西线美军开始实施全线退却。美第 1 军由清川江北岸撤至安州，准备经肃川向平壤方向撤退。美第 9 军撤至军隅里、价川地区后，企图沿军隅里经龙源里、三所里至顺川的两条公路向南突围。

就在麦克阿瑟召开紧急作战会议的同一天，28 日 5 时 30 分时，毛泽东已致电彭德怀、邓华等并告高岗，指出：“目前任务是集中我四十二军、三十八军、四十军、三十九军歼灭美骑一师、第二师、第二十五师等三个师的主力。只要这三个师的主力歼灭了，整个局势就很有利了。”“美骑一师（两个团）正向德川、顺川、成川之间调动，目的在巩固成川、顺川地区阻我南进。我四十二军应独立担任歼灭该敌。”“美九军团指挥之第二师、第二十五师，在球场、院里、军隅、价川一带，我三十八军、四十军、三十九军应担任攻歼该敌。这是很重要的一仗，望令各军努力执行之。”

当日24时，毛泽东再次致电彭德怀等，指出：“此次是我军大举歼敌根本解决朝鲜问题的极好时机，……望你们鼓励士气，争取大胜。”彭德怀据此，当即命令第38、42军迅速完成战役迂回任务，命令第40、39、66、50军攻击球场、军隅里、宁边地区之敌。

29日，当西线美军开始实施全线退却时，志愿军部队已从北、东、南三面将美第9军指挥的美第2师、第25师、土耳其旅和美骑兵第1师、南朝鲜第1师各一部，包围于价川附近之清川江南北地区。一时间，西线志愿军部队在清川江畔，西起新安州，东至军隅里、价川，南至龙源里、三所里的广大地域内，与“联合国军”展开激烈的战斗。

30日，“联合国军”向三所里南逃时，在松骨峰遇到了志愿军第335团的顽强阻击。该团第3连占领松骨峰后，即与敌人展开了激战。他们打退敌人一次又一次进攻，并且愈战愈勇，誓死坚守阵地。战至最后，在全连只剩下7名同志的情况下，仍打退敌人进攻。战后，志愿军总部给3连记集体特等功1次，并授予“攻守兼备”的荣誉称号。

12月1日，“联合国军”见从三所里、龙源里突围无望，于是丢弃大量装备和伤员，在100多架飞机的掩护下，于上午8时转而向西，向安州方向突围。彭德怀即命令西线志愿军转入追歼战，志愿军各部遂乘胜追击，至傍晚7时结束战斗。

○ 在龙源里附近阻击敌人

“联合国军”从清川江畔败退后，彭德怀分析“联合国军”有以平壤为中心，以肃川、顺川、成川、三登为外围布置新防线，在肃川、顺川堵击敌人的战机已失；而志愿军经过连续作战已显疲劳，需要休整。

12月1日24时，彭德怀致电中央军委：“根据敌退平壤部署，拟于肃川南北线侧击敌时机已失，着各军停止战役追击。各军休息两至三天，整理组织，严密侦察警戒，打扫战场，准备继续作战，配合东线扩大战果。”

12月2日5时，中央军委复电彭德怀，命令西线各军主力“整顿队势，补充粮弹，准备继续作战，配合东线，扩大战果”。据此，彭德怀电令志愿军各军主力就地休整，各军以一个师追击南逃之敌。

清川江一战，志愿军部队歼灭南朝鲜第7、8师和土耳其旅大部，给美第2师以歼灭性打击，重创美骑兵第1师、第25师，共歼敌23 000余人，缴获与击毁各种火炮500余门、坦克100余辆、汽车2 000余台、枪5 000余支以及大量的军用物资。

面对志愿军部队取得的累累战果，彭德怀按捺不住喜悦心情，早在12月1日，就亲自起草电报，通令嘉奖圆满完成任务的第38军全体官兵。电文指出：

此战役克服了上次战役中个别同志某些过多顾虑，发挥了三十八军优良的战斗作风，尤以一一三师行动迅速，先敌占领三所里、龙源里，阻敌南逃北援，敌机、坦克各百余，终日轰炸，反复突围，均未得逞。至昨三十日，战果辉煌，计缴仅坦克、汽车即近千辆。被围之敌尚多，望克服困难，鼓起勇气，继续全歼被围之敌，并注意阻敌北援。特通令嘉奖，并祝你们继续胜利！中国人民志愿军万岁！三十八军万岁！

6

中国人民志愿军在西线大获全胜的同时，东线也取得了大胜。麦克阿瑟在东线的损失，甚至比西线更为惨痛。因为直至志愿军部队在西线发起攻击时，东线阿尔蒙德率领的美第 10 军，还未发现志愿军第 9 兵团已在长津湖畔布下天罗地网。阿尔蒙德遵照麦克阿瑟的命令，依旧督促美第 10 军各部向北推进，企图早日到达中朝边境。

11 月 27 日晚，第 9 兵团第 20、27 军完成攻击准备，突然对敌发起反击。战至 28 日清晨，志愿军部队虽然未能歼灭当面之敌，但已完成对长津湖地区美军的分割包围，将美第 10 军指挥的美陆战第 1 师和步兵第 7 师一部，分别包围于长津湖东西两侧及湖南岸的新兴里、柳潭里、下碣隅里等地，切断了美军相互之间的联系。

此时的长津湖地区，由于冬季的来临，已是冰冻三尺，适逢普降大雪，气温骤降至零下 20 ℃—30 ℃。严寒和盖马高原的恶劣条件，给东线志愿军部队的生存造成了极大的威胁。由于志愿军第 9 兵团紧急被调入朝，这支一直在中国华东地区作战的部队，基本上没有在寒区生活、作战的经验。部队入朝参战后，后勤保障又严重不足，很多官兵直到战斗打响时，还穿着单衣，戴着单帽。一时间，很多官兵被冻伤、冻残，非战斗减员不断增多。严寒还带来了更大的困难，战斗中经常出现步枪拉不开栓、机枪打不响的现象，严重影响了部队的作战。

志愿军第 9 兵团就是在这样困难的条件下，同全为机械化装备的美第 10 军展开了激战。

美第 10 军被围后，为免于被歼，迅速以坦克、装甲车和汽车为基干，构筑起环形防御阵地。他们在大量飞机和坦克的火力掩护下，开始负隅顽抗。

美军为了打破分割包围的不利态势，在空军和坦克的配合下，连续向志愿军部队的阵地发动猛攻。一时间，下碣隅里和柳潭里的美军，从东西两面攻击志愿军第 59 师在死鹰岭和西兴里的阵地；泗水里和后浦里的美军，从南面攻击志愿军第 80 师新岱里阵地；古土里的美军开始进攻志愿军第 60 师在小民泰里、富盛里的一线阵地。

29 日上午，古土里地区的美陆战第 1 师第 1 团，以配属该团的英国皇家陆战队第 41 突击队为主，加上美军 2 个步兵连、2 个坦克排和其他火力支援单位共约 1 000 人，组成德赖斯代尔特遣队，在 30 多架飞机的支援下，从南向北，向志愿军第 60 师和第 58 师小民泰里、富盛里一线阵地发起进攻。经过几个小时的战斗，除少部分坦克突入上坪里，被志愿军第 58 师歼灭外，其余大部被志愿军第 60 师的第 178 和第 179 团阻止于长津湖地区中部乾磁开地区。入夜，第 60 师部队发起猛攻，将敌分割包围起来。在志愿军军事、政治攻势下，德赖斯代尔特遣队被围人员于 30 日上午 8 时缴械投降。

与此同时，下碣隅里的美军也从北向南发起了突围，企图与德赖斯代尔特遣队配合，打通与古土里的联系。

下碣隅里东南不远处的 1071.1 高地及该高地东南的小高岭，是下碣隅里美军南撤古土里的必经之路。志愿军第 58 师 172 团 3 连杨根思，这位在解放战争期间曾获得华东一级英雄称号的英雄连长，率领该连 3 排坚守小高岭。29 日上午，美军在飞机、大炮配合下，几次企图夺占小高岭，都被 3 排击退。接着，美军出动重型轰炸机，并用远程火炮，向小高岭倾泻了大量的炸弹、炮弹、燃烧弹。面对凶神恶煞的敌人，杨根思带领战士给予英勇打击。子弹打光了，杨根思就和战士们用刺刀、铁锹、石块打击敌人。美军的 8 次进攻被打退后，全排只剩下两名伤员。这时，美军又发起了第 9 次进攻，40 多个敌人已冲上阵地，而志愿军支援分队尚未赶到。在这危急时刻，已经挂彩的杨根思抱起最后一个炸药包，勇敢地冲向敌群，壮烈牺牲。

经过连续两天的战斗，志愿军第 9 兵团部队虽然与美军打得十分英勇，但是由于志愿军攻击火力太弱，加上作战和冻饿减员，虽然将长津湖地区的美军完全分割包围，但是在几个包围的点上，攻击力量还是明显不足。至 29 日，仅歼灭被围之敌 1 000 余人。

鉴于此，志愿军第 9 兵团决定修正作战决心，采取“集中优势兵力，逐次各个歼灭被围之敌”的战术，首先集中绝对优势兵力歼灭新兴里之敌，尔后再转移兵力，逐个歼灭柳潭里、下碣隅里之敌。

为此，志愿军第 9 兵团重新调整作战部署，将第 27 军位于长津湖西侧的部队，会同第 80 师围歼长津湖东侧新兴里地区之敌；第 27 军预备队第 94 师随时准备投入战斗。同时，为配合歼灭新兴里之敌，防止敌人增援，以第 20 军第 58 师、第 27 军第 79 师分别对下碣隅里及柳潭里之敌，进行钳制性攻击。为了准备下一步歼灭柳潭里之敌，则将第 20 军第 59 师暂时归第 27 军指挥。此外，急令第 26 军主力兼程南下准备参战。对社仓里之敌则暂取守势。

根据志愿军第 9 兵团的部署，第 27 军决定：以第 81 师主力进入新兴里地区，协同第 80 师，共集中 5 个步兵团（以 4 个团进攻，1 个团阻击援敌与截歼逃敌），围歼新兴里地区的美军；令第 79 师暂停对柳潭里之敌的进攻，积极钳制该敌，并迅速整顿部队，巩固既得阵地，做好进攻准备；令军预备队第 94 师向柳潭里地区开进，准备投入战斗；令第 20 军第 59 师坚守西兴里、死鹰岭阵地，坚决割裂下碣隅里和柳潭里之敌的联系。待歼灭新兴里之敌后，再集中全力，会攻柳潭里之敌。

30 日晚，第 27 军在军长彭德清、政治委员刘浩天的指挥下，集中第 80、81 师共 5 个团，在火炮实施急袭 15 分钟后，对被围在新兴里的美第 7 师第 31 团和第 32 团一部，发起了勇猛攻击。至 12 月 1 日拂晓，志愿军先后突破美军前沿阵地，将敌人压缩在新兴里村内的狭小地域里。

在志愿军部队的猛烈打击下，新兴里的美第 31 团伤亡惨重，在外援无望，即将被歼的情况下，指挥官费斯上校命令毁掉所有的火炮、卡车和补给品，率领剩余美军于 1 日 13 时开始向南突围。美第 31 团在 40 多架飞机的火力支援下，以 10 余辆坦克为先导，艰难地突破了志愿军阵地，向南急窜。

第 27 军部队立即展开拦阻和追击。第 342 团第 3 营依托 1221 高地及公路以东一线高地，对突围之敌猛烈射击，并炸毁公路上的桥梁，将美第 31 团拦阻在 1221 高地前。第 342 团第 2 营和第 80 师各团也不顾美军飞机的严密封锁，依托公路东侧的有利地形，从美军队形的侧面、正面和后尾进行猛烈打击，一举将美第 31 团大部歼灭于新兴里、新岱里地区。美第 31 团残部一部越过冰封的长津湖逃向柳潭里，另一部继续沿公路南逃，被志愿军第 242 团第 1 营拦截于后浦、泗水里地区。经过激烈战斗，美第 31 团残部又被歼灭 400 余人。

12 月 2 日 4 时，新兴里战斗胜利结束。志愿军第 27 军全歼美第 31 团，共歼敌 3 191 人，其中俘敌 384 人，击毙美第 31 团指挥官麦克里安上校和继任指挥官费斯上校，缴获汽车 184 辆、坦克 11 辆、火炮 137 门、枪 2 345 支（挺），击毁坦克 7 辆、汽车 161 辆，创造了志愿军在朝鲜战场上以劣势装备，一次全歼现代化装备美军 1 个加强团的模范战例（抗美援朝战争期间，仅此一例）。对此，毛泽东当日 24 时致电彭德怀、邓华并宋时轮、陶勇，庆祝第 9 兵团歼敌之重大胜利。

7

美第 7 师第 31 团在新兴里战斗中遭到全歼，给东线美军以极大震撼，加之西线美第 8 集团军此时已向肃川、顺川退却，美第 10 军感到其孤军作战，且兵力分散，特别是陆战第 1 师在长津湖地区陷入志愿军的分割包围之中，全军都有覆没的危险。为了避免陷入死地，美第 10 军军长阿尔蒙德急令所有部队，立即向咸兴、兴南地区实施总退却；同时令美陆战第 1 师马上将柳潭里的部队收缩至下碣隅里，以便在美第3师的策应下，向南突围。

12月1日，进至清津、惠山镇等地的“联合国军”开始向咸兴后撤。柳潭里的美陆战第1师部队，在飞机和火炮的支援下，以坦克开路，向着下碣隅里猛突，企图与在下碣隅里死守的部队会合一处，再行南撤。

此时，志愿军第9兵团也在进行部署调整，加紧围歼长津湖地区的美军部队。12月1日，宋时轮、覃健致电彭德怀、邓华认为，就目前情况看，大量敌人西进的可能性日渐减少。建议厚昌只留置1个主力团，第78师率2个团即刻开往前方参战。彭德怀、邓华立即回电，同意第9兵团的部署，并指示：“西线已大捷。你们当前被围之敌伤亡将半。……望集全力歼截被围之敌。”

12月2日，社仓里的美军和南朝鲜军也开始南撤，东线之敌后撤的迹象更加明显。据此，中央军委于12月2日13时电示志愿军首长和第9兵团首长，要求宋时轮、陶勇“注意争取于今明两晚基本上解决被我包围之陆一师等部最为有利。在未解决战斗前，望切实注意加强黄草岭南北之阻援与阻止突围之敌力量。”

12月3日，毛泽东再次致电志愿军首长和第9兵团首长，指出：“我九兵团数日作战，已取得很大胜利，不但在下碣隅里地区将陆战第一团及其他数部增援队基本歼灭，而且在新兴里地区将美七师一个多团完全消灭。敌方在数日内可能增援的部队，只有两个李承晚师和美七师一个多团。如我军能将这些增援队各个歼灭，在朝鲜战局上将起很大变化。”因此，毛泽东请宋时轮、覃健考虑两点：一是将第26军迅速南调，执行打援任务；二是对柳潭里地区之敌，除歼灭其一部外，暂时保留一大部，围而不歼，让其日夜呼援，这样便可吸引援敌一定到来，使我有援可打。如果柳潭里地区之敌被我过早歼灭则援敌一定不来了，他们将集中咸兴一带，阻我南进，对我下一次作战不利。

根据中央军委和志愿军首长的指示，志愿军第 9 兵团立即令第 27 军和第 20 军第 59 师迅速歼灭柳潭里突围之美军；令第 26 军由长津以北文岳里、袂物里地区南下，接替第 20 军攻击下碣隅里之敌；令第 20 军第 60、58 师前出至黄草岭地区，第 89 师留一部于社仓里警戒，师主力前出至黄草岭以南上通里、下通里地区，阻止美军南逃北援。

与此同时，12 月 3 日，美国远东空军第 5 航空队司令帕特里奇赶到兴南视察后，决定把其全部轻轰炸机交给第 10 军使用。美国远东空军司令斯特莱梅耶也从东京发出通知，表示所有的 B-29 部队都可以根据第 10 军要求的方式，向第 10 军所属部队提供支援。

在志愿军部队的猛烈进攻之下，被困柳潭里的美陆战第 1 师部队，伤亡严重，急于突围。3 日，美军该部在 50 余架飞机掩护下，以坦克群为先导，不顾一切地向外猛突。但是从柳潭里撤往下碣隅里，沿途需要通过的 1419.5 高地和西兴里、死鹰岭等地，已被志愿军第 59 师占领，等待美军的是一场噩梦。

就在柳潭里美陆战第 1 师部队向着志愿军第 59 师猛攻的同时，下碣隅里的美军也派出一部接应。一时间，第 59 师腹背受敌。志愿军部队虽然顽强战斗，终因连日作战，弹药不济，冻伤和战斗减员较大，阵地被美军突破。

第 27 军立即命令第 59 师固守公路以南阵地，同时命令第 81 师 243 团控制西兴里、獐项里阵地，从正面堵击美军。3 日 22 时，第 243 团进至指定位置，向着正在向西逃窜的美军发起冲击，截断美军队伍，迫敌军大部退回西兴里地域。

4日，西兴里与下碣隅里的美军，在飞机、坦克的支援下，对志愿军第243团阵地两面夹击。志愿军第243团与敌反复争夺西兴里以北高地，予敌大量杀伤，终因力量单薄，阵地被敌突破。美军在付出重大伤亡后，丢弃大部重装备，夺路逃往下碣隅里。

狼狈逃窜的美军终于到达了下碣隅里。随军采访的美国《纽约先驱论坛报》记者玛格丽特·希金斯报道说：

> 我在下碣隅里见到这些遭到一阵痛打的官兵，不由想到他们如再受一次最后打击，究竟还有没有再逃脱的力量。官兵们衣服破烂不堪，脸上因刺骨的寒风而发肿流血，手套也破了，棉絮露在外面。没有帽子，耳朵冻成紫酱色。还有因为手脚冻伤，穿不进结了冰的鞋子，赤脚走进军医棚的。……第5团团长默里中校憔悴不堪，像个幽灵……

柳潭里美军逃至下碣隅里后，美军感到无处不在的威胁正在一步步逼近下碣隅里。于是，美陆战第1师毁坏了全部重装备，整顿队伍，准备继续南逃。美第10军派来大批飞机，为美陆战第1师紧急空运伤员，补充作战物资，同时令真兴里以南的美军全力北援，以接应陆战第1师主力突围。美第1陆战航空兵联队也倾巢出动，不分昼夜地轰炸扫射公路沿线的所有目标，全力掩护地面部队南逃。

此时的长津湖地区，数次降雪，气温最低达零下30多度。美军的莱森登医生在战后回忆时，描述了严寒造成的困难：

> 所有的东西都冻住了。血浆冻住了，瓶子冻裂了。我们不能

使用血浆，因为它无法变成液体，而且注射器都被微粒堵住了。我们不能给伤员换敷料，因为我们必须戴手套工作，使手不致冻坏。我们不能为处置一处伤口而剪开伤员的衣服，否则他就会被冻死。事实上，如果我们不去管他，他反而会更好些。

在这样恶劣的天气下，志愿军第9兵团部队忍饥受冻，因为冻伤而造成的非战斗减员十分严重。尽管困难重重，但第9兵团的广大官兵决心全力以赴，坚决完成歼敌任务。

12月4日夜，根据战斗的发展情况，第9兵团再次调整部署：令第26军主力围歼下碣隅里之敌，得手后，南下向咸兴攻进；令第27军在结束柳潭里战斗后，主力休整两天，然后取道社仓里、黑水里、剑山里等地向咸兴以西地境攻进，另以1个团出五老里，割裂敌人，配合主力作战；令第20军以小部包围古土里，作为诱饵，吸引敌军，主力进占黄草岭及其附近阵地，阻敌打援，待第26军向南攻进时，即集全力攻歼古土里之敌，另以第89师主力进至上、下通里附近，从运动中截歼敌人，适时阻断长津湖地区之敌的退路，配合主力作战。

当日，宋时轮、陶勇、覃健将此部署上报毛泽东。毛泽东立即回电："宋陶覃十二月四日二十二时五分电部署意见很好，望即执行。"

第26军接到命令后立即南进，准备于12月5日晚围歼下碣隅里之敌。但是由于风雪迷漫，路途遥远，道路不熟，未能按时于5日晚发起进攻。6日，当第26军准备晚间实施进攻时，下碣隅里的美陆战第1师主力已在空运1 000余名伤员后，在大量飞机、坦克掩护下，向南突围。

此时，第20军第58、60师已经进至黄草岭南北地区，第89师也尾追社仓里之美第3师第7团进至下通里以北地区。

由于下碣隅里之敌已经南逃，第9兵团首长遂调整部署：令第20军部队依托已占阵地，层层截击南逃之敌，阻敌北援；令第26军由下碣隅里向南攻击前进，尾敌追击；令第27军立即从右翼经社仓里向咸兴以西地境方向攻进，以断敌退路。

12月7日，第26军对下碣隅里之美陆战第1师残部发起攻击，歼敌一部，击毁敌车辆、坦克共30余辆。第20军部队依托已占阵地对南撤之敌层层阻击，但部队连日冻饿，体力虚弱，战斗部队冻伤减员达40%以上，严重影响了战斗力。7日14时30分，下碣隅里之敌在40余架飞机掩护下，突破志愿军阵地，逃至古土里地区。

从下碣隅里到古土里的路程一共也就18公里，但美军整整用了38个小时，平均每小时前进500米；美军在这18公里的路上损失了616人，平均每公里伤亡34人。

12月8日，美陆战第1师在大量航空兵支援下，继续向南突围，在古土里以南的隘路处，遇到了志愿军第58师第172团2个连的阻截。在美军到来之前，第172团还将一座悬在1 500尺深峡谷上的铁索桥炸毁，切断了美军的退路。美军为了逃生，竟然孤注一掷：一面在大量航空兵配合下，猛攻夺路；一面紧急空运桥梁构件架桥，拼死南逃。

约瑟夫·格登在《朝鲜战争——未透露的内情》一书中，记述了这一史实：

中共军队发现这座桥是一个绝好的关口要隘，在12月1日和12月4日两次炸桥。第一次炸桥后，陆战队的工兵用一座木桥取而代之；第二次炸桥后，工兵又架上一座钢制车辙桥。车辙桥是两根长钢条，按履带车辆的轮距安放。现在，中国人又第三次炸掉了它。

工兵部队的军官约翰·帕特里奇中校认为，最好的办法是把车辙桥的部件空投到古土里，然后用卡车运到断桥处。但这些部件重达2 500磅，降落伞难以负载这个重量。他要求空军在南朝鲜的一个空军基地试投一下。空军照此办理，结果桥的部件扭弯了。另一名工兵军官赫塞尔·布拉辛格姆上尉急中生智，建议用两个降落伞空投；这次成功了。

此后，美军一面着手架桥，一面派兵猛攻志愿军部队的阻击阵地。志愿军第172团面对疯狂的敌人，以2个连在零下30多度严寒中，顽强作战，与敌激战竟日。当敌人停止进攻的时候，志愿军官兵只剩下20余人可以坚持战斗了。但他们死死地卡住了这一关口，最终取得了歼灭美军800余人的战果，使逃敌寸步难行。

8日晚上，气温骤然降至零下40多度。坚守阵地的志愿军官兵，衣着单薄，冻饿数日，体力严重不支。第二天美军再次向志愿军阵地发起进攻时，他们惊奇地发现竟然没有遇到任何打击，原来坚守在阵地上的志愿军第172团的指战员已全部冻僵在阵地上。

美军侥幸通过了古土里以南的隘路后，继续向南逃窜，并与北援美军配合，形成对志愿军第180团的夹击之势。第180团在第179团1个营的增援下，坚决阻敌，与美军激战两天，最后全团由于大部官兵因为严寒和作战伤亡，只剩下20人，阵地被美军突破。

至此，第9兵团在长津湖地区经过近半月的激战，部队已经极度疲劳，特别是冻伤减员十分严重，情况最严重的第 79 师战斗伤亡 2 297 人，而冻伤减员则达 2 157 人，全师战至最后，被迫缩编为 5 个步兵连、2 个机炮连，处境极端严重困难。即便如此，第 9 兵团为了争取整个战局的有利局面，决定："不顾一切困难和代价，继续组织所有还能勉强支持的人员，力争歼灭南窜与援敌一部或大部。"

10 日，古土里美军部队越过黄草岭，继续南逃。志愿军第 20 军第 89 师在真兴里以南之水洞、龙水洞地区主动出击，截歼南逃之敌 600 余人，击毁、缴获汽车 90 余辆。

12 日 12 时，美陆战第 1 师在美第 3 师的接应下，最终逃出了志愿军第 9 兵团在长津湖地区的包围圈，窜至五老里。随后，会同美第 3 师仓皇逃往咸兴、兴南地区。

美陆战第 1 师虽然逃脱了全军覆没的厄运，但这支在美军中首屈一指的"王牌"部队，已经伤亡过半，溃不成军。长津湖一战，成为该师历史上最惨痛的一次失败。据美国海军陆战队官方战史披露，仅在 11 月 27 日至 12 月 15 日，该师即减员达 7 321 人。因此，美国人把长津湖之战称作"陆战队历史上最为艰辛的磨难"。

东线独当一面的志愿军第 9 兵团，为第二次战役的胜利做出重大贡献。在常人无法想象的艰难困苦条件下，第 9 兵团同美军浴血奋战 10 余个昼夜，共歼敌 13 916 人，给美陆战第 1 师和步兵第 7 师一部以歼灭性打击，最终打开了东线战局，并有利保障了西线志愿军部队的侧后安全。

12 月 15 日，志愿军司令部、政治部联合向第 9 兵团全体指战员发出祝贺电，祝贺第 9 兵团歼击长津湖地区美军部队的胜利。电报指出：

你们在冰天雪地、粮弹运输极端困难情况下，与敌苦战半月有余，终于熬过困难，打败了美国侵略军陆战一师及第七师，收复许多重要城镇，取得了很大胜利。这种坚强的战斗意志与大无畏的精神，值得全军学习。正由于东西两线的伟大胜利，基本上改变了朝鲜的局势，迅速地转入对敌反攻。

12 月 17 日，毛泽东致电认为：“九兵团此次在东线作战，在极困难条件下，完成了巨大的战略任务。”

8

“联合国军”在志愿军部队的沉重打击下，东、西两线进攻均遭到惨败。麦克阿瑟被迫放弃在平壤、谷山、元山一线建立新防线的企图，于 12 月 3 日开始向三八线实施总退却。

志愿军总部和中央军委密切注视着“联合国军”的动向。早在志愿军西线部队转入休整之时，毛泽东即于 12 月 2 日电示彭德怀等：

在调整部署，休息数天，并弄清敌人部署后，请考虑以四个至五个军攻击顺川、肃川线，以必要兵力突破并伸入该线以南钳制大部敌人，集中主力歼灭顺川、慈山地区之一个美国师（现在是骑一师），夺取顺川、肃川一线及其以南一块地区，然后在该线以南构筑防御阵地，以一部兵力（一个军左右）防守之，主力便可移至平壤、元山间作战。

12月3日，肃川、顺川、慈山一线的美第8集团军后撤，同时平壤的美军也开始南撤。志愿军首长判断，敌军有向大同江北岸和西岸继续南逃之可能。为了逼近敌人查明情况，12月4日，志愿军总部决定：第40军即派1个师向肃川、顺安方向，第39军派1个师向舍人场方向，第42军派1个师向成川、江东方向搜索前进。同时命令西线各军主力应迅速补齐粮弹，准备向前推进。

12月4日23时30分，毛泽东致电彭德怀等，明确指示："大体上可以确定平壤敌人正在撤退，其主力似已撤到平壤至三八线之间，其后卫似尚在平壤以北及东北地区。你们应于明（五）日派一个师或一个师的主力，向平壤前进，相机占领平壤。"

12月4日24时，彭德怀作出新的作战部署，并电报毛泽东：拟以西线志愿军部队先以3个师于12月4日晚分三路向南推进，威胁平壤，试探敌之企图。如敌人固守平壤，则准备以志愿军1个军和朝鲜人民军1—2个师由北而南佯攻平壤，集中志愿军5个军首先歼灭成川、江东、三登、遂安、谷山、新溪地区之敌。在攻击三登、江东之敌得手后，以1个军控制于江东，保障主力南进的侧后安全，主力南进威胁汉城，调动平壤之敌南撤，乘敌南撤在运动中追击、侧击之，以4个军置于遂安地区机动作战。东线第9兵团歼灭被围之敌后，相机进占咸兴。如敌据守咸兴，则以1个军位于咸兴以北，主力进至社仓里东南及校馆里以南地区。待西线志愿军主力围攻平壤或南越三八线威胁汉城时，寻机歼灭咸兴南撤之敌。如敌放弃平壤、元山线，志愿军即追越三八线，相机进攻汉城。毛泽东接到电报后，立即复电："所述战役部署甚好，望即照此执行。"

12月4日晚，西线志愿军第40军第120师向肃川、安州方向，第39军第116师向舍人场方向，第42军第126师向成川、江东方向，分路向敌进逼。在志愿军的勇猛追击下，美第8集团军深感平壤难保，于是对城内的军事设施和民用物资极尽破坏和掠夺后，于12月5日全部撤离平壤。

就在12月5日的早晨，北京的中央人民广播电台播出了一条毛泽东亲自撰写的佚名新闻，新闻在详细叙述了朝鲜战场的形势之后说：

……东西两线的敌军，恐慌万状，急于逃命。平壤城内之敌，正在罪恶地屠杀人民，焚毁物资及该城的发电设备，大火弥漫平

志愿军某部与朝鲜人民游击队胜利会师

壤城。朝鲜人民军和我国人民志愿军正向平壤方向攻进中。

12 月 6 日，志愿军第 39 军第 116 师冒着敌机的轰炸，突入平壤，与朝鲜人民军第 1 军团胜利会师于大同江畔。陷落“联合国军”手中 46 天的朝鲜民主主义人民共和国临时首都平壤，重新获得解放。

这一天，中央人民广播电台又播出了毛泽东撰写的佚名消息：

……朝鲜人民军和我国志愿军本日解放平壤。美国和其他国家的侵略军以及李承晚匪军残部，向平壤以南溃退。朝鲜人民军和人民志愿军的正规部队，于十二月六日下午二时进入平壤城。

在志愿军部队强大的军事压力之下，美军被迫最终放弃在朝鲜蜂腰部建立防线的企图。12 月 7 日，麦克阿瑟与美国参谋长联席会议代表、陆军参谋长柯林斯在东京讨论了朝鲜战局和应对方案，最后确定了总退却的方案。于是，美第 8 集团军部队开始向三八线退却，美第 10 军也开始集结部队，准备从海上撤逃。

12 月 7 日，志愿军首长判断“联合国军”要企图在 39° 线以南地区实施运动防御，并以仁川、汉城及开城、抱川、春川、襄阳为骨干，防守三八线。

为了粉碎敌人的企图，彭德怀决定乘胜扩展战果，继续发动攻势，遂向西线各军下达作战预令：在 12 月 12 日前完成各项作战准备，准备 13 日开始行动。

12 月 8 日，彭德怀正式下达作战命令，决定集中西线志愿军主力南下，在中和、祥原、遂安地区攻歼美军和南朝鲜军 4 个师。各军于

12日晚开始开进，限16日拂晓前到达战役攻击准备位置，拟于17日开始战役进攻。

12月16日，西线志愿军部队已经到达预定战役集结位置。但是，美第8集团军已经全部撤至三八线以南，并沿着三八线展开部队，构筑起坚固防线。鉴于这种情况，志愿军首长命令西线各军休整待命，先查明当前敌情，然后继续向三八线推进。

12月23日，西线志愿军部队全线逼近三八线，在金川、九化里、朔宁、涟川、铁原、华川地区集结。朝鲜人民军第1军团越过三八线，进占延安半岛和瓮津半岛。人民军第2、第5军团各一部也越过三八线，进占春川、加平。

就在西线志愿军部队全线逼近三八线的时候，东线志愿军第9兵团也对美第10军加紧了攻击。败退咸兴、兴南的美军，因为人民军已收复元山，切断了其在元山的海上退路和陆上退路，只能从兴南港走海路撤退了。

于是，美军紧急调来300多艘舰船，并且集中陆海空三军火力构成严密火网，掩护“联合国军”开始了浩大的“海上逃亡”。

美军在撤退前，疯狂销毁作战物资，他们放火、炮击，将兴南变成了一片火海。即便最后时刻，美军的2艘巡洋舰、7艘驱逐舰和3艘火箭发射舰，在距岸边数百码的地方排成一线，对着兴南倾泻下大量炮火——近34 000发炮弹和12 800枚火箭弹，并引爆了岸上堆放的400吨凝固甘油炸药和500枚1 000磅炸弹。战后，一位陆战队员这样说：

整个兴南濒水区好像被一次火山喷发崩上了天，火焰、浓烟和碎石在空中形成了一个巨大的黑色蘑菇状烟云，笼罩在残壁断垣上空。

12月24日，在圣诞节的前一天，志愿军和人民军部队攻入兴南地区和东线沿海各港口。

12月25日，圣诞节这一天，美军士兵没能“回家过节”，将军们则为了“巧妙摆脱了中共军队”，而互致着贺电！

至此，第二次战役胜利结束。

第二次战役，志愿军基本歼灭南朝鲜第7、8师，歼灭土耳其旅大部，给予美第2、7师、陆战第1师以歼灭性打击，歼灭美第25师、骑兵第1师一部，共歼敌3.6万余人（其中美军2.4万余人），缴获与击落击伤飞机18架，缴获与击毁击伤坦克与装甲车200余辆、各种炮1 100余门、汽车3 300余辆。

嘉奖令全文：
梁刘转三十八军全体同志：
　　此战役，克服了上次战役中个别同志某些过多顾虑，发挥了三十八军优良的战斗作风，尤以一一三师行动迅速，先敌占领三所里、龙源里，阻敌南逃北援。敌机、坦克各百余，终日轰炸，反复突围，终未得逞。致昨三十日战果辉煌，计缴仅坦克、汽车即近千辆，被围之敌尚多，望克服困难，鼓起勇气，继续全歼被围之敌，并注意阻敌北援。特通令嘉奖，并祝你们继续胜利！中国人民志愿军万岁！三十八军万岁！

彭邓朴洪韩解杜
十二月一日

抗美援朝战争第二次战役，是扭转朝鲜战局的关键性一战。中国人民志愿军取得了伟大胜利。这份嘉奖令是彭德怀亲自起草，并由彭德怀、邓华等签发，表彰在这次战役中取得重大战果的第38军中国人民志愿军在朝鲜人民军的配合下，取得第二次战役的胜利，不仅挫败了“联合国军”在圣诞节前结束朝鲜战争的“总攻势”，而且彻底粉碎了“联合国军”占领全朝鲜的企图，有力地打击了敌人的嚣张气焰，使朝鲜战场的形势发生了根本性的变化，为朝鲜战争的最后胜利奠定了基础。

第二次战役的胜利更震惊了世界。一方面，它打破了美军不可战胜的神话，在美国朝野上下引起强烈的震动。美国舆论界把美军在朝鲜的失败称作“噩梦”、“悲剧”。美国统治集团和侵略者阵营内部一片慌乱，各种矛盾骤然爆发。另一方面，志愿军的胜利也极大地鼓舞了世界人民反对帝国主义侵略、保卫世界和平的信心，鼓舞了殖民地和半殖民地人民争取民族解放的斗志。

由于志愿军的重大胜利，中华人民共和国的国际地位得到了大大提高，中华民族的国际形象得到了显著改变，中国军队的国际威望得到了空前增强。

早在 12 月 1 日，苏联领导人斯大林就向毛泽东主席发出了这样的一封贺电：

你们的胜利不仅使我和我们的领导同志，而且也使全体苏联人民感到高兴。由于你们在抗击美帝的斗争中取得的这些重大胜利，请允许我向你和你们的领导同志，向中国人民志愿军和全体中国人民，致以衷心的敬意。

正如苏军在与第一流武装的德军交战中取得了现代战争的丰富经验，变成了装备精良的现代化军队一样，在反击现代化的和装备精良的美军的战争中，中国军队无疑地也将取得现代战争的丰富经验，其本身也将变成完全现代化的、装备精良的、威力强大的军队。

祝你们取得进一步的胜利。

第二次战役，是志愿军在抗美援朝战争中对美军打击最为严厉的一次战役，也是志愿军在抗美援朝战争运动战阶段打得最为精彩的一次战役。这次战役的经验教训主要有以下几点：

第一，正确判断战场形势，果断定下根本扭转朝鲜战局的决心。在第一次战役时，志愿军虽在清川江以北给予美第 8 集团军以沉重打击，使美第 8 集团军向清川江一线作了退缩，但并没有改变“联合国军”向中朝边境全面进攻的形势，志愿军在朝鲜还没有根本解决站稳脚跟的问题。而此时美国军政当局和“联合国军”总部对志愿军的参战兵力和意图均处于一种茫然的状态，并错误地判断志愿军只是象征性参战，只有几万人，不是不可侮的力量。鉴于这种情况，毛泽东果断决定，第二次战役将战场摆在平壤、元山线的正面，而以德川、宁远以北以西地区为后方，从而根本改变朝鲜战局。并据此决定，集中第一次战役时的 6 个军于西线，紧急调第 9 兵团 3 个军入朝担任东线作战，东西两线全力作战，从而为志愿军取得第二次战役胜利奠定了基础。

第二，大胆实施战役上迂回包围和战术上分割包围的灵活战法。志愿军战役反击开始后，在西线，首先选择美第 8 集团军战役布势上的薄弱环节，集中力量包围歼灭其进攻右翼战斗力较弱的南朝鲜第 2 军团 2 个师，打开战役缺口，尔后集中第 38 军、第 42 军 2 个军，大胆地从敌人翼侧实施了双层战役迂回，切断了美第 9 军南撤的退路，将美第 9 军主力三面包围于以价川、军隅里为中心的清川江南北地区；在东线，则突然将美陆战第 1 师大部和美第 7 师 1 个多团分割包围在几个孤立的点上，切断了美军相互之间的联系。从而动摇了“联合国军”整个进攻布势，在东西两线都造成了歼敌的有利态势。东线还在美军撤退的必经之路预先部署了几道阻击阵地，致使美陆战第1师在长津湖地区突出包围南逃之后，步步受阻，遭致歼灭性打击。

第三，及时抓住美军全线动摇的有利时机，乘势不断扩大战果。西线在清川江南北地区重创美第9军后，已完成了战役的预定任务。但此时，已撤至平壤及东西一线布防的美军，决心动摇。毛泽东、彭德怀抓住这一时机，组织志愿军西线部队向平壤追击，待美军从平壤南撤后，又组织志愿军西线部队全线向三八线攻进，以致美第8集团军司令沃克在仓皇南逃时，车祸丧生。在东线，志愿军第9兵团在美第10军败退后，不顾连日作战的疲劳，克服种种困难，坚决追歼逃敌，致使美第10军从兴南港抱头鼠窜。志愿军在第二次战役中，帮助朝鲜人民收复了三八线以北除襄阳外的全部领土，彻底扭转了朝鲜战局，整个战役取得了大大超出预想的胜利。

第四，后勤保障的有力与否直接影响战役的发展与部队的机动。此次战役，我军供应体系尚未形成，运输工具少，又逢严冬季节，山高路险，在敌机威胁下，只能夜间运输，给后勤供应带来很大困难。部队主要是靠本身携带粮弹作战，只能维持一个星期左右，战役持续时间和部队机动都受其制约，不能放手作战。西线志愿军曾企图以2个军另2个师担任战役迂回任务，但因粮食困难，不得不改为两个军。东线志愿军第9兵团预备队之第26军未能提早开赴长津湖前线，也主要是因为粮食困难。此外，第9兵团由于缺乏严寒地带的作战经验和保暖给养物资的及时保障，以致在战斗中出现大批因冻饿而造成的非战斗减员，严重地影响了部队作战，也是应该记取的沉痛教训。

图书在版编目(CIP)数据

沙场点兵/吴清丽,江南主编.—上海:上海人民出版社,2018
ISBN 978-7-208-14949-6

Ⅰ.①沙… Ⅱ.①吴… ②江… Ⅲ.①中国人民解放军-战例-汇编 Ⅳ.①E297

中国版本图书馆CIP数据核字(2017)第311887号

责任编辑 李 莹 罗 俊 沈骁驰 吕桂萍
封面设计 今亮后声工作室

沙场点兵
吴清丽 江 南 主编

出 版 上海人民出版社
(200001 上海福建中路193号)
发 行 上海人民出版社发行中心
印 刷 常熟市新骅印刷有限公司
开 本 890×1240 1/32
印 张 10.5
插 页 3
字 数 236,000
版 次 2018年7月第1版
印 次 2020年9月第2次印刷
ISBN 978-7-208-14949-6/E·70
定 价 45.00元